KEESSIE

Jeroen Haarsma

Keessie

Omslagontwerp: Loudmouth, Utrecht
Typografie: Crius Group, Hulshout
Tekstcorrectie: Maarten Boers, Joke Jonkhoff

ISBN 978 90 488 4336 7
ISBN 978 90 488 4337 4 (e-book)
NUR 489
www.overamstel.nl

OVERAMSTEL
uitgevers

Inhoud

De korte bochten van Ter Aar

Het zicht is hoogstens een meter of dertig. Te slecht om bij het ingaan van de bocht het eind ervan te zien. En nu wordt het nog donker ook. Kees Verkerk kijkt bij de start voor zijn 5 kilometer eens goed om zich heen in Ter Aar. Het is een vreemde ambiance. De toeschouwers die de moeite nemen om een paar schaatsers uit de mist te zien opdoemen, verzamelen zich aan één kant van de baan. Daar zal de bar wel staan, denkt Kees. Misschien zit Rudie Liebrechts ook inmiddels aan het bier. Zojuist heeft hij immers al een interview gegeven aan een televisieploeg. Daarbij sprak de verslaggever hem aan als 'de nieuwe Zuid-Hollands kampioen'. Kees heeft het zelf gehoord. En dat terwijl de afsluitende afstand van het kampioenschap, de 5 kilometer, nog verreden moet worden.

Het startschot klinkt extra dof. Dat komt door die mistbanken. De aanmoedigingen vanaf de kant klinken hol en ver weg. Al snel rijdt Kees alleen. De klappen van de tegenstander verdwijnen uit het gehoor en blijven ver achter. Het is een spookrit. Geen mens in zicht, geen geluid in de wijde omtrek, behalve Kees' eigen regelmatige ademhaling. Het ijs is niet best meer. Toch gaat het lekker. Rondje na rondje glijdt voorbij, de gedachten van Kees dwalen af. De Zuid-Hollandse titel is, net als de rest van de wereld, uit zicht. Het is te donker, hier kan geen cameraploeg meer in filmen. Vandaar dat Rudie zojuist zijn interview al deed, in een door tl-buizen verlichte kleedkamer. Daar vertelde hij vast en zeker hoe blij hij was met deze aanstaande Zuid-Hollandse titel, denkt Kees. De andere schaatsers zaten erbij en keken ernaar. Kees luisterde niet mee naar de woorden van Rudie. Hij probeerde zich te concentreren. Kees ergerde zich groen en geel aan de vertoning. Het zijn sowieso 24 frustrerende uren geweest.

Een dag eerder dienden Kees en Rudie zich namelijk te melden voor een officiële conditietest. De bond wil weten hoe de schaatsers ervoor staan. De Winterspelen in Innsbruck komen eraan. Dus worden de twee op de hometrainer gezet. Eerst krijgt Rudie een speciaal pak aan met allerlei plakkertjes en slangetjes. Rudie hoeft zich geen zorgen te maken. Die is naast schaatser ook volleerd wielrenner. Er komt bijna rook uit de fiets, zo hard gaat Rudie. De artsen die de test in opdracht van de schaatsbond afnemen, knikken bewonderend als Rudie na 36 minuten van zijn fiets stapt. Zes blokken van zes minuten blijkt geen enkel probleem.

Dan mag Kees. Het pak is nat en koud door het zweet van Rudie. Smerige bende. De hele test kan hem gestolen worden. Ze zoeken het maar uit met die troep. Die fantastische prestatie van Rudie moedigt ook niet aan om eens flink gas te geven. Drie blokjes van zes minuten trapt Kees weg. Er moet morgen weer geschaatst worden in Ter Aar, dat lijkt hem belangrijker. En de benen doen nu al pijn; Kees heeft sinds de zomer niet gefietst. Hij doet thuis z'n eigen oefeningen, vooral gericht op techniek. 'Dat is niet best, zeg,' concludeert de dokter als Kees na achttien minuten moegestreden van de fiets stapt. Meteen schiet door het hoofd van Kees: de Olympische Spelen van 1964 ga ik niet meemaken. Rudie wel. Het verschil tussen ons is op dit moment veel te groot.

Zoveel pijn als de benen gisteren deden op de fiets, zo lekker gaat het nu op de schaatsbaan in Ter Aar. Handjes ontspannen op de rug, het tempo er goed in. Nog een paar rondjes en... Nu glij ik zelfs soepeltjes door die buitenbochten, beseft Kees. Daar waar het ijs zo slecht is. Hij richt zijn blik omlaag en ziet rechts van hem een sneeuwrandje dat de afscheiding vormt tussen de binnen- en buitenbaan. Hoort dat sneeuwrandje niet links te liggen? Ineens is Kees er weer met zijn volle verstand bij. Hier gaat iets mis. In plaats van aan de binnenkant van de buitenbocht, rijdt Kees aan de buitenkant van de binnenbocht. Geen enorm verschil in afstand, maar verdomme, wat rijdt dit lekker.

Op het rechte stuk kijkt Kees om zich heen. Heeft iemand dit gezien? Staat er ergens een official? Niemand te zien bij het ingaan van de bocht. Even later komt er opnieuw een buitenbocht aan. 'Wat heb ik eigenlijk nog te zoeken in die buitenbocht,' denkt Kees bij zichzelf. Hij duikt naar binnen. De race verloopt soepel en, zo blijkt na de finish, relatief snel. Kees is 5 seconden rapper dan Rudie, wint de afstand in 8.39,4 – een dramatisch slechte tijd, die veel zegt over de omstandigheden – en pakt ook het eindklassement. Het is zijn eerste eindoverwinning die er echt toe doet. Zeker aangezien hij dé troef van de Nederlandse kernploeg verslaat. De man die in 1964 kansen wordt toegedicht op het EK en op de Spelen. Die al eens op het podium stond tijdens een wereldkampioenschap. Van dolle blijdschap bij de nieuwe Zuid-Hollands kampioen is geen sprake. Kees Verkerk staat op de hoogste trede van het podium en kijkt ietwat verward om zich heen. Nog steeds ziet hij de mensen niet heel duidelijk, wel klinkt er applaus. Naast hem staan de nummer drie Peter Nottet en Rudie Liebrechts, de geklopte krachtpatser uit Vlaardingen. Vandaag, op deze mistroostige decemberdag in 1963, is de relatief onbekende Kees Verkerk verrassend genoeg de snelste. Of beter gezegd: de slimste.

'Ter Aar' is een belangrijke wedstrijd voor Kees. Hij strijdt voor zijn plek tussen de 'grote jongens'. Waar hij nu nog wordt gezien als talent, wil hij meedoen op de grote toernooien. Kees wil zich meten met de sterke Russen en Noren. Daar werkt hij al jaren naartoe. Daar leeft hij voor. De kranten koppen de volgende dag met kreten als: 'Verrassende zege Kees Verkerk op Rudie Liebrechts'. De regerend Nederlands kampioen verslaan en zo de beste worden van Zuid-Holland... Dan heb je wat in je mars. De bond kan niet meer om hem heen, weet Kees. En dus krijgt het aanstormend talent Kees Verkerk een belletje. Hij is, net als Rudie Liebrechts overigens, verzekerd van deelname aan de Spelen. De opstandigheid tijdens de conditietest wordt hem vergeven.

De olympische medaille die Kees Verkerk een paar maanden na de wedstrijd in Ter Aar wint, is het begin van een wonderlijke periode. Zowel voor Kees als voor de Nederlandse schaatssport.

Meubelmaker en militair voor drie uurtjes

Vader en moeder Verkerk zijn er niet de mensen naar om snel in paniek te raken. De Watersnoodramp, eerder in 1953, heeft in het hele land gezorgd voor een schokgolf. Dus als het water over de dijken stroomt bij Maasdam en een weiland achter de woning bij de Verkerkjes blank legt, is er wellicht enige reden tot onrust. Maar Pleun en Cornelia zijn niet onder de indruk en zien in de strenge wintermaanden vooral kansen om iets leuks te doen met de kinderen. En zo maakt Kees Verkerk zijn eerste meters op het ijs op de 'schuitjes' van zijn moeder op de bevroren slootjes en rivieren van de Hoeksche Waard, een door water omringd gebied net ten zuiden van Rotterdam.

Kees heeft er lol in en schaatst zodra het maar kan. 'Na die strenge winter van '53-'54 konden we een paar jaar niet lekker schaatsen; de winters waren te zacht. Mijn vader ontdekte dat er in Den Haag een ijsbaan was: de HOKIJ. Het was de eerste overdekte kunstijsbaan in Nederland. Een ijsbaan voor kunstrijden en voor ijshockey; zestig bij dertig meter. Op een kleine baan leer je bochten rijden. Het ging tijdens dat trainen niet om snelheid, want als je te hard ging op die kleine baan, vloog je gegarandeerd tegen de wand. Het was drie, vier klappen op het rechte eind en verder alleen maar bochten lopen.' Er is geen geld voor een schaatstrainer, de entree voor de ijsbaan is al duur genoeg voor vader Pleun. Kees gaat daarom achter een paar rijke vrouwen aan die zich wél een eigen trainer kunnen veroorloven en kijkt het kunstje van het schaatsen op die manier af.

Op zwart-witfoto's gaan de handjes al netjes op de rug. 'Dat zag ik mijn vader doen en dat deed ik dus ook. Mijn vader was geen geweldige schaatser, maar hij was goed op het kortebaanwerk. En hij was bloedfanatiek. Er was een wedstrijd op De Kreek, bij ons in de buurt. Ik weet nog goed dat hij de sprint leek te winnen, maar dat hij vlak voor de finish hard onderuitging. Hij gleed ondersteboven en achterstevoren over de finishlijn. Alsnog, half bewusteloos, als eerste binnen. Hij won en had een hersenschudding.' De prijs krijgt hij later uitgereikt. Vader Pleun kan zich niks meer van zijn race herinneren. Kees des te meer.

Pleun Verkerk is op z'n zachtst gezegd een markante figuur. Een goede schaatser, hardloper en motorcrosser. En al snel de grootste fan van zijn zoon, wanneer hij doorheeft dat Kees heel behoorlijk kan schaatsen. Pleun is een verhalenverteller. Hij verdient de kost als buschauffeur voor Groeneveld, voordat hij het café in Puttershoek overneemt. 'Mijn vader reisde naar België, Luxemburg en Duitsland. Ook toen we verhuisden naar het café in Puttershoek, toen ik 15 was, reed mijn vader nog twee jaar door op de bus.'

Vader Pleun is een werkpaard. Dat harde werken is ook nodig, want er zijn veel monden die moeten worden gevoed. Vakantie zit er dus niet in voor kleine Kees. 'Ik heb in m'n hele jeugd twee vakanties gehad. De eerste was naar Assen. Een reisje van twee dagen. Want mijn vader was motorcrosser en wilde eens kijken bij de TT. En we zijn drie dagen op een toertocht gegaan door Nederland, België en Luxemburg. Met 25 man in een bus, mijn vader als chauffeur. Allemaal familie, buren, vrienden en kennissen. De hele dag maakten we muziek en deden we links en rechts wat optredens. We kwamen bij boerderijen aan met een bus vol met jodelaars, zangers met accordeons, gitaristen en noem maar op. Iedereen deed wel wát. Ik speelde trompet. We sliepen op een hooizolder. Niemand kon er echt slapen, we waren met veel te veel in een te kleine ruimte.' Het is op een van die hooizolders waarop Kees een van de meest indringende jeugdherinneringen opdoet. 'We hadden een meisje mee, ze kon heel mooi zingen. Maar ze deed ook aan slaapwandelen. M'n zusje had haar net op tijd te pakken. Ze liep zó met haar armen vooruit richting de rand van die hooizolder. Van slaapwandelen had ik nog nooit gehoord. En toen zag ik dát. Je zal verdomme naar beneden wandelen.'

Cornelis Arie Verkerk, kortweg Kees, is thuis de op-een-na-oudste. Zijn broer Arie Cornelis is een jaar ouder. Na Kees komen zijn zusjes Lenie, Bep en Adri. 'Bij ons thuis was het een kwestie van aanpassen en gold het recht van de sterkste. Als de *Donald Duck* kwam, stond ik als eerste beneden. Mijn broer was een jaar ouder en een stuk sterker. En toch las ik de *Donald Duck* als eerste. Hij zei dan wel: "Na jou ben ik aan de beurt." Als ik 'm dan dichtdeed, was hij helemaal blij. "En nu ga ik nog een keer de plaatjes bekijken," zei ik dan, om hem te sarren.' Broer Arie is een totaal ander type dan Kees. 'Arie was verder niet heel ambitieus. Hij ging wel mee naar de HOKIJ. Daar zat hij te roken langs de kant. Ik was 15, hij 16. Ik was bloedserieus bezig, hij vond het wel prima zo met een peukie. Arie werkte al, bij mijn vader in de garage, als leerling-monteur. En als mijn vader 's nachts thuiskwam, maakte Arie de bus schoon met een borstel. Zwaar werk.'

De band met zijn broer en zusjes is hecht. Kees is beschermend richting de meisjes. Hij kijkt naar ze om. Tegelijkertijd is de jonge Kees behoorlijk driftig. Als een buurjongen zijn zusje Bep pest, houdt de 9-jarige Kees zich niet in. Hij geeft de buurjongen een goeie klap met de bezem.

In Cillaarshoek, op twee kilometer afstand van Maasdam, 'bezoekt' Kees de lagere school. Meer mag je het volgens Kees niet noemen. 'Als die schooldag eindelijk klaar was, gingen we naar huis, omkleden en voetballen. Dan riep mijn moeder 'eten' en vlogen we naar binnen. We stortten ons met alle vijf de kinderen op het avondeten. Mijn vader had het geluk dat hij als accordeonist speelde op bruiloften en partijen en zoveel mensen kende in het dorp. Hij kon overal aankloppen als er niet voldoende eten was. Ik hoorde later wel dat mijn vader tijdens de oorlog langs de boeren ging, om te vragen of ze nog wat over hadden. In de oorlog moesten mijn ouders eten op tafel zien te krijgen voor mijn oma, zichzelf en – toen nog – drie kinderen.'

Zondagochtend traint Kees in Den Haag en 's middags kijkt hij naar Feyenoord. 'Maar eigenlijk was mijn club EMMA. Mijn vader reed als buschauffeur ook sportploegen. Bij uitwedstrijden van EMMA zat hij achter het stuur. Cor van der Gijp en zijn drie broers, die allemaal voor EMMA speelden, waren berucht. Cor was de beste. Daar zat ik mee in de bus als klein jochie. Op zondagavond nodigde mijn vader vaak mensen uit bij ons thuis, als afsluiting van de voetbaldag. Die mensen jodelen en zingen, terwijl mijn vader speelde op de accordeon. Hij had zo'n decor gemaakt met besneeuwde bergen, een echte jodelomgeving. Dat decor kon hij uitrollen en dan gingen ze tekeer met z'n allen.'

De jonge Kees zoekt graag de grens op. Hij kijkt hoe ver hij kan gaan. 'In de winter kregen we allemaal een appel na het eten.

Mijn vader kocht een kist goudrenetten, van die zure appels. Die kist stond in de kelder. Dat vond ik wel wat spannends hebben, die kist daar. Dan gingen we naar school en zei ik tegen mijn moeder: "Dag, ik ga naar buiten." Nog even netjes zwaaien. Maar dan liep ik naar het kelderraam en kon ik zo met mijn armpje onder het raam door om een appel weg te halen. Heel gemeen natuurlijk, want we hadden niet veel. "Wat gaat het toch hard met die appels," verzuchtte mijn moeder steeds. Toen heeft ze mij een keer gevolgd en zag ze me met die appel onder mijn trui weglopen. De dag erna stak ik mijn arm door het raam en werd mijn arm vastgegrepen. Ik schrok me wild. Toen was ik er klaar mee.'

Op 15-jarige leeftijd houdt de jongen uit Maasdam het voor gezien op school. Want, zo vertelt hij vader en moeder, het is allemaal erg eentonig. Zijn ouders dringen erop aan dat hij toch echt íets moet gaan doen. Kees doet een poging om het tot meubelmaker te schoppen en begint aan een opleiding aan de technische school in Dordrecht. Daar zitten welgeteld twee jongens die niet uit Dordrecht komen. 'Ik en een jongen met dikke brillenglazen. Die werd gepest. Vanwege die bril en vanwege het feit dat hij niet uit Dordrecht kwam. Tijdens de pauzes stond ik bij dat kleine manneke. Ik voelde wel aan dat ze mij ook niet echt moesten. Ik kwam amper met die andere leerlingen in contact. Ik en die jongen met die enorme bril stonden altijd naast elkaar te werken. Hout schaven. Ik kreeg het niet voor elkaar, met die stoelpoten. Ik schaafde de hele poot weg. Ik schaafde maar door, ook omdat die meester zo stond te kijken. Een heel vervelende man. In de zestig, duidelijk klaar voor zijn pensioen. Hij vond mij maar speciaal, omdat ik uit een dorp kwam. We had 23 vakken en ik had twee voldoendes. Bij rekenen en bij gymnastiek. Dat waren de enige vakken die we niet kregen van die oude, vervelende leraar. Vaak ging ik niet naar school. Dan ging ik in bed liggen de hele dag. Zogenaamd ziek.'

Het schaatsen wordt in de puberjaren van Kees een steeds serieuzere aangelegenheid. Met zijn goede vriend Harry Hartman gaat hij zelfs naar een schaatskamp in het Zwitserse Davos. 'Harry zei tegen mij: "Er zal wel weer een winter aankomen zonder ijs. Want ze adverteren met reizen naar Davos in de krant. Je kunt je inschrijven voor een schaatskamp." Ik zei meteen: "Dat moesten we maar eens doen." We zijn met 23 deelnemers drie weken in Davos geweest. De verkoper bij wie ik speciaal voor het kamp een schaatspak kocht, vertelde ons dat hij vroeger veel had geschaatst in Davos. Hij had een pak van wol voor ons. "Maar ik zal je één ding vertellen," zei die verkoper. "De eerste week in Davos moet je je rustig houden. Je moet je even aanpassen aan de omstandigheden daar. Maar daarna gaat het als vanzelf, dat schaatsen." Die man had gelijk.' En dat terwijl Kees het bij aankomst in Davos totaal niet ziet zitten, aldus Harry. 'Kees had zich het hele gebeuren ietsje anders voorgesteld. Die dacht dat hij eindelijk een beetje luxe zou aantreffen. Met misschien wel een bad op de kamer. Dus hij zat de hele rit ernaartoe verlekkerd in z'n handen te wrijven. Maar toen we aankwamen, bleken we in een jeugdherberg te zitten. Het ene bed boven het andere en dat rijen naast elkaar. Wassen moest buiten, met dooiwater. "Ik ga naar huis," zei Kees direct. Ik zei dat we dat niet konden maken. Onze vaders hadden de hele trip betaald. Maar Kees was behoorlijk geïrriteerd. "Nou," zei hij toen, "dan blijven we. En dan win ik alle eerste prijzen en jij alle tweede prijzen."' Het verloopt precies zoals Kees het voorspelt. Hij wint vier wedstrijden, zijn vriend Harry wordt vier keer tweede.

Kees en Harry hebben de smaak te pakken en gaan trainen bij de vermaarde Piet Zwanenburg in Rotterdam. Ook mogen ze opdraven bij gewestelijke trainingen. Toch schopt Harry het uiteindelijk niet heel ver als schaatser. Hij wordt opgeroepen voor militaire dienst en moet een jaar naar Nieuw-Guinea: einde schaatscarrière. Kees ontspringt die dans. 'Ik ben drie uur in dienst geweest. Ik was al opgeroepen, kreeg net m'n spullen in m'n handen gedrukt in de kazerne. Er kwam iemand naar me toe die zei dat er telefoon was voor me. Ik mocht naar huis: uitstel. M'n vader had de locoburgemeester gebeld; die kwam altijd bij ons in het café met z'n vrouw. "Hij moet naar huis," had de locoburgemeester gezegd tegen iemand bij het leger, "hij moet z'n vader helpen met bier sjouwen." Want mijn vader had een hernia en kon geen kistje bier omhoog krijgen. Mijn vader heeft ooit maandenlang platgelegen, op een plank. Hij lag enorm in de weg, we waren met acht man thuis. Maar van de ene op de andere dag kroop hij van die plank af. Dat heb je soms. Hij kon alleen niks meer tillen en dat was dan weer mijn geluk. Ik kreeg uitstel van het leger, ging schaatsen en er is nooit meer over gepraat. Geen idee hoe dat verder is afgehandeld. Ik denk dat het hielp dat mijn broer Arie een jaar eerder wél in dienst was geweest. En vriend Harry moest de zee op. Hij was een jaar van huis. Toen hij terugkwam, liep hij natuurlijk ver achter met schaatsen en hoefde het van hem niet meer zo nodig.'

De familie Verkerk verhuist naar de woning bij het café in Puttershoek. Vader Pleun vindt het huis van oma in Maasdam, het huis waar de hele familie in woont, namelijk te klein. Kees en Arie worden te groot om samen in een bedje te liggen. En oma wil niet dat Pleun haar woning verbouwt. En dus besluit de buschauffeur om uitbater te worden en neemt hij 't Veerhuys en de inpandige woning over. De familie Verkerk gaat het café aan de haven runnen.

Kees krijgt van zijn ouders alle ruimte om te sporten. Hij doet niet alleen aan schaatsen, maar hij zit ook op voetbal, gymnastiek en hij leert instrumenten bespelen: accordeon, orgel en trompet. Daarnaast verricht hij allerlei hand- en spandiensten voor vader Pleun. Hij gaat mee op een rondje langs de aanmerende schippers om verse waar te verkopen, zoals brood en cognac. In de omgang met klanten heeft Kees veel weg van zijn vader. Druk pratend en altijd een grap paraat. Hij helpt zandschepen bij het lossen. Zwaar werk, maar dat wil Kees graag. Hij ziet op jonge leeftijd al in dat je overal een training van kunt maken. Zo krijgt de gespierde torso van Kees in zijn tienerjaren al vorm. Het meest opvallende bijbaantje dat Kees heeft, is chauffeur in een rouwstoet. Hij rijdt de familie van de overledene in een volgwagen achter de rouwwagen aan. Als Kees zelf even geen tijd heeft om vader Pleun te helpen bij een klusje, schakelt hij de kleine Cor Groeneveld in. Die helpt vanaf zijn dertiende mee in het café en wordt een soort extra broertje voor Kees. Cor wil voor een klein zakcentje wel een paar klussen doen voor zijn 'grote broer', tegen wie hij enorm opkijkt. Want Kees kan voetballen, hardlopen, muziekspelen en biljarten als de beste. Dat maakt hem ook bij de meisjes gewild, ziet de kleine Cor. Die wordt door Pleun soms achter Kees aan gestuurd om te kijken wat die uitspookt. Pleun houdt Kees kort, want die mag zijn sportieve talent absoluut niet verkwisten aan bijzaken als mooie meisjes. Zeker als Kees écht goede resultaten op het ijs neerzet, wordt het Pleun menens. Hij mag trainen en wedstrijden rijden wanneer hij wil – de andere gezinsleden nemen zijn diensten in het café wel over.

Een flinke belasting voor de anderen, maar Pleun ruikt succes. De volledige fooienpot in het café gaat naar Kees, want hij rijdt voor 80 gulden per week weg aan benzine. Zijn broers en zussen accepteren de keuze van vader. Als broer Arie na twee jaar diensttijd terugkeert naar Puttershoek, heeft hij geen normale kleren meer over. Het is gebruikelijk dat er bij terugkomst door de ouders wordt gezorgd voor nieuwe kleding. Ook pa en ma Verkerk hebben geld apart gelegd voor een nieuw pak voor Arie, maar die krijgt bij thuiskomst te horen dat Kees warme kleren nodig heeft voor een schaatstrip. Arie moet nog een jaartje wachten op zijn nieuwe jas. Arie haalt zijn schouders erover op en gaat door met hard werken.

Vader Pleun vergeet niet om Kees af en toe te herinneren aan de opofferingen die hij en de anderen in het gezin leveren om hem te laten schaatsen. Zodat Kees beseft dat hij het niet zomaar kan verpesten.

De verhuizing naar Puttershoek betekent ook het einde van de niet al te florissante meubelmakerscarrière van Kees. Het dieptepunt is een woede-uitbarsting van Kees, waarbij hij een beitel richting het hoofd van de docent smijt. Hij mag van de directie van de school alleen terugkomen in de klas als hij zijn excuses aanbiedt. Kees weigert. 'Ik zei tegen m'n vader: "Ik houd er maar eens mee op." Na aandringen van mijn ouders deed ik nog één laatste poging op school. Ik ging naar

Oud-Beijerland, waar een vriend van me een opleiding tot elektricien wilde volgen. Dat leek me een goed idee, ik ging mee. Maar op mijn zestiende stopte ik daar ook mee en ging, zonder diploma, werken bij m'n vader in het café. Daar ging ik afwassen, schoonmaken – mijn moeder controleerde zelfs of de plinten schoon waren – en muziek maken. En natuurlijk bier tappen. Ik was al snel een goeie biljarter. Ik speelde tegen klanten. Als ik won, kochten ze een flesje limonade voor me. Als zij wonnen, gaf ik een biertje weg.'

Al snel wil niemand meer met Kees biljarten.

Het zilver kleurt zwart

Het is koud in de winter van '62-'63. Het is de periode waarin Kees Verkerk, zo rond zijn twintigste, begint op te vallen. In 1962 wint hij de 5 kilometer tijdens het Zuid-Hollands kampioenschap in 's Gravendeel, vlak bij zijn woonplaats. Daarna wordt Kees in januari 1963, praktisch uit het niets, vierde op het NK in Groningen. De bondscoach voegt hem op het laatste moment toe aan de Nederlandse kernploeg voor een trainingsstage in het Noorse Hamar. Een hele eer – en voor Kees een belevenis. Kees komt zowaar een keer terecht in een uitstekend hotel. Minpuntje is de temperatuur, die schommelt tussen de -15 en -20. Uiteindelijk valt Kees buiten de boot voor de EK-selectie van bondscoach Klaas Schenk, de vader van de eveneens zeer talentvolle Noord-Hollander Ard Schenk. Kees is volgens Klaas Schenk nog te licht voor het grote werk. Hij en z'n makker Peter Nottet worden van Noorwegen huiswaarts gestuurd. Dat gebeurt op bijzondere wijze. Ze krijgen een paar tientjes in handen gedrukt, een klap op de schouder en de mededeling: 'Wel thuis.'

Kees en Peter besluiten voor hun vertrek naar Nederland om van die paar tientjes twee knappe schaatspakken te kopen in de winkel van de legendarische oud-wereldkampioen Oscar Mathisen. Ze houden anderhalve gulden over voor tijdens de terugreis. Waar ze geen rekening mee houden, is dat de terugreis in de trein in totaal zo'n 36 uur in beslag neemt. Tijdens een tussenstop van tien uur in Kopenhagen kopen ze een reep chocola. Meer eten zit er niet in. Gesloopt komen de twee aan in Nederland.

Thuis, in het café in Puttershoek, duikt Kees direct zijn bed in. Nog half slapend, hoort hij zijn vader praten over een wedstrijd op natuurijs in het Noord-Hollandse Bergen. Zulke wedstrijdjes worden tijdens die ijskoude winter overal georganiseerd. 'Daar moeten we heen, man,' roept Kees vanuit zijn bed richting het café, waar zijn vader achter de bar staat. Kees heeft genoeg tijd verspild met de kernploeg in Noorwegen, waar hij slechts een paar wedstrijden mocht rijden. Maar na 'Bergen' is hij niet meer te stuiten. In die strenge winter rijdt hij een hele rits wedstrijden, vooral in Noord-Holland en Zuid-Holland. Hij verschijnt 23 keer aan de start van lange- en kortebaanwedstrijden en wint 18 keer. Kees eindigt op de hoogste treden van een geïmproviseerd podium in plaatsen als Abcoude, Wervershoof, Nieuwe Niedorp en zijn geboorteplaats Maasdam. Ook wint Kees in Puttershoek, in een verwarrende race. Cees Jan Kroon schaatst een Nederlands record op de 500 meter, maar bondslieden komen erachter dat de organisatie de baan met 40 meter heeft ingekort. In de bochten was namelijk water op het ijs gekomen en het inkorten van de baan leek de Puttershoekers wel een adequate oplossing.

De legendarische Elfstedentocht van 18 januari 1963 laat Kees voor wat het is. Het is hét sportevenement van het jaar, maar Kees heeft zijn pijlen gericht op een loopbaan in het langebaanschaatsen. Het uitrijden van de Elfstedentocht is het probleem niet, denkt hij. 'Maar ik wil daar niet voor de lol meerijden. Het is hartstikke mooi hoor, maar het gaat ten koste van je rug. Als je in het schaatsseizoen ambities hebt op de langebaan, dan is zo'n Elfstedentocht geen goed idee.' Kees laat zich wel een keer verleiden om de Vierdaagse van Nijmegen te lopen. Het wordt een ramp. 'Ik had daarvoor nog nooit zo lang achter elkaar gewandeld. Overal zaten blaren. Al na een paar uur deed het pijn. Ik heb het halverwege de eerste dag op gymnastiekschoenen geprobeerd: ook niet goed. De tweede dag ging ik over op pantoffels. Die geven wrijving aan de voorkant van je voet; had ik daar ook blaren. Die mensen van het Rode Kruis dachten: *die zien we niet meer terug.* Maar op de derde dag kwam ik weer aangewandeld: op geitenwollensokken. Toen kreeg ik blaren ónder m'n voeten. Idioot dat ik was.' Weer neemt het Rode Kruis afscheid van Kees. 'Maar de vierde dag was ik er weer, want ik wilde die medaille. Maar ik heb me vier dagen lopen opvreten, omdat ik zo'n klootzak was dat ik hieraan meedeed. Gezellig met wat kennissen van de voetbalclub van Puttershoek zo'n enorme tocht maken. Terwijl ik me moest voorbereiden op een nieuw schaatsseizoen. Het duurde weken voordat m'n voeten weer in orde waren. Ik kon alleen maar trainen op de racefiets. Nee, dat soort 'leuke evenementen' moet je vermijden. Hoe graag mensen ook willen dat je meedoet. Dat geldt ook voor de Elfstedentocht.'

Kees mag in 1964, zonder dat hij ook maar enig internationaal succes heeft geboekt, als 'talent' naar de Olympische Spelen. Dat heeft hij voor zijn gevoel voor een groot deel te danken aan de list in Ter Aar destijds en aan een paar degelijke races tijdens onbelangrijke wedstrijden in Noorwegen met de kernploeg, want verder is Kees nog niet rijp voor olympische deelname. Zo voelt dat in elk geval, zo vlak voor de Spelen. Als *iemand* kan zorgen voor Nederlands succes in Innsbruck, zo schrijven de kranten, dan is het de doorgewinterde Rudie Liebrechts. Waar Kees nog het meeste vertrouwen uit put, is zijn ervaring met al die wedstrijdjes in de strenge winter van '62-'63. Een twaalfde plek op het EK – dat in de maand voorafgaand aan de Spelen wordt gehouden – wekt echter weinig vertrouwen voor een stunt in Innsbruck.

Kees' eerste indruk van het olympisch dorp: dit is magisch. 'Je krijgt een paspoort dat je overal moet dragen. En daarmee kun je in tien, vijftien verschillende restaurants eten. Japans, Italiaans, noem het maar op. Dat was allemaal nieuw voor me. Dat gold ook voor anderen. Sommigen konden niet omgaan met die weelde. Er liep ook een schaatser rond die geloof ik vier kilo aankwam. Hij had z'n hele kozijn volgebouwd met flesjes cola. Die mocht je gratis meenemen van het restaurant, en dat deed hij elke avond, met zoveel flesjes als hij kon dragen. Sneller dik worden lukt je niet. Hij was niet in beste vorm.'

De voorbereiding op de wedstrijd gaat bij Kees zoals hij dat gewend is. De dagen voorafgaand aan de wedstrijd slaapt hij amper. Een uurtje of twee, als het meezit. 's Nachts denkt hij aan elk detail van de wedstijd. Hij ziet alleen maar een baan voor zich. Hij schaatst rondjes in bed. Kees beeldt zich in wat de tegenstander doet, wat hij zelf moet doen. Alle concurrenten en alle scenario's komen voorbij. Als eenmaal de loting is verricht en de tegenstander bekend is, doet Kees helemaal geen oog meer dicht. Kees valt twee tot drie kilo af tijdens een eindtoernooi. Hij lijdt aan stress en krijgt amper eten door z'n keel. Aan tafel, tijdens het avondeten, wordt hij alsmaar stiller. De snelle babbels verdwijnen als sneeuw voor de zon. De grappenmaker wordt een kluizenaar.

Ook in de kleedkamer, vlak voor de wedstrijd, staart Kees stil voor zich uit. De schaatsen hangen boven zijn hoofd. Daar komt niemand aan. Dat probeert ook niemand, want iedereen weet dat het Kees menens is. Hij laat de anderen praten. Soms krijgt hij daar een opmerking over. 'Hey Kees, zijn je moppen op?' Maar meestal loopt iedereen met een grote bocht om Kees heen, zoals hij dat zelf graag wil, als hij zich concentreert. Zijn geest moet afdwalen. Naar de tegenstander, de baan, de indeling van de race. Tegen Ard Schenk moet je er pas langs na 700 meter, als je de 1500 meter rijdt. Je moet niet te snel op hem inrijden. Kees weet precies wat hij moet doen tegen Ard, maar ook tegen elke Zweed, Rus of Amerikaan die hij kan treffen. Hij maakt een studie van hun gewoontes, hun versnellingen, hun zwaktes.

Kees Verkerk komt in Innsbruck op drie afstanden in actie. De 5 kilometer (negende) en de 10 kilometer (zestiende) vallen in de categorie anonieme races. Maar Kees verrast vriend en vijand op de 1500 meter. Het is de afstand waarop Rudie Liebrechts de grote favoriet is; maar hij moet in zwaar weer de baan op en komt niet verder dan de twaalfde tijd. Er zijn fraaie beelden van de schitterende 1500 meter van Kees. Gefilmd door iemand die praktisch óp het ijs heeft moeten staan. Kees heeft geen idee wie deze cameraman is geweest, maar hij krijgt de beelden na het toernooi keurig thuisgestuurd. 'Hij stond tussen de tribune en ijsbaan. Maar het was geen professionele filmer. Die man hoorde daar helemaal niet te staan, denk ik.' De toeschouwer legt echter haarfijn vast hoe het aanstormende talent Kees Verkerk naar een zilveren medaille snelt. Het ongeloof druipt van het gezicht van Kees Verkerk wanneer de afstand erop zit. Het 'broekie' uit Puttershoek dat een olympische medaille wint? Dat bestaat niet.

Direct na de wedstrijd betreedt Kees voor zijn gevoel een ander universum. Alsof hij uit de werkelijke wereld wordt weggetrokken. 'Gelijk na de huldiging hoorde ik: hou die plak maar om je nek, je moet even de prinsessen een handje geven. De prinsessen! Ik zat tussen Beatrix en Margriet in en durfde helemaal niks te zeggen. Ze waren heel vriendelijk en stelden allerlei vragen. Ik gaf kort antwoord, want ik was bang dat ik iets verkeerds zou roepen. Ik genoot van de aandacht, maar m'n ouders waren er ook. Met hen had ik het ook druk. Je wilt iedereen aandacht geven en iedereen vermaken.'

Vooral het feit dat zijn moeder aanwezig is in Innsbruck, is voor Kees bijzonder. Het is de allereerste keer dat zij komt kijken bij een verre wedstrijd van Kees. Moeder Verkerk kijkt eigenlijk nooit bij haar zoon. Niet uit desinteresse, maar vooral omdat ze het allemaal veel te spannend vindt. Vader Pleun is er dus altijd bij als Kees ergens aan de start verschijnt en moeder let op het café. Maar Innsbruck, dat was toch wel zó bijzonder. Haar kleine Kees op de Olympische Spelen... Daar moest ze bij zijn. En dus zit zowel Pleun als Cornelia Verkerk op de volgepakte tribunes in Innsbruck. Kees' broer Arie houdt intussen de zaak in Puttershoek draaiende, met behulp van andere familieleden. Hoewel Kees door het werk achter de tap vooral met zijn vader optrekt, is hij een echt moederskindje. Altijd een knuffel en een kus, vooral als hij een tijdje weg is geweest voor een training of wedstrijd. Hoe hecht de band is tussen Kees en zijn moeder, is voor iedere oplettende stamgast wel duidelijk. Dus dat zij erbij is als Kees een olympische medaille krijgt omgehangen, maakt het voor Kees allemaal nog specialer.

Kees moet na de Spelen verder met het rijden van wedstrijden – hij wordt elfde op het WK – en komt pas een maand na de Spelen weer thuis. Eenmaal terug in Puttershoek is alles hosanna. De schaatsende barman maakt het dorp trots. Op zaterdag ondergaat Kees een grootse huldiging. De volledige Hoeksche Waard is uitgelopen voor een volksfeest. 'Die schaatser uit het café' heeft een olympische plak behaald! De dijk staat vol en hoe dichter bij 't Veerhuys, hoe gekker het wordt. Kees laat zich meeslepen in het feestgedruis. Hij wordt, staand in een arrenslee, door het dorp gereden. Werkelijk iedereen wil wel even een praatje maken. En Kees zegt moeilijk 'nee'. Dus legt hij eindeloos vaak uit dat ook *hij* heel verrast is. En dat meent hij. De medaille is ook een mooie gelegenheid voor de kroegtijgers uit de wijde omtrek voor een bierconsumptie van olympische proporties. Nog eentje dan: op Kees!

Op de zondag na de huldiging staat de laatste training van zijn oude schaatsvrienden in Rotterdam op het programma. Daar rekent niemand op de komst van Kees, want die heeft de avond ervoor zijn olympische medaille behoorlijk uitbundig gevierd. Maar Kees vindt dat hij zijn medaille mede te danken heeft aan zijn Rotterdamse trainingsvrienden. De trainers in Rotterdam, Piet Zwanenburg voorop, hebben hem geholpen op weg naar het succes. En dus dwingt Kees zichzelf op zondagochtend zijn bed te verlaten, drinkt zoals voor elke training twee koppen koffie, springt de auto in en hup, op naar Rotterdam. Daar neemt hij alle felicitaties lachend in ontvangst en rijdt hij vervolgens de trainingsrondjes mee.

's Middags komt hij thuis en zit het café alweer barstensvol mensen die geen genoeg krijgen van de feestelijkheden. Ze zien in het kampioenschap van Kees een mooie kans om ook op zondagmiddag flink huis te houden in de kroeg. Kees wurmt zich langs het volk naar achteren, schouderklopjes krijgend, richting zijn slaapkamer.

Om daar te komen moet hij door de slaapkamer van zijn moeder. Hij vraagt haar hoe het gaat. Geen antwoord. Die zal wel slapen dus. Ze is al vroeg naar bed gegaan de voorgaande avond, voelde zich niet lekker. Had ze in Innsbruck en de periode vóór ze naar Oostenrijk afreisde ook al. *Ga toch maar mee naar Innsbruck, het wordt heel bijzonder,* had iedereen in het café haar verzekerd.

Na het douchen en omkleden loopt Kees weer door de slaapkamer. 'Ik ga werken. Hoe is het nou?' Weer geen antwoord.

Kees stapt richting het bed en ziet dat zijn moeder lijkbleek is. Hij voelt haar voorhoofd. IJskoud. Kees trekt zijn hand snel terug. Hij begint harder te praten. Nog een keer een hand naar het voorhoofd. Maar er komt geen reactie. Langzaam maar zeker daalt het besef in bij Kees. Hij springt overeind, rent de kamer uit, stormt de trap af. Hij loopt naar zijn vader en vertelt in grote paniek wat hij zojuist heeft gezien. Vader Pleun vliegt de trap op. Bram Kruithof, een goede vriend van Kees, ziet dat er wat mis is. Hij vraagt wat er aan de hand is. 'Mama is dood, Bram.' Bram denkt dat hij het verkeerd begrijpt. Maar dan komt ook vader Verkerk weer naar beneden. Zijn ogen staan wijd open. Hij brult: 'Eruit, allemaal!'

Van het ene op het andere moment is het klaar met het feestgedruis. De kroeg is verlaten. Halfvolle glazen bier staan op de bar. De rook van smeulende sigaretten stijgt vanuit de asbakken omhoog. Het gezin loopt radeloos door de stille ruimte. Dan verzamelen de gezinsleden zich zwijgend aan tafel. Er wordt gehuild, er wordt getroost. Bram probeert telefonisch wat mensen op de hoogte te stellen van de noodlottige gebeurtenis. Hij vertelt dat Cornelia Verkerk op 46-jarige leeftijd is overleden. Ook moet broer Arie worden gebeld. Die heeft na een week onafgebroken werken een dagje vrij gekregen van zijn vader. 'Kom maar snel naar huis,' krijgt hij te horen. Als Arie thuiskomt, ziet hij dat zijn broertje wordt getroost door vrienden uit de schaatswereld, zoals Viking-oprichter Jaap Havekotte, masseur Cor Nederveen en trainer Piet Zwanenburg.

Een ongelooflijk schuldgevoel maakt zich meester van Kees. De drukte op de Olympische Spelen zijn haar te veel geworden, is zijn heilige overtuiging. Het komt door het schaatsen. Het komt allemaal door die verdomde medaille.

Die medaille is nu niks meer waard, zegt Kees al op zondagmiddag. Ze is de grote boosdoener. Had hij maar nooit de Olympische Spelen gehaald, denkt Kees. Was hij maar nooit zo sluw geweest toen in Ter Aar. Had hij maar niet zo snel kunnen schaatsen. Het hele leven is in één klap zinloos geworden, vindt de 21-jarige Kees. Op zondagavond ziet Kees beelden langskomen op het journaal. Daar komt het nieuws van zijn moeder al voorbij. Een dag eerder keek Nederland nog naar de vrolijkheid van de huldiging, beseft Kees. En nu zien de mensen dit overlijdensbericht op tv. Het is niet te bevatten. De steunbetuigingen stromen binnen vanuit het hele land. In Puttershoek slaat de sfeer om. Op zaterdag een feest zoals het dorp nooit eerder meemaakte – en nu dit. Kees weet niet wat hij met alle goedbedoelde berichten aan moet. Hij wil zijn moeder weer gewoon een knuffel geven. Hij is reddeloos verloren.

Op de begrafenis is het druk. De mensen die het feestje van Kees meevierden op de dijk, staan nu ook in groten getale op de begraafplaats. Veel bekenden van Kees uit de schaatswereld komen naar Puttershoek om de nieuwe schaatsheld en zijn familie een hart onder de riem te steken. Ook is er veel pers. De begrafenis trekt al net zoveel cameraploegen als de huldiging een kleine week eerder. Weer staat Puttershoek in het centrum van de belangstelling in Nederland. Dit keer zijn de beelden op tv sober en droevig. De vaste klanten van het café dragen de kist. Kees gooit het lint dat aan de zilveren medaille vastzit in het graf. Hij wil de medaille er ook in gooien, maar dat weten vrienden hem uit het hoofd te praten. Daar zou hij spijt van krijgen, zeggen ze.

Tegen familieleden en kennissen is Kees resoluut: ik stop met schaatsen. Ook mensen van de bond die hun medeleven komen betuigen, krijgen die boodschap mee naar huis. Ome Jaap Havekotte neemt de dolende Kees op sleeptouw. De oprichter van de Viking-schaatsfabriek nodigt Kees en zijn familie uit bij hem thuis. 'Jullie moeten eruit. Praten, praten, praten. Met elkaar. Over alles.' Het hele gezin verblijft drie dagen in Naarden, bij Havekotte en zijn vrouw Sjaan. Langzaam maar zeker komt het besef bij Kees dat het leven doorgaat. Havekotte zet, samen met zijn Rotterdamse trainer Piet Zwanenburg, Kees weer op het goede spoor.

Met frisse tegenzin gaat Kees ook weer naar Rotterdam om te trainen. Hij probeert de knop om te zetten. Hij wil weer praten over oefeningen en technieken. Maar de sfeer is anders. Mensen praten op een bepaalde manier tegen Kees. 'De eerste keer kunnen ze zeggen: gecondoleerd. Maar als je door wilt, moeten mensen daar een keer mee stoppen. Je wilt zelf dat alles zo snel mogelijk weer normaal wordt. Maar sommige mensen bleven er maanden mee bezig. Hoe verschrikkelijk het wel niet was en hoe dit nu in godsnaam kon gebeuren. Maar mijn moeder was 46 jaar. Dat kán gebeuren.' Waaraan zijn moeder is overleden, heeft hij nooit durven vragen. De dokter wist het antwoord, maar Kees heeft de vraag zijn leven lang ontweken. De reden hiervan is ook Kees zelf niet geheel duidelijk. Hij houdt het op: 'Tja, dat zijn van die dingen.'

Wat wel meespeelt bij dat ontwijkende gedrag, zijn de roddels die er rondgaan in het café. Een hartinfarct zou zijn moeder fataal zijn geworden. En dan kan er iets erfelijks meespelen. Kees kent de wilde verhalen die rondgaan over de erfelijkheid van de kwaal die zijn moeder fataal zou zijn geworden. 'Iedereen in dat café heeft zijn eigen mening. Zeker als ze een beetje teut worden. Dan gaan ze nóg harder roepen wat ze denken. De dood van mijn moeder was lange tijd onderwerp van discussie. Elke dag weer. Als ik het zat was, zei ik niks terug en dan zei ik op een gegeven moment tegen m'n vader: "Ik ga trainen, het is nu rustig." Dan was het helemaal niet rustig, zaten er gewoon overal mensen. Maar dat snapte m'n vader. Ook als mensen moeilijke vragen gingen stellen, zei ik dat ik over een kwartier moest trainen. "Ik ga me omkleden" – en weg was ik.' De roddels over zijn moeder maken Kees boos. En tegelijkertijd angstig. Zou hem ook iets kunnen overkomen? Kees is een piekeraar. Mede daarom hoort hij de waarheid liever niet.

Pleun gaat niet goed om met het verlies van zijn vrouw. Het verdriet is te groot. Kees' jongste zusje Adri zorgt zo goed mogelijk voor hem. Maar Pleun gaat meer kaarten, meer drinken en hoopt zo steeds meer te vergeten. Pleun is 61 jaar als ook hij overlijdt. 'Waarschijnlijk' aan suikerziekte, aldus Kees. Met doodsoorzaken houdt Kees zich liever niet zo bezig.

Kees zegt veel, maar is geen prater. Dat wordt anderen in de periode na het overlijden van zijn moeder wel duidelijk. Hij ontwijkt vragen over het onderwerp van andere schaatsers en van mensen in het café. 'Wat denk je hiervan en daarvan. Zo ben ik niet. Dat is heel gek. Als er een klant over begint, moet ik antwoord geven. Maar ik zocht dat contact nooit zelf.' Dokter Kees Lap, jarenlang betrokken bij de Nederlands schaatsploeg, is in die tijd wél een gesprekspartner en een vertrouwenspersoon. 'Na de onderzoeken, want we kregen allemaal een controle om te zien hoe het lichamelijk zat, bleef ik vaak koffiedrinken tot 's avonds laat. Dokter Lap kon een geheim bewaren. Ik had ook een coach en masseur, Cor Nederveen, die kon ik eveneens vertrouwen. Hij trainde ook in Rotterdam. Cor hoorde ook veel van Ard Schenk, maar zei nooit tegen mij wat Ard zei, of andersom. Ik was open over de sport en over thuis. Bij hem kon ik ook over de gebeurtenissen in het café praten, net als met dokter Lap. Ook over de minder leuke zaken. Dokter Lap zei vaak: "Jij wordt nooit kampioen, met al die rook in je longen door dat werken in een café." Hij had een punt. Hij had alleen geen gelijk.'

Een aantal maanden na de dood van zijn moeder voelt Kees dat hij op de weg terug is. 'Toen ik weer trainde, kwam het goede gevoel langzaam terug. Het moment kwam dat ik voor het eerst weer naar het buitenland moest voor wedstrijden. Daar stond ik dan voor m'n kledingkast. Ik ging na een lange tijd in Puttershoek weer voor drie tot vier weken kleren pakken. Ik stond dit keer met m'n zusje Lenie voor de kast, in plaats van met m'n moeder. Mijn moeder hielp normaal gesproken met het pakken. Toen zag ik die bontmuts, die ze speciaal voor de trip naar Innsbruck had gekocht.'

De muts gaat in de tas, als symbool. Als het even kan, zet Kees 'm op rondom wedstrijden.

In 1967 wordt het verhaal van de muts bekend bij het publiek. Kees zet de muts op terwijl hij op een podium staat. 'Toen vroeg een verslaggever aan me waarom ik toch altijd die rare muts op had. *Wat heb je met die muts?* En toen kwamen de verhalen. Overal ging die muts mee naartoe en overal begonnen mensen erover. Tijdens de wedstrijden had ik de muts niet op, want daarvoor had ik een 'snelle muts'.' De bontmuts is al snel even bekend als de drager ervan.

Dat de muts overal mee naar toe moest, toont de diepe liefde voor zijn moeder. Vriend Ard Schenk merkt in de jaren na de dood van Kees' moeder dat het verdriet altijd een pijnpunt blijft. Ard vertelt: 'In 1964 is ons contact nog niet zo hecht. Maar in de jaren daarna merk je wel dat Kees er veel verdriet om heeft. En schuldgevoel. Tegelijkertijd haalt hij ook veel kracht uit de gebeurtenis. En veel motivatie. Ik vond hem nooit heel aangedaan. Hij weet veel te verbergen. Je kunt een beetje bij de kern komen van zijn gevoel, maar tot een bepaald niveau. Er is een grens. Soms wordt die verlegd, maar echt 'daar' komen, dat lukt niet bij Kees. Dat houdt-ie voor zichzelf. Hij praat snel, kan gesprekken makkelijk een andere wending geven en daardoor in controle blijven, ook van z'n emoties. Hij is een rappe prater met een klein hartje.'

De klap van de dood van moeder Verkerk komt Kees nooit helemaal te boven. De bontmuts biedt nog enige houvast om het leven aan te kunnen. Kees bijt zich na het dramatische jaar 1964 vast in het schaatsen. Met de bontmuts op het hoofd stijgt Kees naar grote hoogte.

De Val die Nederland verandert

Wereldtitels, olympische medailles en wereldrecords. Ze zijn mooi en waardevol. Toch is het allesbepalende schaatsmoment van Kees Verkerk geen zegetocht. Geen twee-armen-omhoog-over-de-finish-moment, waarvan Kees er zoveel meemaakt. Geen zwaaien-vanaf-het-podium-moment. Nee, het is een uitglijer.

Het is 23 januari 1966. Het gejuich van het publiek zwelt steeds verder aan. Rondje voor rondje. Kees Verkerk is op de ijsbaan in Deventer bezig een onmogelijk missie te volbrengen. Ongeveer 18.000 mensen op de tribune zien het gebeuren. Mensen tikken elkaar aan. Dat doen ook miljoenen kijkers voor de televisie. Kinderen die buiten spelen worden naar binnen gehaald, vader moet z'n krant nu echt even wegleggen en oma wordt gebeld: heeft ze de televisie wel aanstaan? Op straat, voor de winkelruiten van elektronicazaken, verdringen de mensen zich voor dat ene beeldscherm. Het land leeft mee als Kees Verkerk bezig is aan zijn wonderrace. Ard Schenk leek zeker van de Europese titel, nog voordat de afsluitende afstand was begonnen. Hij had zojuist met overmacht de voorlaatste afstand, de 1500 meter, gewonnen. Ard was ruim 2 seconden sneller dan Kees. Kees moest 16 seconden goedmaken op de afsluitende 10 kilometer. Een onmogelijk missie, zo leek het. Kees hoorde het overal om zich heen. In de kleedkamer, in de wandelgangen. 'Ard Schenk wordt Europees kampioen.' We zullen zien, dacht Kees.

De 10 kilometer vormt de apotheose van een tot dan toe ongeëvenaard sportevenement op Nederlandse bodem. Nog nooit is er zo'n groot schaatstoernooi gehouden in Nederland als het EK in 1966. Iedereen wil erbij zijn, maar dat kan niet. Miljoenen mensen moeten het doen met een plekje voor de televisie. De straten in het hele land zijn uitgestorven wanneer Kees Verkerk begint aan zijn 10 kilometer. De noodtribunes rond de kunstijsbaan in Deventer – vier jaar daarvoor geopend – barsten bijna uit hun voegen. Het publiek, de 18.000 geluksvogels die het spektakel live kunnen zien, raakt uitzinnig als Kees als een maniak vertrekt voor zijn inhaalrace. De hoofdrolspeler hoort vanaf het ijs veel onbekende stemmen, maar ook nog wat bekende. Zijn dorpsgenoten zijn duidelijk ook van de partij. Ze zijn er met velen – en zoals altijd zijn ze net zo luidruchtig als aan de bar van zijn vader in Puttershoek.

Zoals voor Kees gebruikelijk tijdens de 10 kilometer, let hij de eerste vijf kilometer van de race totaal niet op de rondetijden. Hij wil niet weten hoeveel rondjes hij nog moet. Niet voordat hij over de helft is. Want niks zo frustrerend als een bord waarop staat dat je nog twintig rondjes moet. *Jezus, dat is nog een eind*, is volgens Kees niet een gedachte waarmee je vooruitkomt. De speaker is door het gebrul vanaf de tribunes amper te verstaan. Kees houdt zijn blik gericht op de mensenmassa. Hij ziet de gebalde vuisten, de opengesperde ogen, het gezwaai met hoeden. Bij ieder bekend gezicht kan Kees ietsje harder schaatsen. Kees heeft geen rondetijden nodig om te weten dat hij gruwelijk hard gaat. Dat ziet hij aan de gezichten van de toeschouwers. Dat hoort hij aan de orkaan van geluid die hem achtervolgt wanner hij door de bochten glijdt.

De televisiecommentator, Bob Spaak, vraagt zich af of dit is vol te houden. 'Kees is een magnifieke kerel, maar dit gaat té goed'. De vijf miljoen Nederlanders voor de tv willen dat niet geloven. Zij willen het wonder zien gebeuren.

Fred Anton Maier is tegenstander en figurant. De sensatie komt per ronde dichterbij. Iedereen staat, springt, roept. Ook Ard Schenk, ziet Kees Verkerk uit zijn ooghoek. Die gaat zijn titel verliezen en staat mee te klappen. Het is in 1966 gebruikelijk voor schaatsers om landgenoten aan te moedigen wanneer die bezig zijn aan hun rit, óók als het een concurrent betreft. Het teamgevoel weegt zwaar. Het zegt veel over de missie van de Hollandse schaatsers, die bezig zijn Nederland richting de wereldtop te stuwen.

Dik over de helft, weet Kees. Nog één keer schieten zijn ogen naar rechts. Daar zitten de mannen uit Puttershoek. Ze zijn makkelijk te herkennen aan de zelfgemaakte hoge hoeden in het rood-wit-blauw. Heya Keessie, hebben ze erop gekalkt. Zijn vrienden, zijn familie. Het gezang zwelt nog maar eens aan. *Hand in hand, kameraden, hand in hand, voor Kees Verkerk.*

Ronde nummer vijftien is de ronde waarin het misgaat. Het gebeurt bij het ingaan van de bocht. De televisiekijkers, de commentator, trainer Anton Huiskes, de duizenden op de tribune en de teamgenoten van Kees: ze slaan de hand voor de mond. Kees Verkerk smakt tegen het ijs. Op het moment dat Kees uit evenwicht raakt en zijn rit in horizontale positie vervolgt, is het plots doodstil in het stadion. Alsof er iemand op een knop heeft gedrukt. Maier ziet het niet gebeuren, maar begrijpt direct dat Kees niet langer op z'n benen staat. Even later ziet hij zijn gevallen opponent opkrabbelen. Hij passeert Kees. Ironisch genoeg komt Kees tot stilstand pal voor een spandoek gemaakt door zijn dorpsgenoten en vrienden uit Puttershoek. Het is geen toeval. Het is juist die hoek waar Kees zijn ogen altijd wat langer afwendt richting tribune. Hij ziet zijn vrienden zitten en denkt aan de Europese titel die hij gaat binnenhalen. Het kost hem een misstap. Het kost hem het kampioenschap.

Peter Nottet, de reserve van de kernploeg tijdens het EK, staat in de bocht aan de overzijde naast Ard op het moment dat Kees tegen de vlakte gaat. 'Nu word ik Europees kampioen,' zegt Ard droogjes tegen Peter. Juichen durft hij op dat moment niet.

De meeste schaatsers vallen ín een bocht. Dat heeft, zo is de analyse van Kees, als voordeel dat je sneller klaar bent met vallen. Maar wie op het rechte stuk – bij het ingaan van de bocht – wegglijdt, kan flink wat meters maken voordat-ie iets raakt. In de herinnering van Kees Verkerk duurt zijn val op de 10 kilometer in Deventer een halve minuut: komt er geen eind aan zijn glijpartij, glijdt hij precies op het verkeerde moment weg.

Maar zo gaat het alleen in het hoofd van de schaatser. Want in werkelijkheid levert hij een handjevol seconden in. Kees Verkerk geeft een klap op de strobalen en staat krankzinnig snel weer op; het is alsof hij op deze val heeft getraind. Hij is bovendien gezegend met een coach die niet van ophouden weet. 'Je kunt 'm nog pakken,' brult zijn grote leermeester Anton Huiskes hem toe. Kees besluit om in die woorden te geloven. Langzaam bouwt zich ook de euforie weer op, in het stadion en in de huiskamers, wanneer Kees rondje voor rondje dichter bij Fred Anton Maier komt. Bij het klinken van de bel staat Ard Schenk, met zijn handen gevouwen als roeptoeter, Kees de bocht in te brullen. Als Kees de Noor alsnog klopt en een Nederlands record – het enige dat ooit is gereden mét val – op de borden zet, breken de toeschouwers de tent af. Hij wint de 10 kilometer, maar komt tekort om Ard van de Europese titel af te houden. Zonder val had Kees goud gewonnen, dat weet Ard ook. De speaker probeert het stadion tot stilte te manen voor de start van de volgende rijders. De Noor Stiansen en de Rus Kaplan maken zich klaar, maar de oproep is tevergeefs. De supporters gaan hand in hand voor Kees Verkerk en laten zich de mond niet snoeren.

De gevolgen van het EK in Deventer zijn voor sportend Nederland verstrekkend. Het duo Ard en Keessie is geboren. Twee vrienden. De een de kampioen van Deventer, de ander de gevallen kampioen van Deventer. Twee kampioenen dus. Het 'Ard en Keessie' klinkt voor het eerst in Deventer. Het is een kreet die ter plekke ontstaat. Het schaatspubliek in Deventer is zodoende de naamgever van het iconische duo. Nederland omarmt de beide mannen. Het eerste grote schaatstoernooi in Nederland is, mede dankzij de mogelijkheid om dit live op tv uit te zenden, een doorslaand succes. Nederland is op slag schaatsgek.

Overigens gaat de enorme opwinding in Nederland aan de hoofdrolspelers zelf voorbij. Die moeten door. Trainen voor de volgende wedstrijd. Kees verlaat Deventer toch vooral met een rotgevoel. Zijn eerste grote titel lag voor het grijpen. Er is echter geen tijd om te treuren. Het wereldkampioenschap in Gotenburg komt eraan. Tussen de twee hoofdtoernooien door wordt er ook nog eens een landenwedstrijd verreden. Een prestigieuze teamwedstrijd, maar onhandig gepland tussen een EK en een WK in. De groeten, denkt Kees. 'Ik meldde me ziek. Ik was niet ziek, maar ik lulde me er wel uit. Zo'n landenwedstrijd rijd je met z'n vijven. Als er iemand van je ploeg valt, ben je al gezien. En we moesten tegen de Noren, dus vol aan de bak ook. Ik wilde wereldkampioen worden in Gotenburg. Beetje krachten sparen dus. Ik had bedacht: ik zeg tegen Anton Huiskes dat ik last heb van m'n keel. Ik moest van hem naar de dokter. Die ging aan de slag met twee van die slangetjes. De eerste ging zo, door m'n neus, m'n keel in. Na dat eerste slangetje dacht ik: *laat maar, ik ga wel gewoon schaatsen.* Toch dat andere slangetje ook maar laten doen. De dokter zei: "Er komt misschien wat aan, maar niks ernstigs." Mooi zo. Ik ging terug naar het hotel van de ploeg, kreeg een shot cognac en kroop m'n bed in.'

In bed luistert Kees via een radiootje van Philips naar de verrichtingen van zijn teamgenoten tijdens de 'onbelangrijke' landenwedstrijd. Buiten sneeuwt het lichtjes, binnen ligt Kees er ontspannen bij. Totdat hij de verslaggever de eindtijd van Fred Anton Maier hoort jubelen: 15.32,2. Een wereldrecord op de 10 kilometer. Gereden door de man die een week eerder nog door Kees werd verslagen op dezelfde afstand in Deventer: vallend en al. Hoewel Kees de wedstrijd heel bewust liet lopen in aanloop naar het WK, baalt hij nu als een stekker. 'Het ijs was geweldig,' schreeuwt de uitgelaten verslaggever in het Noors. Het zijn de laatste woorden die Kees meekrijgt voordat hij het radiootje tegen de muur van zijn hotelkamer kapotgooit.

Wat het EK in Deventer bij zijn landgenoten heeft losgemaakt, ziet Kees pas een maand later met eigen ogen. Naar schatting 10.000 Nederlanders reizen af naar de Zweedse stad, om hun nieuwe helden aan te moedigen. Slimme ondernemers regelen snel georganiseerde reizen naar het wereldkampioenschap. Transavia regelt chartervluchten, touroperators zetten zoveel bussen in als ze hebben en de NS koppelt een extra wagon aan de trein. De treinen worden omgedoopt tot 'Ard en Keessie Expres'. Aan boord zitten schaatsfans met klompen, oranje prullaria en een flesje drank om de keel mee te smeren. Want er moet gezongen worden. 'Ard en Keessie geef ze van katoen' geeft een aardig beeld van het repertoire van de mannen en vrouwen. Onder het publiek veel jonge mensen. Het zijn de 'wilde' jaren zestig. En hoewel schaatsen misschien niet direct klinkt als seks, drugs en rock-'n-roll, zijn de reisjes voor veel jongeren wel degelijk een kans hun vrijheid tegemoet te gaan.

Voor het eerst op reis zonder ouders, om naar Ard en Keessie te kijken en nachtenlang door te feesten en te dansen op de muziek van dat nieuwe Londense bandje, genaamd The Rolling Stones. Het is Woodstock in de winter. Nederlandse fans die laat zijn met het boeken van hun accommodatie, eindigen in een hotel op 150 kilometer van Gotenburg. Alle onderkomens in de wijde omtrek van de Zweedse stad zitten bomvol.

Bij aankomst in Gotenburg slaan de Zweden steil achterover van verbazing wanneer ze zien wat er allemaal uit de trein stapt. Zingende, klompen dragende, met vlaggen zwaaiende en met oranje pet getooide schaatssupporters. Dit hebben ze nog nooit gezien. Hier, in Gotenburg, ziet het Oranjelegioen het levenslicht. De Nederlandse schaatsers genieten van hun nieuwe status – behalve als de fans zingend hun hotel passeren in het holst van de nacht. Het is dan ook een ongekende luxe voor Nederlandse sportliefhebbers: ineens is daar een sport waarbij Nederland écht meetelt op internationaal niveau. De oer-Hollandse schaatssport nog wel.

Kees zit vol emoties als hij aankomt in Gotenburg voor het wereldkampioenschap. De valpartij in Deventer en het mogelijke mislopen van een wereldrecord op de 10 kilometer motiveren hem tot op het bot. In Zweden krijgt hij er nog een extra prikkel bij wanneer hij erachter komt hoeveel Hollanders hem komen aanmoedigen.

De Nederlanders op de tribunes van Gotenburg worden omringd door wat Noren en veel Zweden. De aanwezigheid van al die landgenoten op de tribune werkt als een rode lap op Kees Verkerk. De 25.000 man in het Gotenburgse stadion Ullevi zien dat Kees op de tweede dag van het toernooi de nieuwe Europees kampioen Ard Schenk ver voor blijft. Tijdens de 10 kilometer van Kees, waarin hij de kersverse wereldrecordhouder Fred Anton Maier declasseert, wordt een fan zo gek van vreugde dat hij vanaf de tribune richting de baan rent, dwars door de sneeuwhopen. Gelukkig voor hem – en voor Kees – struikelt hij over een sneeuwhoop. De benen van sommige fans kunnen de weelde van succes op zo'n groot toernooi nog niet dragen.

Kees Verkerk wint drie afstanden tijdens het WK en wordt daarmee afgetekend wereldkampioen. Vijf jaar nadat hij zijn idool Henk van der Grift, de allereerste Nederlandse wereldkampioen, met eigen ogen gehuldigd ziet worden, stapt Kees in diens voetsporen. Omringd door fans die hem toezingen rijdt hij zijn ereronde. Op de hoogste trede van het podium houdt Kees het niet droog. Hij heeft zichzelf niet in bedwang en laat zijn tranen de vrije loop. Hij probeert zijn betraande gezicht achter een lauwerkrans te verstoppen, maar de wereld krijgt de emoties van Kees toch mee. Zijn gedachten zijn onder meer bij vader Pleun, die door rugklachten niet naar Zweden kon afreizen. En natuurlijk bij moeder Cornelia, die twee jaar geleden zo dolblij was met de zilveren plak van haar zoon op de Spelen. Ze zou hem nu eens moeten zien staan, op de hoogste trede, als wereldkampioen.

Het is mede de tragiek van het overlijden van zijn moeder én de val in Deventer, die Kees veel sympathie oplevert in Nederland. Zo'n kleine man die zoveel tegenslag overwint en wereldkampioen wordt, daarvoor kun je alleen maar respect hebben. Zijn eerste wereldtitel is de kroon op het werk, maar toch beschouwt Kees Verkerk de rit in het IJsselstadion in Deventer als hét bepalende moment in zijn carrière. Het is het moment waarop het volk hem omarmt. Het officieuze begin van het tijdperk dat de boeken in gaat als dat van 'Ard en Keessie'.

Ard en Keessie zorgen voor nieuwe verhoudingen binnen de Nederlandse sportwereld. Voetbalwedstrijden worden verplaatst als er een groot toernooi aankomt. Niet langer zijn uitsluitend de groene velden elk weekend het sportieve heiligdom van Nederland. Ineens is daar de ijsbaan. Als Kees' broer Arie plots zonder stroom zit – net als de rest van de straat – krijgt hij telefonisch vanuit de centrale van de stroomleverancier te horen: 'We komen eraan, maar we kijken eerst het schaatsen af.' Het magazine Revu geeft in 1966 een speciale schaatseditie uit, waarin sportverslaggever Ed van Opzeeland de actuele stand van zaken in sportland Nederland aardig samenvat: 'Als sportredacteur zonder uitgesproken voorkeuren onderschat ik de tweede plaats van Jan Janssen in de Tour de France, de wereldtitels wielrennen van Evert Dolman, Tiemen Groen en stayer Piet de Wit niet; heb ik een groot respect voor de Nederlandse roeisuccessen bij de Europese Kampioenschappen in Bled; geniet ik nog na van het voetbalduel Nederland-Hongarije en Ajax-Feyenoord en is mijn bewondering voor de Europese zwemtitels van Ada Kok en Betty Heukels onverslijtbaar. Niettemin zal 1966 voor mij toch het jaar van Ard Schenk en Kees Verkerk blijven. Wat zij voor de Nederlandse sport, zowel op het Europese als op het wereldkampioenschap schaatsen hebben gepresteerd, reikt naar een hoogte die waarschijnlijk in geen enkele tak van sport ooit zal worden overtroffen.'

Het enthousiasme van de journalist Ed van Opzeeland staat niet op zichzelf. Bijna alle sportverslaggevers schrijven jubelende verhalen. Sportsuccessen zijn halverwege de jaren zestig nog even wennen. Sterker nog: Nederland stelde in de jaren vijftig helemaal niks voor op sportief gebied. Nederland is dan ook geen voetballand. Het plaatst zich zelden voor een eindtoernooi en verliest in 1963 nog van Luxemburg. Maar ineens komen er sportieve successen. Op de Zomerspelen van 1964 wint Nederland twee gouden medailles: Anton Geesink bij het judo en de wielrenners bij de ploegentijdrit. Het zijn daverende verrassingen, want Nederland heeft sinds 1948 geen olympische medaille behaald. Kunstrijdster Sjoukje Dijkstra wint in 1964 zelfs het allereerste Nederlandse goud ooit op de Winterspelen. Ook de roeiers en zwemmers timmeren aan de weg. En nu zijn daar ook nog eens de grote triomfen op het prestigieuze langebaanschaatsen. Nu zijn daar Ard en Keessie, die zorgen voor Hollandse glorie in volgepakte stadions. Het langebaanschaatsen als sport is weliswaar door de Noren ontdekt en grootgemaakt, maar is als cultureel verschijnsel onmiskenbaar Nederlands. Er is voor de Nederlandse sportjournalisten alle reden om te jubelen.

De gevolgen van 'Deventer' en 'Gotenburg' reiken ver, dat ziet Van Opzeeland goed. De heldendaden in Deventer, de exodus richting Gotenburg: het zijn bakens in de Nederlandse sporthistorie. Het WK in Gotenburg is het officieuze startpunt van de 'oranjegekte', die tot aan dat moment niet bestaat. Richting het eind van de jaren zestig wordt het steeds gebruikelijker voor schaatsfans om een oranje hoed of pet op te doen in het stadion. De keuze voor de kleur oranje is begrijpelijk; het is de kleur van het koninklijk huis, van de Oranjes. Maar hoe de supporters op het idee komen zich tijdens sportwedstrijden massaal in het oranje te steken, is niet helemaal duidelijk. Sporthistoricus Marnix Koolhaas denkt dat die gewoonte naar het wielrennen is te herleiden. In de Tour de France reed in de jaren vijftig een Nederlandse ploeg rond met opvallende, oranje petjes. Daar zou die oranjegekte rond de schaatsbaan vandaan kunnen komen. De oranje-exodus openbaart zich acht jaar later ook bij het voetbal, wanneer Nederland onder aanvoering van Johan Cruijff een fantastisch WK in Duitsland speelt en tot de finale komt. Volle bussen met in oranje uitgedoste fans gaan in 1974 de grens over. Alsof Ard en Keessie moeten schaatsen.

Later is die oranjegekte in voetbalstadions en in het Heerenveense Thialf, wat dé schaatsbaan van Nederland zal worden, niet meer weg te denken. Net als dat Nederlands schaatssucces gaat wennen. Ard en Keessie worden in 1966 gezamenlijk gekozen tot Sportman van het Jaar. De twee jonge sportmannen zien zich plotseling geconfronteerd met een nieuw fenomeen: een heldenstatus, met daarbij een in oranje geklede aanhang. Voor Ard is het onwennig. Kees vindt het prachtig.

Iedereen kent de weg naar Puttershoek

Kees Verkerk is wereldkampioen, nationale held en barman.

Dat Kees schaatstoernooien wint en plotseling enorm populair is in Nederland, verandert opvallend weinig aan zijn rol in het café. De inwoners van de Hoeksche Waard zijn trots op hun bekende barkeeper, maar willen ook gewoon dat iemand bier komt brengen. Kees moet op zoek naar een nieuwe balans in de zomerperiode, een periode waarin hij veel thuis is. Zijn vader verwacht hem achter de bar, maar tegelijkertijd ziet Kees zich aan de andere kant van diezelfde bar geconfronteerd met mensen die met 'de schaatser Kees' willen praten. Kees moet aan het werk én hij moet zijn fans zien te vermaken. Een lastige combinatie. Kees heeft er moeite mee.

Niet iedereen zit te wachten op een barman die na elk toernooi thuiskomt met de wildste verhalen over trainingskampen, wereldkampioenschappen en borrels met beroemdheden. Daar komt Kees snel achter. 'We kwamen net terug van wedstrijden in het noorden van Noorwegen. Die wedstrijdjes aan het einde van het seizoen leverden altijd mooie anekdotes op. Ik zat vol verhalen en vertelde honderduit aan de vaste klanten. Er was één man en die zat een beetje afgezonderd aan de bar. Toen vroeg die man: "Mag ik nog een pilsje?" Ik schonk snel een biertje in, want ik wilde m'n verhaal afmaken. Ik zette het glas neer voor de man, liep terug naar de groep en ging verder met mijn verhaal. Ik hoorde diezelfde man weer roepen vanuit zijn hoek. "Hallo! Ik had bier besteld, geen schuim." Toen ik zijn kant weer op ging, zag ik dat de man inderdaad veel schuim had. Ik deed er nog een beetje bier bij. 's Avonds in bed dacht ik: ja, dat gedoe in Noorwegen en die kampioenschappen zijn allemaal fantastisch, maar die man moet gewoon een biertje hebben. En dat krijgt-ie niet, omdat ik sta te ouwehoeren over het schaatsen. Toen heb ik tegen mezelf gezegd: ik moet m'n werk doen en minder over schaatsen ouwehoeren. Want er zijn ook mensen die het níet interesseert dat ik snel kan schaatsen. Je kunt daar niet als een kampioen achter de toog gaan staan. Op zondag ben je dan misschien een kampioen, maar de avond erna ben je een barkeeper. En dan moet je bier leveren.'

't Veerhuys, uit 1629 en fraai gelegen aan de Oude Maas, wordt langzamerhand een toeristische attractie. Voor de familie van Kees en de stamgasten van 't Veerhuys is het allemaal erg onwerkelijk. Al jaren zitten ze met nagenoeg dezelfde ploeg aan vaste tafels, nu lopen er hordes vreemdelingen naar binnen.

Fans, maar ook schaatsers die met Kees bevriend zijn. De Rus Ant Antson neemt een tolk mee, de Japanner Keiichi Suzuki doet dat niet. De kleine sprinter trekt veel bekijks tijdens zijn eerste bezoek. Een Japanner in 't Veerhuys, dat is nieuw. In eerste instantie kijken de stamgasten Suzuki wat meewarig aan, maar als er genoeg drank in de man zit, gaat de sprinter op de schouders en verandert hij in een publiekslieveling-voor-een-avond in de plaatselijke kroeg.

Van de buitenlandse bezoekers die naar Puttershoek afreizen, is het merendeel Noors. Kees wint dankzij zijn schaatsprestaties snel aan populariteit in Noorwegen. En dus wandelen er geregeld Noorse schaatsliefhebbers 't Veerhuys binnen, waar ze hun nieuwe held gedag komen zeggen. Het verhaal onder Noorse schaatsfans doet al snel de ronde dat je Kees gewoon achter de tap van een kroeg kunt vinden. Soms komen ze zelfs met een touringcar voorrijden. Kees vindt het allemaal best, maar ook bij de Noren moet hij zoeken naar een goede omgangsvorm. De schaatsfans willen namelijk proosten met Kees. Die wil zich echter niet te veel laten meeslepen in de feestvreugde. Hij is immers direct na de laatste wedstrijd van het seizoen alweer bezig met de nieuwe jaargang. Er moet worden getraind, probeert Kees zijn gasten uit te leggen. 'Die mensen waren dolenthousiast als ze de kroeg in stapten. *Neem een pilsje van me*, was het dan. Ik nam koffie. *Dat is toch geen proosten*, protesteerden die mensen. Ik had ook cola kunnen nemen, maar daar wordt m'n buik dik van. Ik moest de Noren uitleggen dat hij of zij niet de enige was die met me wilde proosten. Dat er die dag ervoor ook al een zooitje Noren was dat me bier aanbood. Als ik daaraan ga beginnen, komt het niet meer goed, legde ik uit. Dat was vaak wel een teleurstelling voor de Noorse fans. Kwamen ze helemaal uit Noorwegen naar het café en dan hoorden ze dat ik koffie dronk... Daar maak je een Noor niet blij mee. Niemand dacht er verder bij na dat je als wereldkampioen beter niet de hele dag bier kunt drinken in je eigen café. Ik zei dan altijd maar: "Kom maar terug als ik klaar ben met schaatsen, dan doen we een borrel."'

Het Noorse bezoek is niet altijd even gewenst. Een biertje kost in 't Veerhuys 40 cent, een fles jenever zeven gulden: veel goedkoper dan in de gemiddelde Noorse kroeg. Voor zulke bedragen kunnen sommige bezoekers de drank niet laten staan. Dat leidt tot situaties waar de Verkerkjes niet altijd even gelukkig mee zijn. Als een Noorse bezoeker een deur niet open krijgt, gaat hij voor de snelle oplossing en trapt de deur eruit. Om vervolgens weer een jenevertje te bestellen.

Het wordt Kees langzaamaan duidelijk dat hij wel érg benaderbaar is. In elk interview wordt hij wel een keer getypeerd als 'de kasteleinszoon uit Puttershoek'. Hou dan de invasie maar eens tegen. 'Het grote voordeel van mensen die fan waren van mij, tegenover mensen die fan waren van Johan Cruijff, was dat ze mij gewoon konden opzoeken. Die liepen het café in en riepen: "Hoi, hier ben ik." En waar moest je Cruijff ontmoeten? Nou, daar stonden die mensen dan. Ik ben opgegroeid met de wijsheid dat je altijd service moet verlenen, dus dan ga je babbelen. Wel vroeg ik eerst wat ze wilden drinken. Want we moeten ook nog wat verdienen in het café. Dan kwam ik met een dienblad vol drankjes aan en dan kun je even praten. Soms kreeg ik een baby op schoot. En dan zei de vader: "We wilden weleens naar Keessie toe." Nou, leuk. Tijdje praten. Gebeurde weleens dat de vader naar zijn echtgenote draaide: "Je wilde toch eens op z'n dijen zitten, vrouw?" Ik speelde dat wel mee. "Ik hou het wel, hoor," moedigde ik in zo'n geval aan. "Mijn dijen zijn net zo sterk als die van Ard Schenk, al zie je dat op tv misschien niet altijd even goed." Ik zou niet weten hoe vaak ik die opmerking heb gemaakt.'

Hoewel al die aandacht van fans soms wat overweldigend is, stuurt Kees nooit iemand het café uit. 'Je kunt toch niet 'lazer op' zeggen? Ard was daar wat beter in, maar die kwam van een boerderij, daar was het nog stiller dan in het noorden van Noorwegen. Maar als je in een druk café achter de bar gaat staan, dan moet je niet verbaasd zijn wanneer mensen tegen je aan ouwehoeren. Dan moet je verhalen vertellen.' Wel is het zo dat Kees, naarmate de successen toenemen, iets vaker probeert de drukte van het café te ontvluchten. Hij blijft na trainingen nog iets langer zitten met bijvoorbeeld Kees Lap, de dokter van de kernploeg, iemand met wie hij de gang van zaken in het café goed kan bespreken.

De populariteit van Ard en Keessie neemt zulke extreme vormen aan, dat Kees hulp krijgt aangeboden van z'n vrienden in het café. 'Wordt het niet eens tijd voor een fanclub, Kees?' vragen zijn vrienden. Daar moet Kees even over nadenken. Een fanclub, dat is iets voor zijn muzikale idool Elvis Presley. Maar wat extra hulp kan Kees inderdaad wel gebruiken. Hij schrijft zich een ongeluk. Elke ansichtkaart die in het café wordt afgeleverd, kan rekenen op een antwoord. En dat is helemaal niet handig. Kees moet ook klanten helpen.

Kees ontvangt een slordige vijfduizend brieven in 1966, het jaar van De Val en de eerste wereldtitel. 'Allemaal heb ik ze beantwoord. *Bedankt voor het steunen,* dat werk. Sommige mensen stellen allerlei vragen in hun brieven. Hoe ik train, wat ik eet voor een wedstrijd en dat soort zaken. Dat leg je dan uit.' De kaarten komen vooral vanuit Nederland, Duitsland, Noorwegen en Rusland. Op sommige uit het buitenland afkomstige enveloppen staat enkel 'Keessie, Holland' geschreven. De postsorteerders weten dan genoeg. Die brief moet naar Puttershoek.

Zijn vrienden van het café zetten een fanclub op. Oprichter is Henk Hartman, werkzaam in de suikerfabriek van Puttershoek. Daar gaat Hartman met de pet rond en zorgt voor de eerste centen in de pot van Kees. De eerste leden van de fanclub werken in de fabriek en hangen aan de toog in 't Veerhuys. De fanclub regelt vanaf dat moment de zaken. Cor Groeneveld, die Kees al vanaf zijn zestiende jaar helpt met het beantwoorden van alle post en al jaren hand- en spandiensten verricht in het café, wordt de centrale figuur in de fanclub. Hij is ook degene tot wie Kees vaak zijn brieven richt vanuit het buitenland. 'Cor, kun je zorgen dat er nog een paar tubes zalf naar Hamar komen?' Of: 'Cor, kun je zorgen dat mijn auto op Schiphol staat als we aankomen met de kernploeg?' Cor doet wat hij kan om Kees te ondersteunen.

De oprichting van de club scheelt Kees in de kosten. Hij koopt tot dat moment zelf zijn postzegels voor de kaarten die hij beantwoordt. 'Dat hoefde ook niet meer. Ik was eigenlijk enorm blij met de fanclub. Het hele biljart lag vol met brieven en kaarten. Dan kwam de postbode binnen en die kieperde zó een zak post leeg over dat biljart. Dan was er weer werk aan de winkel. Na een groot toernooi stroomde het dagen achter elkaar binnen. In die periode ben ik Noors gaan leren schrijven, om die mensen te bedanken in hun eigen taal. Maar de grammatica is moeilijk. Ik draaide nogal eens een paar woorden om. Daarom ben ik meer Noors gaan praten met de schaatsers uit dat land. Als je dat durft, leer je de taal snel. Tijdens mijn carrière sprak ik al een aardig woordje Noors.'

Ard Schenk is vaak te gast in het café en ziet het enthousiasme van zijn concurrent en kameraad met verbazing aan. Ard zit helemaal niet te wachten op die aandacht. 'Ik dacht, als ik Kees dan weer al die brieven zag beantwoorden: *je bent niet lekker*. Ik zei het niet, maar dacht het wel. Mijn moeder heeft veel brieven beantwoord en die had wat communicatie met fans, maar ik weet nog dat er thuis vier zakken met post stonden die ik echt nooit heb geopend. Kees deed dat heel trouw. Hij had ook als eerste sporter van die kaarten met een fotootje en een tekst als 'Kees Verkerk, wereldkampioen' en een handtekening erbij. Op gegeven moment had-ie die voorbedrukt klaarliggen. Ik dacht: moet ík hier nu ook aan gaan beginnen? Dat was een enorm verschil tussen ons. Ik ging naar Amsterdam voor mijn opleiding tot fysiotherapeut, had ik bedacht. Wat heb je dan aan eindeloos kaarten sturen naar fans? Fans zijn leuk, maar kom maar gewoon naar het schaatsen kijken. Zo keek ik ernaar. Voor Kees waren zijn fans werkelijk alles. Er was sprake van oprechte dankbaarheid.'

Om lid te zijn van de fanclub, moesten enthousiastelingen een dubbeltje per week aan lidmaatschapsgeld betalen. Al snel zit Kees tegen de duizend leden aan. 'Van het geld kon ik m'n benzine betalen. En ik kocht materiaal om knap te kunnen filmen. Al die leden van de fanclub kwamen één keer per jaar naar Puttershoek. Kregen ze een hapje en een drankje en dan liet ik dia's zien van het voorbije schaatsseizoen. Ik vertelde er een verhaaltje bij. Waar ik was geweest en wat daar allemaal aan de hand was. Best leuk, vond ik zelf.'

Niet iedereen komt naar 't Veerhuys om Kees een handje te geven. Er komen ook ronduit ongewenste klanten naar Puttershoek. Zoals de fiscus. Een paar mannen in pak willen de boekhouding van vader Pleun weleens inzien. Want ze zijn erachter gekomen hoeveel suikerzakjes 't Veerhuys inslaat. Het gaat om een waanzinnige hoeveelheid. Als zij bij elke bak koffie een suikerzakje doen, dan draait het café een veel grotere omzet dan in de boeken staat, hebben de mannen berekend. Vader Pleun kan het uitleggen. Op de suikerzakjes heeft hij een afbeelding van zijn zoon laten drukken. Puttershoek is immers het dorp met een bekende suikerfabriek. 'Wereldkampioen 1966,' staat eronder. 'Elke bezoeker die hier komt, neemt een hele hand vol suikerzakjes mee naar huis,' legt Pleun uit. 'Helaas verkoop ik niet zoveel koffie als jullie denken,' drukt Pleun de heren op het hart. Hij heeft nog wel een paar zakjes liggen, als bewijs. Een boete blijft 't Veerhuys bespaard. De mannen van de fiscus gaan naar huis met een paar leuke suikerzakjes voor op de salontafel.

Nieuwkomers – fans, schaatsers, journalisten – in het kleine café aan de haven kijken hun ogen uit. 't Veerhuys kent een aantal opvallende details. De prijzen van Kees springen het meest in het oog. Maar er hangen ook jachtgeweren en opgezette vogels aan de muur. Het resultaat van de hobby van vader

Pleun, die graag mag jagen. Kees loopt ook nog een paar dagen rond in het café met een levende vogel op z'n schouder. Het is een papegaai. Die krijgt Kees van de directie van vogelpark De Ara in het Friese Workum, nadat hij het park officieel heeft geopend. 'Het vogelpark had geen geld om mij te betalen. Ik kreeg een papegaai in een kooi. Ik zei tegen die mensen: "Nou, dat is hartstikke leuk, want ik zit veel alleen in de auto naar trainingen en dan kan ik een gezellig praatje maken met de papegaai." Ik reed vanuit Workum meteen door naar Anna Paulowna, voor een biertje op de kermis met Ard. Op de Afsluitdijk begon ik een praatje met de papegaai. *Hoe is het nu met je*, en dat soort dingen. Dat beest werd helemaal wild, probeerde me vanuit z'n kooi aan te vallen. Hij deed niks anders dan schreeuwen. Op de kermis was het een ramp met die papegaai, want de vrienden van Ard gooiden bierviltjes naar 'm. In het café ging het beter. Ik had ook speciaal voer gekregen van de directie van het vogelpark, dus dat gaf ik de papegaai braaf. Op een nacht klonk er een verschrikkelijk geschreeuw vanuit de kooi. Iedereen was wakker en ging snel kijken. De papegaai lag bloedend in z'n kooi. Hij was aangevallen door ratten die z'n eten wilden hebben. Die ratten hadden een manier gevonden om ons café binnen te komen. Toen was het klaar en heb ik de papegaai weggegeven.' Ook een aap, een ander levend cadeau dat Kees krijgt, blijkt geen succes. 'De klanten gingen zich ermee bemoeien. Zielig voor dat beest.' Na de papegaai en de aap blijft het in 't Veerhuys bij opgezette dieren.

Kees wordt snel volwassen in het café. Hij leert hoe hij met onverwacht bezoek moet omgaan. Zijn sociale vaardigheden ontwikkelen zich snel en Kees doet vanachter de toog belangrijke lessen op. Zo'n horeca-les die je alleen in de praktijk opdoet, is hoe je omgaat met dronken mensen. Iets wat Kees al snel leert en wat hem ook bij huldigingen in het café goed van pas komt. 'Dronken mensen zijn etterbakken. Die blijven zeikouwehoeren over van alles en laten je dan niet met rust. En als je iets verkeerds zegt, kun je nog een klap voor je bek krijgen ook. Mijn vader moest ooit een klap uitdelen in het café. Toen zaten wij, de kinderen, in bad, in een teil. Die teil stond in de keuken. Mijn vader wilde naar de keuken, maar een klant versperde hem de weg. "Ik ga niet opzij," zei de klant. Toen vroeg mijn vader het nog een keer. Weer: "Ik ga niet opzij." Bij de derde keer verkocht hij die vent een klap. "Ik blijf hier de baas," zei hij daarover. Hij gaf een grens aan. Zijn kinderen waren een meter van hem vandaan, maar hij kon er niet bij komen, door die dronken man. Dat was een les voor mij. Ook een les: je moet mensen altijd drie keer waarschuwen. Als de politie erbij komt, kun je zeggen: "Ik heb drie keer gewaarschuwd."'

Kees is én het oogappeltje van Pleun Verkerk én de grote publiekstrekker. Alle fans zijn van harte welkom in zijn café, want ze zorgen voor steeds verder oplopende inkomsten. Pleun is – als zijn gezondheid het toelaat – bij alle wedstrijden van zijn zoon aanwezig, waar die ook plaatshebben. Hij is een opvallende en luidruchtige verschijning, vaak getooid met een muts vol speldjes, met in zijn kielzog de stamgasten van 't Veerhuys. Die kroeg is in de jaren zestig zo ongeveer het meest gefilmde horecapand van Nederland. Journalisten lopen er de deur plat, zéker als er weer een groots huldigingsmoment plaatsvindt. Na een gewonnen toernooi is het leuk om een filmshot te hebben van de juichende kroeg waar de kampioen normaal gesproken achter de bar staat. Slechts één keer zijn de journalisten niet welkom. Kees weet niks van het persverbod dat zijn vader eenmalig instelt na een gewonnen kampioenschap; de schaatser zit dan nog in het buitenland. De actie heeft alles te maken met een publicatie waarin een journalist, volgens vader Verkerk, een uitspraak van hem over zijn zoon uit zijn verband heeft getrokken. En dat pikt Pleun niet. Een bordje met 'geen foto's en pers a.u.b.' hangt duidelijk leesbaar boven de tapkast, zo zien de journalisten als ze aankomen bij het café. De verslaggevers druipen af zonder vrolijke quotes of sfeerbeelden. Dat is even wennen voor het journaille, want juist bij de Verkerkjes moet je zijn voor de leuke reportages. Als het tenminste lukt om een cameraman de bomvolle kroeg in te duwen, want heel Puttershoek wil Pleun op dit soort feestdagen wel van z'n bier af helpen.

Ard Schenk kijkt vaak met verbazing naar de dynamiek tussen vader en zoon in het café. Hij noemt de vader van Kees 'een bijzondere man'. Ard: 'Pleun had een kroeg die moet vollopen en hij had een zoon die bekend was. Kees was het aantrekkingspunt van zijn kroeg. Kees kon even snel douchen na het trainen en dan hup, achter de tap. Dan moest hij daar zijn rol vervullen. Hij bedacht soms ook wel dingen om niet achter die tap te hoeven staan.' Zoals een telefoontje vanuit Noorwegen dat de auto panne heeft, weet Rudie Liebrechts. Als Rudie samen met Kees met vakantie gaat naar Noorwegen, tikt vader Pleun Rudie vlak voor vertrek op de schouder. 'Hij vroeg me of ik een beetje op Kees wilde letten. Wat moet je daar nou op zeggen? Kees was wereldkampioen schaatsen! Het was geen klein kind. Aan het einde van de vakantie vroeg Kees me of ik even naar het café wilde bellen. "Zeg maar dat de auto stuk is en dat we zitten te wachten op nieuwe onderdelen." Dat deed ik. Zo konden we wat langer in Noorwegen blijven. Het was daar dertig graden en goed toeven. Maar eigenlijk moest Kees alweer naar huis om diensten te draaien. Om de 'vertraging' een beetje goed te maken, heb ik toen ook nog twee avonden geholpen in het café. Maar na de tweede dag zei ik tegen Kees: "Dit is niet uit te houden." Het was er stervensdruk. Ik snap niet hoe Kees dat volhield.' Volgens Ard Schenk wordt Kees 'geholpen' door de dwingende ogen van Pleun in zijn rug. 'Hij was absoluut gedreven, maar hij werd ook flink gestuurd door zijn vader.'

Dat laatste geeft Pleun Verkerk in interviews ook ruiterlijk toe. Hij claimt zonder gêne een deel van het succes van zijn zoon. Want hij was het die Kees vertelde dat hij niet langer naar de school in Oud-Beijerland hoefde te gaan. En dat Kees zich op schaatsen mocht richten; mits hij dat serieus zou oppakken. Dan mocht hij trainen wanneer hij wilde, als hij in zijn vrije tijd maar zou helpen in de kroeg. In een interview met *Revu* zegt Pleun: 'Een lieverdje is Kees nooit geweest. Ik ook niet. Maar ik wist: als vader zijnde begeleid je je zoon, en dat heb ik gedaan, al lagen we dikwijls met z'n tweeën in de clinch. Nu kun je zeggen: een wereldkampioen maakt z'n eigen, maar een vader kan heel wat maken en breken, zo is het.' Eigenlijk, meent Pleun Verkerk, is ook hij een echte kampioen.

Het is Cor Groeneveld, die al op jonge leeftijd rondloopt in de kroeg, wel duidelijk dat Kees en Pleun elkaar niet altijd liggen. Voor Kees maakt dat het wegvallen van zijn moeder er alleen maar zwaarder door. De verschillen in karakter tussen vader en zoon Verkerk zijn groot. Er zijn conflicten, maar die worden nooit uitgesproken. Want de Verkerkjes praten veel, maar vooral met klanten.

Exemplarisch voor de verstandhouding tussen vader Pleun en zoon Kees is een incident in Moskou. De val in Deventer is de beroemdste val van Kees Verkerk. Het is echter niet zijn vreemdste. Die heeft plaats in het Dinamostadion van Moskou, tijdens de Vijflandenwedstrijd. Nederland strijdt daar met Noorwegen om de eer en Kees komt op de 10 kilometer uit tegen vriend en concurrent Fred Anton Maier. Als de bel klinkt, ziet Kees vanuit zijn ooghoeken iets wat hem nogal verbaast. Tussen alle donker geklede Russen door komt een vrolijk zwaaiende man naar de rand van de baan gelopen. Breed lachend, duim in de lucht en zwaaiend met zijn muts. De ogen van Kees zijn op vader Pleun gericht en niet langer op de baan. 'Het zag er zo apart uit. Die norse Russen en dan iemand die daar heel vrolijk met zijn duim in de lucht stond. Hij stond echt vlak naast de baan. Ik keek die kant uit en voor ik het wist, lag ik op m'n bek. Ik krabbelde weer op, maar Fred won de rit met een meter verschil.'

Vader Pleun mag daar natuurlijk nooit staan, weet Kees. Die grap met dat gezwaai kost hem de overwinning. Genoeg reden voor een flinke discussie achter de toog in Puttershoek – echter: de twee spreken er met geen woord over. Want, zegt Kees: 'In het café moeten we allebei werken, dan hebben we geen tijd voor dat soort onzinverhalen als over een valpartij in Moskou.'

Voor wat, hoort wat

De bestuurders van de Koninklijke Nederlandsche Schaatsenrijders Bond zien de populariteit en de successen van Ard en Kees met tevredenheid aan. Overal puilen de tribunes uit. Met als gevolg dat de kassa rinkelt op het bondsbureau. Maar niet bij de schaatsers, want dat zijn amateursporters. En dat moet vooral zo blijven, vindt de bond. Commerciële inmenging zou de sport alleen maar verpesten, is de heersende mening van de schaatsbond in de jaren zestig. Dat ziet Kees Verkerk anders. Hij ontvouwt zich tot voorvechter van de rechten van de schaatsers en tot een bij vlagen onhandelbare rebel voor de bestuurders.

Als Kees in 1963 samen met Peter Nottet vanuit een trainingskamp in Noorwegen met de trein naar huis wordt gestuurd met een minimaal budget, is dat al een teken aan de wand. De bond betaalt geen cent te veel. Dat is niet alleen zo in de tijd dat Kees nog een relatief onbeduidende schaatser is. Ook als hij prijzen gaat winnen, merkt hij daar in zijn portemonnee weinig van. Tijdens een trainingskamp naar het buitenland moet Kees goed op de centen letten. 'De bond betaalde het hotel, het eten en we kregen zakgeld. Soms niet meer dan een halve gulden per dag. Daar kon je in Noorwegen nog geen colaatje voor halen.' En dat terwijl het geld bij de bond na 'Deventer' tegen de plinten op klotst. Schaatsfans betalen lachend 10 tot 20 gulden voor een kaartje om onder anderen Ard en Keessie aan het werk te zien. Het zijn sowieso de tijden van de economische voorspoed in Nederland. Gezinnen hebben meer geld te besteden dan een decennium eerder. Er is weer geld over voor vermaak. En het grote vermaak is schaatsen.

Terwijl er langzaam maar zeker steeds meer geld rondgaat in de schaatssport – via kaartverkoop, sponsoring en merchandising – blijven de toppers met lege handen achter. In de statuten van de nationale en internationale schaatsbond is immers vastgelegd dat schaatsers amateursporters zijn. En niet anders. Reclame maken op individuele titel is niet toegestaan. Immers, de schaatser moet zijn of haar sport zien als pure liefhebberij, vinden in elk geval de mensen achter het bureau. De KNSB heeft vroeger al fel geageerd tegen het ouderwetse 'barbaarse' kortebaanschaatsen in Friesland. Rond de wedstrijden in het noorden van het land heerste een sfeer van zuipen, hoeren, gokken en omkopen. Een toonbeeld van verderfelijkheid, meenden sommige schaatsliefhebbers, die besloten om hun schaatsbond op een 'nette' wijze te leiden. Dat gedachtegoed is in de jaren zestig nog springlevend. Sponsorgeld is en blijft tegen de ethiek van die Nederlandse schaatsbond in. Want dat betekent een stap terug in de tijd, een stap in de richting van de Friese taferelen. Vanuit het bondskantoor wordt een heus antikapitalistisch gedachtegoed verspreid onder de eigen sporters: het moet een eer zijn om te mogen deelnemen aan dit soort goedbezochte sportevenementen. Zowel de KNSB, de Internationale Schaatsunie (ISU) als het IOC (Internationaal Olympisch Comité) is duidelijk en eensgezind: een schaatser is een amateursporter. Een artikel in de reglementen van de IOC stelt zelfs dat een sporter die geld verdient aan zijn sport wordt uitgesloten van deelname aan de Olympische Spelen.

Ard Schenk, jaren later, over de houding van de schaatsbond als het aankomt op de verdeling van de gelden: 'De economie was gunstig, er was maatschappelijk gezien ruimte voor sport en je had de opkomst van televisie waardoor meer aandacht en geld beschikbaar kwamen. In andere takken van sport leidde dat tot professionalisering. Maar de KNSB wilde daar niet aan. Want dan kwam je aan de macht en privileges van de bestuurders. En nog steeds werken ze met gewesten, starre structuren en kantoren vol secretaresses. Daar draait het om het beschermen van eigen macht en geld en niet om vernieuwen en met de tijd meegaan.'

Ard meent dat de bondsbestuurders zichzelf wél rijkelijk belonen. 'Als wij sporters aan het einde van het seizoen naar Inzell reisden voor de laatste schaatswedstrijden, zaten we in een lijnvliegtuig of gingen we met bus en trein. De organisatoren huurden een privéjet en boekten een vijfsterrenhotel op kosten van de bondskas. Ik heb een keer een hele dag in de kou gewerkt met Kees, Stien Kaiser en Atje Keulen-Deelstra voor een promotiefilmpje van Mars, de geldschieter van de KNSB. Mars wilde ons daarvoor bedanken met een mooi bedrag of cadeau. De bond verbood dat omdat we amateurs waren en we kregen geloof ik als beloning het equivalent van vier repen mee naar huis. Gênant, we waren topsporters,' aldus Ard.

Commercie is dus in de jaren zestig nog uit den boze. De schaatsbond waakt er streng voor dat de sporters daadwerkelijk geen cent binnenkrijgen vanuit sponsoring. En dat is tegen het zere been van Kees Verkerk, gezegend met een haarfijn commercieel inzicht. Als er 20.000 mensen een kaartje kopen voor het schaatsstadion in Deventer om te kijken naar Ard en Keessie, als er miljoenen mensen aan de buis gekluisterd zitten, dan heeft Kees toch zeker recht op een deel van de buit? 'Als een muzikant een hit maakt, wordt hij nog jaren doorbetaald. Ard en ik waren wereldkampioenen, nationale sterren, maar we kregen niks. Iedereen ging aan de haal met ons en verdiende aan Ard en Keessie, behalve Ard en Keessie zelf. Kom nou.' Kees weet namelijk dondersgoed wat voor bedragen er op de rekening van de schaatsbond binnenkomen. Hij kent de prijs van een kaartje voor een groot toernooi en ziet zelf hoeveel volk er op de wedstrijden afkomt. Om nog maar te zwijgen over de jonge sporters die door het succes van Kees en Ard besluiten om op schaatsen te gaan. Ze kunnen baantjes trekken in een zwembad vol geld bij de Koninklijke Nederlandsche Schaatsenrijders Bond, volgens de berekeningen van Kees. Hij laat zich door de regels en dreigementen van de bond niet afschrikken. Er ontstaat een kat-en-muisspel tussen schaatser en schaatsbond.

Tussen het vertellen van smakelijke anekdotes en het tappen van bier door, hangt Kees ook aardig wat aan de telefoon in 't Veerhuys. Elke journalist die iets wil van Kees, weet welk nummer hij of zij moet draaien. 'Kees, het is voor jou', zo klinkt het bijna dagelijks door het café. Geen schaatser is zo benaderbaar als Kees Verkerk. Niet alleen journalisten weten Kees makkelijk te vinden. Ook bedrijven bellen naar Puttershoek. Ze zien maar wat graag een populaire schaatskampioen met hun product op de foto gaan.

Bierbrouwers en warenhuizen staan in de rij om schaatsiconen als Kees kroegen te laten openen of lintjes te laten doorknippen. Een schaatser met een café: daar kan Heineken wel wat mee. Zéker als Kees halverwege de jaren zestig grote toernooien gaat winnen. Heineken slaagt erin om met Kees goede afspraken te maken. Als de schaatsers per vliegtuig naar Oslo reizen, springen de koffers met de grote stickers van Heineken erop in het oog. Wanneer de Noorse schaatsers in Nederland zijn, gaan ze met de Hollanders – onder aanvoering van Kees – naar Amsterdam, voor een rondleiding door de brouwerij. Helemaal mooi voor Heineken is dat Kees in 1965 Zuid-Hollands kampioen biertappen wordt, samen met zijn vriend Cor Groeneveld, die kelner is in 't Veerhuys en zijn fanclub runt. Op die manier ontvouwt Kees zich tot het perfecte icoon voor de bierbrouwer. Een hoofdrol in reclamecampagnes is echter ondenkbaar voor Kees, door de starre houding van de bond. En overstappen van schaatsploeg is in 1965 niet mogelijk: er is maar één ploeg en dat is de kernploeg – commerciële teams bestaan niet. Dus wie uit de kernploeg wordt gezet, kan deelname aan een groot toernooi wel vergeten. Die opzet houdt de beste schaatsers van Nederland in een wurggreep.

Kees probeert een verandering op gang te brengen. In de voetballerij wordt Johan Cruijff genoemd als voorvechter van de commerciële rechten van de sporter. Kees Verkerk vervult die rol in het schaatsen. Hij is zich van jongs af aan bewust van de waarde van geld. In zijn jeugd moeten de ouders van Kees hard werken om de eindjes aan elkaar te knopen. Ook in het café ziet Kees hoe zijn vader alle zeilen moet bijzetten om de kassa gevuld te krijgen. Als je hard werkt, word je beloond, is de les die Kees van huis uit meekrijgt. Maar in de schaatswereld ontbreekt die beloning. Kees windt zich erover op en deelt zijn visie met andere schaatsers, zoals Ard. Die is in het begin van zijn loopbaan totaal niet bezig met het commerciële aspect van de sport. Ard heeft dan ook een jeugd gehad waar weinig aan mankeerde. Hij is zich in eerste instantie minder bewust van de ongelijkheid binnen het schaatsen. Toch snapt hij de problemen die Kees aanstipt. Hij gaat ook steeds vrijer om met het 'verbod' op commerciële activiteiten. Kees krijgt hem zover om samen door het land te reizen om verhalen te vertellen in volgepakte zaaltjes. Ze krijgen op deze avondjes onder de tafel een envelop toegeschoven.

Kees is, zoals hij dat zelf omschrijft, groot voorstander van het principe: voor wat, hoort wat. 'Ik kreeg viltjes en bierglazen van Heineken voor in het café, in ruil voor wat stickers op m'n koffer.' Zo ritselt Kees wel vaker wat – en niet alleen bij bierbrouwers. 'Elke week zat er een plaatselijke garagehouder bij ons aan de bar. Dan hoorde je de verhalen aan van zo'n man en ontstaat er een band. Ik reed natuurlijk zelf erg veel. Naar Overveen, naar Deventer, naar Amsterdam... Van deze garagehouder, Jan Snel, kreeg ik een auto en gratis hulp als er wat loos was. Hij en zijn monteurs kregen van mij links en rechts wat biertjes toegeschoven. Zó moet je denken. De bond had zogenaamd geen cent te makken, dus je moest op zoek naar andere manieren om je vervoer te regelen en ervoor te zorgen dat je niet straatarm werd door het schaatsen.'

Een enkel lid van de kernploeg is getrouwd en krijgt loonderving vergoed als de schaatsers 's winters twee maanden van huis zijn, maar de ongetrouwde mannen niet. Zij krijgen alleen zakgeld. 'Veel schaatsers hadden problemen om thuis de eindjes aan elkaar te knopen. Ik stelde aan de bond voor om in zee te gaan met Heineken. Ik kwam uit een Heineken-café en had inmiddels goede contacten met de hoge heren daar. *Pak wat sponsorgeld en betaal daar onze reiskosten van – met een beetje extra*, zo was mijn voorstel. Daar schieten we allemaal wat mee op. Maar nee, dát kon allemaal niet zomaar. Doodzonde. Heineken wilde wel.'

Verder kunnen ze Kees zoveel vertellen als ze willen bij de bond, maar hij bepaalt zelf wel of hij een slijterij opent. Kees is z'n eigen manager. Als er weer een ondernemer uit Gouda of Amstelveen aan de lijn hangt die de schaatser achter de toonbank wil hebben, krijgt hij een bedrag te horen. 'Meestal iets van 150 gulden. Daar kan ik dan de reiskosten van betalen en hou ik nog wat over. Een ruime onkostenvergoeding, laten we het zo noemen.' Voor de ondernemer bijna altijd een investering die hij binnen een halfuurtje terugverdient. Hele mensenmassa's staan op de openingsdag van een slijterij te wachten tot de schaatskampioen hun flesje whisky inpakt. Op sommige foto's van dat soort openingsmomenten staan, bijna provocerend, bierflesjes met het label richting de fotograaf van de plaatselijke krant gedraaid. Op de burelen van Heineken wrijft men zich verlekkerd in de handen bij het zien van dit soort foto's. Kees haalt geregeld het 'Heineken-krantje' dat de brouwer onder het eigen personeel verspreidt, wanneer de schaatser weer sluw reclame heeft gemaakt voor het biermerk. In januari 1964 bijvoorbeeld, wenst Heineken Kees succes voor zijn eerste Olympische Spelen. In het blaadje staat dat Kees Zuid-Hollands kampioen is geworden en ook in het buitenland mag schaatsen. 'In zijn koffer zat, behalve een aantal paren schaatsen, ook zijn trainingspak, met op borst en rug de naam Heineken. Samen met Joop van den Berg, de zoon van onze agente in Woerden, draagt hij de Heineken-kleuren waar hij maar kan.'

Kees meldt zijn 'nevenactiviteiten' uiteraard niet bij de bond. Soms valt hij door de mand, maar tegen de nationale knuffelbeer kan de bond ook weer niet al te hard optreden. Als hij twee dagen op rij in een sportwinkel in Hilversum staat, wordt hij gebeld door een bestuurder van de schaatsbond. 'Wat jij aan het doen bent in die winkel, mag niet. En dat weet je zelf ook wel. We willen dat je er onmiddellijk mee ophoudt en de winkel verlaat,' is de dwingende boodschap. Kees moet direct stoppen met de verkoopactie, alleen maar omdat de bond als de dood is dat de 'amateur' Kees Verkerk iets verdient aan zijn bekendheid. Kees voldoet aan het dienstbevel en verlaat de sportzaak, maar je kunt niet zeggen dat hij in het vervolg braaf de richtlijnen van de bond volgt. 'Wat ik allemaal niet heb geopend... Soms moest ik een lintje doorknippen, vaak hoefde ik er alleen maar te zijn, voor foto's en handtekeningen. Ik opende een keer een brillenwinkel in Amersfoort van een man die Verkerk heette. Dat had die vent natuurlijk slim bedacht, om mij even te bellen.'

Kees slaat de eerste paal van een sportcentrum in Raalte. Hij doet dat als de bestuurder van een heimachine, getooid in een werkuniform. Volgens regiokrant *De Stentor* heeft Kees er ondanks zijn status als amateur geen enkele moeite mee zich te laten overstelpen met cadeaus. Hij krijgt zelfs een bungalowtent. Over die amateurstatus zegt Kees in Raalte volgens de krant: 'Ik kan toch niet weten dat ze me in Raalte zo leuk ontvangen? Waar andere sporters zo'n halve ton per jaar verdienen, zie ik er geen kwaad in om een paar cadeaus aan te nemen.' En daarna duikt Kees, die Ard Schenk voor de aardigheid ook heeft meegenomen naar Raalte, weer de polonaise in. Met die halve ton per jaar verwijst Kees bijvoorbeeld naar de salarissen van sommige voetballers van Ajax en Feyenoord, van wie hij persoonlijk hoort dat dit soort bedragen rondgaat. Ook in het wielrennen beginnen sommige mannen rijkelijk beloond te worden. Tour-winnaar Jan Janssen bijvoorbeeld hoeft ook niet meer op een houtje te bijten. Maar die doorbraak blijft in het schaatsen uit.

Sterker nog: zelfs de burgemeester van Puttershoek moet zich in allerlei bochten wringen om de schaatser een cadeau aan te bieden na een wereldtitel. Want tijdens huldigingen mag Kees officieel geen dure cadeaus in ontvangst nemen. Als Kees tijdens een feest in het dorp een kantoorruimte cadeau krijgt vanuit de gemeenschap, krijgt hij deze 'in bruikleen'. Dit is een bewuste manier van overhandigen. Want als er sprake is van een gift, kan de amateurstatus van Kees zomaar in gevaar komen. En dat wil de burgemeester niet op z'n geweten hebben. Wel is er sprake van eeuwigdurend bruikleen – en dus praktisch van een gift.

Wat andere kernploegrijders als Jan Bols waarderen aan Kees is dat hij niet alleen voor zichzelf leuke deals probeert te regelen. Jan ziet dat Kees zijn vriend Ard op sleeptouw neemt door het hele land en merkt dat ook andere schaatsers profiteren van zijn ideeën. 'Laten we eens bij Adidas langsgaan, misschien krijgen we wel nieuwe schoenen. Wie wil er mee?' oppert Kees bijvoorbeeld aan tafel. Hij houdt dat soort plannen niet voor zichzelf, valt Jan op. Schaatser Eddy Verheijen ziet tot zijn verbazing dat Kees wedstrijden organiseert in samenwerking met rolschaatsproducent Esmi. Eddy wordt door Kees ook uitgenodigd om wat rondjes te rijden op de rolschaatsen. Mooie publiciteit voor het populaire merk en een mooi zakcentje voor de schaatsers.

Kees kan zijn schaatsmakkers aan wat extra centen helpen dankzij een zeer genereus aanbod van het rolschaatsmerk. Piet Korteweg, de marketingman van Esmi rolschaatsen, vertelt in zijn biografie hoe hij Kees Verkerk aan zijn merk weet te binden. Piet zet een wielerploeg op, waarin de renners met de naam Esmi op hun borst rijden. In eerste instantie hoeft Kees geen geld om rondjes te fietsen. Hij is allang blij met zijn gratis wielerkleding en vindt het prima om af en toe een rondje mee te fietsen in de zomer. 'Ik zei: "Je rijdt met reclame op je trui, dat wat wil je daarvoor?" "Niks," zei Kees, want hij vond het heel leuk dat ik hem vroeg voor een wielerploeg. Ik heb nog gezegd dat hij nu de kans had om geld te vragen, omdat mijn baas een heel grote fan van hem was. Maar hij bleef bij z'n besluit.' Uiteindelijk staat Piet Korteweg erop dat Kees wel degelijk een deal maakt. Want straks geeft een concurrent Kees geld, krijgt Piet van zijn baas te horen, en dan zijn we Kees kwijt. En dus krijgt Kees een aanbod om tussen 1969 en 1973 voor vijfduizend gulden per jaar aan vaste vergoedingen te helpen het rolschaatsmerk te promoten. Er komt zelfs een 'model Kees Verkerk' op de markt: een oranje rolschaats. Kees kan geen 'nee' zeggen tegen zo'n aanbod. Het schaatsen kost hem meer geld dan dat het oplevert en in het café werkt hij voor niks voor zijn vader: hij verdient er zijn slaapplek en warme maaltijd mee. En met de ruime reiskostenvergoedingen die hij voor het openen van een schoenenzaak ontvangt, komt Kees ook niet heel ver. Uit het niets is er nu de kans om een 'vast' inkomen te krijgen, hoewel het nog steeds geen gouden bergen zijn. De betalingen van Esmi gaan onder de tafel. Of beter gezegd: boven de toiletpot. In het hotel van de kernploeg in Oranjewoud krijgt Kees op het toilet een stapel van vijftigjes in zijn handen gedrukt van Korteweg. Buiten het zicht van de bestuurders van de bond en de journalisten. De rolschaatsen vliegen de winkel uit. Esmi rolschaatsen kan zich volgens Korteweg geen betere publiciteit wensen dan de boodschap van de populaire schaatser.

Het rolschaatsen in de zomer is een activiteit waar de schaatsbond de vinger niet achter krijgt. Tijdens een huldiging in Puttershoek zijn er fotografen en ligt Kees onder een vergrootglas, maar in het stille zomerseizoen merkt Kees dat hij niet zo in de gaten wordt gehouden. Kees ontplooit buiten het zicht van de camera's en de officials steeds weer nieuwe initiatieven waaraan hij lol beleeft – en waarmee hij nog wat verdient.

Als bekende Nederlandse sportman krijgt Kees makkelijk een band met andere sporticonen. Met name in het voetbal zijn de lijntjes kort. In zijn thuisomgeving treft hij vaak Feyenoorders, rondom trainingen in Amsterdam trekt hij veel op met Ajax-spelers. Hij besluit zijn connecties op een ludieke wijze te benutten en houdt zich bezig met de organisatie van een voetballend schaatselftal. Door de vriendschappen binnen zowel Feyenoord als Ajax, krijgt hij telkens wel een ploegje op de been waarvoor men bij amateurclubs in groten getale naar het sportcomplex komt. Kees, een niet onverdienstelijk voetballer die nog het eerste van Puttershoek weet te halen, zorgt ervoor dat hij de zaken goed regelt. Hij moet wat belletjes plegen met voetballers, schaatsers en de club. Het is vooral een kwestie van duidelijke afspraken maken met iedereen. 'We kregen de man 100 gulden. Wij waren vaak met z'n veertienen. Het schema voor de dag stond vast. Eerst met de pers praten als we aankwamen en in de rust en na afloop handtekeningen uitdelen op het veld. We spraken af dat die gasten van de tegenpartij een beetje uitkeken voor onze benen. Want zonder risico was het allemaal niet, een team vol schaatsers, aangevuld met bekende voetballers als Reinier 'Beertje' Kreijermaat en Coen Moulijn. Bij een schopwedstrijd waren wij niet gebaat. Die 100 euro was bedoeld als reisgeld en we hielden dan wat over om van te eten. En er zat een beetje zakgeld bij. Het was vaak wel een heel geregel. Ik moest ook een plan verzinnen voor als het te hard regende. Dan zouden we niet voetballen, maar binnen handtekeningen uitdelen. Daarna muziek, konden de mensen een beetje dansen. En met ons op de foto natuurlijk. Dorpsclubs vonden dat schaatselftal een enorme vondst. Als wij kwamen, leverde dat de club veel geld op, want ze konden entreegeld heffen en er werd natuurlijk goed geconsumeerd.' Kees positioneert zichzelf graag op het middenveld. Ard loopt in de spits. 'Hij was een goede keeper, maar hij vond dat hij als doelman te veel stilstond. Dan verveelde hij zich. In de spits kreeg hij nog wat voorzetjes van me. Die kon die lange mooi binnenkoppen.'

In Nederland is *cashen* tijdens schaatswedstrijden onmogelijk; de dwingende ogen van de bond zijn voelbaar. Maar dat ligt anders bij toernooien die wat verder van huis worden georganiseerd. Kees meldt zich in 1966 voor de eerste keer in het noorden van Noorwegen voor de Nord Norge Tour. Aan het eind van het schaatsseizoen worden de tien beste schaatsers van dat jaar uitgenodigd om 'helemaal bovenin' wedstrijden te komen rijden. Ongeveer veertien wedstrijden in veertien dagen, steeds in verschillende plaatsen. Het is een rondreizend schaatscircus. En het is hét evenement van het jaar voor de mensen die in Noorse gehuchten wonen waar ze de hele winter geen zonnestraal zien en waar de intrede van de televisie nog even op zich laat wachten. Voor de schaatsers is het een kwestie van veel handtekeningen zetten en op de foto gaan. Het zijn wedstrijden vergelijkbaar met de kermiskoersen in het wielrennen. Er is tijd om een beetje te relaxen: het is het einde van het seizoen, dus de schaatsers laten zich gaan. Hoe klein de plaatsjes ook zijn, er wonen altijd wel een paar mooie blonde vrouwen, weten de Nederlandse schaatsmannen al snel. Het zijn twee weken vol rock-'n-roll voor Ard, Keessie & co. En er worden goedgevulde enveloppen uitgedeeld. Svein-Erik Stiansen is de grote regelaar vanuit de Noorse schaatsploeg. Kees kijkt zijn ogen uit tijdens zijn eerste bezoek aan de Nord Norge Tour. 'Elke dag telde de kassier van de ijsbaan het entreegeld. De winnaar kreeg de dikste envelop, de rest werd dan onder de anderen verdeeld. En wij spraken dan onderling af dat niet steeds dezelfde zou winnen. Soms kwam je van zo'n trip thuis met duizenden guldens op zak. Je kreeg daar als Nederlandse schaatser veel aandacht, maar niet van journalisten. Die waren er amper. En dat kwam ons erg goed uit. Je kon eens gek doen. We zeiden toen vaak tegen elkaar *we moeten maar eens terugkomen in de zomer*, want we dachten dat het er best mooi was. Maar dat was een vermoeden, we zagen geen donder. De zon scheen er amper.' Het zijn leuke tripjes, maar niet geheel zonder risico. 'Als de bond wist wat wij daar allemaal deden, dan waren we zeker in de problemen gekomen. Het ging om behoorlijk grote bedragen.'

Kees weet dat hij zichzelf, ondanks alle schnabbeltjes en cadeautjes die hij links en rechts oppikt, jarenlang tekortdoet. Dat het geld bij de bond binnenstroomt en dat hij er niet in slaagt om een eerlijk deel te krijgen. Misschien had hij harder met de vuist op tafel moeten slaan. Misschien had hij meer moeten eisen van de bond. Maar: uiteindelijk is Kees weliswaar een sluwe vent, geen spijkerharde. Zijn vriend Cor Groeneveld vergezelt Kees naar een paardenrace waar hij een plichtpleging doet. De organisatie laat Kees daarna aan zijn lot over en betaalt hem niks. Kees gaat uiteindelijk, zonder stampij en tot verbazing van Cor, met lege handen naar huis. Het is niet des Kees' om dan op zijn strepen te gaan staan en wat mensen aan hun jasje te trekken. Het is ook de reden dat vader Pleun in zijn zoon niet zijn natuurlijke opvolger ziet van zijn kroeg in Puttershoek. Kees is slim, Kees is zakelijk, maar Kees is zeker niet hard. Maar ook als Kees wél spijkerhard zou zijn: wild tegen de bond schoppen zou hem waarschijnlijk niet verder helpen. Het zou hem in het meest ongunstige geval een uitsluiting van deelname aan de Olympische Spelen opleveren. Dus: Kees en de andere schaatsers verkiezen het stille verzet.

Toch verandert er langzaamaan wel iets in de mentaliteit van de schaatsers. Mede door de wedstrijden in het noorden van Noorwegen leren zij hun commerciële waarde te begrijpen. En langzaam komt bij de rest van de schaatsploeg ook het besef dat Kees al jaren heeft: er klopt hier iets niet. De bond blijft echter onvermurwbaar, tot in 1972 de bom zou barsten. Het onvermijdelijke gebeurt: de enige oplossing om wél geld te verdienen, wordt uitgevoerd. Enkele schaatsers, onder wie Ard en Kees, zullen uiteindelijk – buiten de bond om – een professionele schaatscompetitie op poten zetten.

Handen ten hemel in de hel van Lahti

Wanneer Kees met de andere schaatsers van de Nederlandse ploeg het vliegtuigtrapje afdaalt, gaan de alarmbellen pas echt af. Het was bekend dat het EK van 1967 in Lahti geen normaal toernooi zou worden. 'Het is koud in Finland,' kregen de schaatsers meerdere malen te horen. Kees hield zich er verder niet zo mee bezig. Een EK vlak bij de Russische grens: het zal wel. Het gaat om het schaatsen. Om techniek, om goede bochten, om tegenstanders te slim af zijn. Kou is bijzaak.

Maar nu, op het vliegtuigtrapje, is de kou niet langer bijzaak. Al na drie treetjes gaat er slechts één gedachte door het hoofd van Kees: *hoe kom ik hier aan meer kleren*? Kees heeft amper wat mee. In het hotel leent iedereen extra vesten, truien en broeken bij de begeleiders van de ploeg. Maar Kees is veruit de kleinste van het hele gezelschap; voor hem valt er weinig te halen. Verzorger Dick de Vroomen is, zoals wel vaker, de reddende engel: hij weet wat truien en broeken te ritselen.

De schaatsers praten onderling maar over één ding: de kou. Kees probeert er niet in mee te gaan. 'Iedereen had het er maar over hoe koud het was. Ik probeerde dat vooral niet hardop te zeggen. Het was voor iedereen even koud, maar des te meer je erover praat, des te meer je ermee bezig bent in je kop. Dat is hetzelfde als dat je een week met vakantie gaat en het regent de hele tijd. Dan hoef je toch niet de hele tijd tegen elkaar te zeggen dat het regent? Dan regent het.'

Vandaag de dag zouden ze geen enkele sporter in die Finse weersomstandigheden een ijsbaan op jagen. Daarvan is Kees overtuigd. En, benadrukt hij: dat is helemaal geen slechte ontwikkeling. Helaas voor Kees is het 1967 en staat het welzijn van de schaatsers vrij laag op de prioriteitenlijst van de internationale bond.

De organisatie treft niet eens zoveel blaam, vindt Kees. In de jaren ervoor daalde het kwik geen enkele keer zó ver als nu. Ook de organisatie van het EK wordt overvallen door de extreme omstandigheden: -10 of -15 °C is men wel gewend, maar dit gaat ook de bewoners van Lahti te ver. Dit is geen weer om te gaan kijken bij een sportwedstrijd.

De dagen voor het toernooi beschrijft Kees als 'onmenselijk'. Na de trainingsrondjes komen dokter Lap, masseur Cor Nederveen en De Vroomen handen tekort om alle pijn uit de lichamen van de schaatsers te krijgen. De kou en het 'ijs van beton' zorgen voor een deelnemersveld vol gepijnigde schaatsers die allemaal het liefst naar huis willen. De begeleiders maken zich stiekem enige zorgen over Kees. Van hem is bekend dat hij een koukleum is. Het water van een gemiddeld buitenzwembad is hem al te koud. In Lahti voelt hij zich een nudist op Nova Zembla. Maar die gedachte drukt hij weg.

Er wordt nu eenmaal een EK gereden, het eerste grote toernooi van het schaatsseizoen. En Kees heeft wat recht te zetten na de valpartij in Deventer, een jaar eerder. In de hotelkamer draagt iedereen een dikke jas. Niet ideaal, maar in het hotel is het tenminste nog een beetje uit te houden. De ochtend van de eerste wedstrijddag gaan de Nederlandse rijders op zoek naar een geschikte outfit, wat in de praktijk neerkomt op alles aantrekken wat er te vinden is.

De temperatuur ligt rond de -25 °C wanneer de Nederlanders arriveren bij Kisapuisto, de buitenbaan van Lahti. Er zijn nog geen 200 toeschouwers. Regerend wereldkampioen Kees vindt het nog veel. 180 ervan komen uit Nederland. Kees denkt niet dat die mensen er van harte stonden. 'Die hadden hun ticket al een half jaar in huis en konden niet meer terug. Anders zaten zij ook gewoon voor de tv.' Uiteraard is Pleun Verkerk ook aanwezig in Lahti. Hij heeft een kist Nederlandse groente bij zich, geschonken door de supportersclub van Kees. Zo krijgen de schaatsers in elk geval nog wat fatsoenlijks te eten, want de kok van het hotel is met dit weer niet voornemens de markt in Lahti af te struinen op zoek naar lekkere groente. Geef hem eens ongelijk. Het gebeurt overigens wel vaker rond grote toernooien dat er groente uit Nederland het hotel in wordt gedragen. Soms uit Puttershoek afkomstig, soms meegenomen door Dick de Vroomen. Het gebeurt nog weleens dat een Noorse of Zweedse kok totaal niet weet wat hij met alle Hollandse groente aan moet. Witlof kent hij niet, daar maakt hij dus maar de garnering van. Totdat een paar schaatsers hem in zijn keuken komen uitleggen hoe je een maaltijd met witlof bereidt.

Het is een triest aangezicht, beseft Kees. Nagenoeg lege tribunes naast een grotendeels besneeuwde ijsbaan, met daarachter een voetbalveldje waar de wind vrij spel heeft. Kees haast zich naar de kleedkamer, waar het hopelijk beter toeven is. Hij heeft medelijden met zijn vader en die andere Hollanders. Er is geen kantine om soep of koffie te halen. Er is helemaal niks. Bram Kruithof, een vriend van Kees uit Puttershoek, is vergeten zijn muts mee te nemen, hoort Kees later. Die wordt door elke Fin die hij tegenkomt voor complete idioot uitgemaakt. De inwoners van Lahti proberen hem met gebaren duidelijk te maken welke desastreuze gevolgen het rondwandelen zonder muts kan hebben. Voor Kruithof duurt het EK van twee dagen extra lang. Het flesje jenever in zijn binnenzak helpt vriend Bram het toernooi door.

De grootste zorg van Kees is niet of hij Europees kampioen wordt, maar of hij dit nog gaat navertellen. In de Siberische kou draagt Kees dunne sokken in zijn schaatsen, een zwembroek, een T-shirt, een schaatsbroek en een trui. Verder witte nylon handschoenen en een nylon muts. Maar als je in die outfit buiten gaat staan, ben je direct bevroren. Je moet sluw zijn om hier te winnen, zegt Kees tegen zichzelf.

De eerste dag van het EK verloopt in elk geval goed. Ard Schenk en Fred Anton Maier gaan onderuit op de 500 meter en zijn direct uitgeschakeld voor de eindzege. De overgebleven concurrentie komt van de Russen en die zijn niet snel onder de indruk van een goeie poolwind. Kees rijdt prima op dag één, maar er is geen enkele reden om uit te kijken naar dag twee. Die is namelijk nog een tandje frisser. De blauwe lucht die Kees ziet wanneer hij in de ochtend de gordijnen opent, is misleidend. Het is -28 en er staat een harde wind. Over gevoelstemperatuur durft niemand het te hebben.

De kleedkamer van de schaatsers is een hok met twee toiletten – voor 33 man. De achterdeur hebben de mannen laten dichtspijkeren. Als de voordeur openzwaait, is het direct sneeuwhappen geblazen voor de schaatsers met een slecht plekje in de kleedkamer. Kees heeft de bontmuts die hij van zijn moeder kreeg op de verwarming gelegd, naast zijn schaatsen. Die muts gaat op als hij naar buiten moet, bedenkt Kees.

Dan heeft hij in elk geval voor even een warm hoofd. De vroege rijders van de 1500 meter, de eerste afstand van dag twee, stappen inmiddels de kleedkamer binnen na hun rit. Ze zien er niet al te best uit, valt Kees op. Zijn vriend Peter Nottet heeft het ijs op z'n wangen staan.

Kees gaat naar het toilet. Warempel, ze hebben hier ook een kacheltje aan de muur. Mooi blijven zitten dus. Af en toe wordt er aan de deur getrokken. Er zijn meer schaatsers die nodig moeten. Kees trekt zijn voeten omhoog, zodat het lijkt alsof er niemand op het toilet zit. De deur zal wel vastgevroren zijn, denken de concurrenten. Met een vloek verdwijnen ze naar het andere toilet.

Kees rijdt op de 1500 meter tegen Valeri Kaplan. De Rus is na twee afstanden de enige man die de titel van Kees nog echt kan bedreigen. De namen voor de volgende rit schallen uit de speakers. Kaplan en Verkerk, melden aan de start. Kaplan heeft de kleedkamer al verlaten. De Rus heeft er inmiddels een paar rondjes opzitten als 'warming-up'. Die zal nu aan de start staan, stelt Kees zich zo voor. Kees blijft waar hij is. Op het toilet. In gedachten ziet hij Kaplan langzaam naar de startstreep bewegen; -28 °C en dan moeten wachten op je tegenstander... Dan komt Kees het toilet uit. Hij gaat nog even snel zitten op een bankje in de kleedkamer en trekt de schaatsmuts over z'n hoofd. Drie keer in anderhalve minuut roept de omroeper de naam van Kees. Verzorger Dick de Vroomen weet als enige dat Kees daar zit – en welk spelletje hij speelt. De Hollandse fans op de tribune maken zich zorgen. Waar blijft Verkerk?

Rudie Liebrechts zit naast Kees in de kleedkamer. 'Nu moest je maar eens naar buiten, Kees,' zegt Ruud voorzichtig. Het is Ruud ook een raadsel waar Kees mee bezig is. 'Oké,' zegt Kees. De bontmuts gaat over de schaatsmuts heen, Kees staat langzaam op en wandelt richting de uitgang van het kleedhok. Hij slaat de deur open. Het gesuis van de wind is indrukwekkend. Kees bijt de tanden op elkaar en laat zijn ogen wennen aan het felle buitenlicht. Hij gaat naar de start. Hij loopt recht op de boze Kaplan af, die lijkt te hebben besloten om Kees dan maar te gaan halen. De Rus ziet eruit alsof ze hem zojuist uit het ijs hebben gehakt. Kees snelt met zijn nijdige tegenstander naar de streep en pang, rijden maar. Fijn is het niet, maar Kaplan wordt makkelijk geklopt. Die kan amper bewegen. Het verschil tussen de twee is bijna 3 seconden.

Na afloop van die 1500 meter gaat het in de kleedkamer niet over de streek van Kees. Iedereen heeft wel wat anders aan z'n hoofd. Want de traditionele afsluiter van het allroundtoernooi is de 10 kilometer. Kees is er, net als de rest, wel van overtuigd dat niemand een 10 kilometer überhaupt gaat overleven. Ja, als het moet, dan onderneemt hij een poging. Kees staat namelijk op het punt z'n eerste EK te winnen. Teamleiders, artsen en de schaatsers uit verschillende landen gaan tekeer tegen de officials. 'Dit kunnen jullie die jongens niet aandoen!' De Noor Fred Anton Maier geeft nog maar eens aan tegenover de afgevaardigden van de ISU dat hij tijdens de 1500 meter het gevoel had dat zijn longen zouden scheuren. De internationale bond gaat uiteindelijk overstag en kort de afsluitende afstand in tot 3 kilometer.

Drie kilometer schaatsen terwijl de temperatuur tegen de -30 schuurt; dat vergt enige creativiteit. Legendarisch wordt de poging van de wereldkampioen van 1963 Jonny Nilsson om warm te blijven. De Zweed besluit een soort koker op provisorische wijze om zijn gezicht te binden. Deze moest de koude lucht filteren, zo vertelt hij zijn verbaasde collega's. Dat had een Zweedse journalist hem wijsgemaakt, want 'dat doen motorrijders ook als het koud is'. Hij stikt bijna tijdens de race en wordt laatste. Kees besluit de rit zonder zelfgemaakte hulpmiddelen te volbrengen. Dat verloopt boven verwachting goed; hij wint de 3 kilometer. Het is 3000 meter lang afzien. Al na twee ronden voelt Kees dat hij geen controle meer heeft over de spieren in zijn gezicht. De wind heeft vrij spel en blaast de ijskoude lucht in zijn gelaat. Het enige wat Kees nog kan bewegen, zijn de benen. En de ogen. Die schieten naar de zijkant van de baan. Er staat een spandoek in de sneeuw geprikt. 'Heya Keessie'. Er komt maar geen einde aan de martelgang.

Als Kees eindelijk over de finish komt, wikkelt De Vroomen hem direct in dekens. 'Mijn ogen stonden helemaal open en ik kreeg ze niet meer dicht. De tranen in m'n ogen waren bevroren. Dick hield z'n warme hand een tijdje op m'n ogen en ik voelde daar, in die vrieskou, de tranen over m'n wangen lopen. Alle aderen, ik weet niet hoeveel een mens er heeft in z'n ogen, waren knalrood. Het duurde tot aan het afsluitende banket voordat ik weer normaal kon zien. Pas na afloop van de race begon ik me echt zorgen te maken over dat oog. Een bevroren oog kan nooit goed zijn, volgens mij.'

Je kunt niet zeggen dat Kees Verkerk in 1967 Europees kampioen werd *dankzij* de kou, maar hij gaat er van alle schaatsers duidelijk het beste mee om. De kou schept mogelijkheden om de tegenstanders te slim af te zijn. Jezelf opsluiten op het warme toilet is zo'n trucje, net als een stukje psychologische oorlogsvoering. De Noor Per Willy Guttormsen maakt zich na afloop van een rit zorgen over zijn eigen gesteldheid. In de kleedkamer blijft hij maar herhalen hoe koud het is en hoe slecht hij zich begint te voelen. Als Kees hem hoort klagen, ziet hij een kans. 'Je ziet ook helemaal wit,' merkt hij quasinonchalant op. Per Willy schrikt zich dood en loopt direct naar een spiegel. Hij maakt zich nu echt grote zorgen over zijn gezondheid en bespreekt dat met de andere Noren. Kees gniffelt.

Zo maakt Kees Verkerk van zijn vijand, de vrieskou, zijn vriend. De andere rijders zien het gebeuren – Kaplan laten bevriezen aan de start, Guttormsen gek maken met zo'n opmerking – maar doen niks. Ard Schenk gelooft het allemaal wel in Lahti; hij schaatste na een paar honderd meter al in een scheur op het slechte ijs en was voordat het toernooi goed en wel op gang was, al uitgeschakeld. 'Of we iets van het gedrag van Kees hadden moeten zeggen? Tja, zo werkte dat niet. Ik bedoel: de gevoelstemperatuur was 40 graden onder nul. Dan kun je over dat opsluiten op het toilet wel zeggen: dat kun je niet maken. Maar het was zwemmen of verzuipen. En Kees wilde zwemmen. Ik was op de 500 meter onderuitgegaan, voor mij was de spanning er snel af. Fred Anton Maier en ik lagen onder een dekentje elkaar een beetje warm te houden tijdens de rest van het toernooi, want dat 'verwarmingsdingetje' in de kleedkamer leek nergens op. En als de deur een keer openging, was het binnen net zo koud als buiten. Kees pakte het slim aan, dat kun je gerust zeggen.' Soortgelijke woorden krijgt Kees ook te horen van zijn Noorse concurrenten, die hij na zijn schaatscarrière nog vaak tegenkomt.

Als klap op de vuurpijl komt er na de 3 kilometer nog een huldiging ook. De Hollanders staan nog steeds op de tribune, tot ongeloof van de drie blauwbekkende mannen op het podium. 'Heya Kees', klinkt het door de ijle lucht. Kees deelt het podium met twee Russen. Extra fraai, vindt de kampioen, dat hij juist die 'ijsmannen' hier klopt. Het gedempte applaus van tientallen handschoenen die op elkaar ploffen neemt de Europees kampioen beleefd in ontvangst. 'Geen woorden maar daden, leve Kees Verkerk,' zingen een paar fans, terwijl een Hollandse vlag de lucht in gaat. Een krampachtig armpje van de kampioen gaat omhoog. Kees betreedt de hoogste trede van het podium op zijn met wol gevoerde pantoffels, die hij tegen de verwarming had gezet. 'Ik ben blij dat er in Lahti een schaatser won die al eerder op een podium had gestaan,' zegt Verkerk later over de prijsuitreiking. 'Je zal daar maar je eerste grote toernooi winnen. Dan mis je echt de glans die bij zo'n moment hoort. Want zelfs op het podium was het een deprimerende bende.'

Kees en de anderen gaan door naar het volgende toernooi en vader Pleun neemt de gigantische krans die Kees kreeg omgehangen mee naar huis. 'Met echte laurierbladeren. Die bleef nog heel lang goed, mijn vader hing 'm op in het café. Toen ik weer thuis was, kwamen de mensen het café binnen en zeiden ze: wil je er een handtekening op zetten? Trokken ze zó een blaadje uit die krans. Alsof ze een haar uit je kop trokken, zoveel pijn. En ik een handtekening zetten. Ja, wat moet ik dan? Hij is er toch al uit. Ik kan 'm er moeilijk weer in gaan lijmen. Op een gegeven moment heb ik er een soort netje omheen gemaakt. De vingers van die mensen pasten niet door het net, dus toen hing-ie eindelijk veilig. Ik wilde de krans goed houden. Een mooie herinnering aan die ellendige diepvriescel.'

Lachen en huilen met Ard en Keessie

Nederland ziet Ard en Keessie vooral als een gezellig duo. Weliswaar strijden de twee fel om de medailles, maar ze gunnen elkaar het succes enorm. Dit beeld is voor een deel juist. Ard en Kees zijn misschien zelfs betere maten dan menig schaatsfan zich kan voorstellen. Toch lopen de twee niet alléén maar polonaise over de Noord-Hollandse kermis, of varen ze gezellig in een bootje over de Zuid-Hollandse wateren. Dat doen ze in de zomer. In de winter worden er oorlogjes uitgevochten. En tegen het wapenarsenaal van de kleine Kees is Ard lange tijd niet bestand.

Voor veel sporthistorici en schaatsfanaten is een wedstrijd in Graft het officieuze begin van 'Ard en Keessie'. Het is inderdaad de eerste keer dat de twee, ten overstaan van behoorlijk wat publiek, een verbeten strijd uitvechten: in die koude winter van 1963 in Graft, een klein plaatsje tussen Alkmaar en Purmerend. Ard wint de 10 kilometer in een rechtstreeks duel met Kees. Maar Kees wint het klassement, zoals hij bij zoveel natuurijswedstrijden zegeviert waar hij die winter aan meedoet. De klassementswinnaar verzorgt ook hoogstpersoonlijk het entertainmentgedeelte. Met vader Pleun aan zijn zijde, speelt Kees in de avonduren op z'n trompet. In Graft weten ze niet wat ze meemaken. Wát een vent, die Kees Verkerk. Kees zelf vindt het niet zo vreemd. 'Er moet wat gebeuren' is niet voor niks een credo van Kees. Net als: 'De mensen willen wat zien'. Alleen rondjes rijden is in elk geval niet voldoende. Dus als het clubhuis van de schaatsvereniging toevallig wat instrumenten heeft staan, dan heeft de organisatie aan Kees een goeie. Kees en Pleun zijn dol op het feestgedruis. En Kees houdt van de aandacht; een contrast met de schuchtere Ard Schenk. Ard is dan ook in alle rust opgegroeid op een boerderij, terwijl Kees als zestienjarige al moppen stond te tappen in het café van zijn ouders.

In 1966 wint Ard de Europese titel in Deventer en vervolgens wordt Kees wereldkampioen in Gotenburg. In de drie jaren tussen 'Graft' en 'Deventer' groeien de twee grote talenten binnen de Nederlandse kernploeg naar elkaar toe. Ze komen steeds vaker bij elkaar over de vloer. De twee kijken totaal anders naar het schaatsen. Ard is volgens hemzelf 'een luie hufter', terwijl hij de trainingsmethoden van Kees typeert als 'bijna maniakaal'. Ard peinst er niet over om zijn bovenbenen en rug elke keer maar weer maximaal te pijnigen tijdens een training. Ook het eindeloos slijpen aan een perfecte bochttechniek is niet aan Ard besteed. 'We deden het heel anders.

Kees keek met een totaal andere blik tegen het hele schaatsgebeuren aan. Maar dat maakte niet uit. Ik vond het altijd heel plezierig en gezellig als Kees erbij was. Dan gebeurde er tenminste wat,' aldus de Noord-Hollander. 'Eigenlijk voelt iedereen zich op z'n gemak rond Kees. Dat gevoel kan hij mensen geven. Ik vond dat heel prettig toen ik net bij de kernploeg kwam.' Ard is niet de enige die dat gevoel heeft, ook iemand als Jan Bols voelt zich dankzij de aanwezigheid van Kees al snel thuis in een nieuwe omgeving.

Ard leert veel van het commerciële inzicht van Kees. Dat heeft Ard van huis uit niet meegekregen. Ard heeft het relatief goed gehad op de boerderij, terwijl Kees moest leven van de fooienpot. Als de twee langzaam maar zeker wat bekender worden, trekken ze samen door het land. Kees is altijd bezig met zijn camera en met dia's. Hij legt zijn eigen loopbaan nauwkeurig vast. Ook verzamelt hij wedstrijdbeelden en geeft daar zelf commentaar bij. 'Ga mee, man,' zegt hij op een gegeven moment tegen Ard. 'Samen trekken we veel publiek.' Dat ziet Kees goed. De avonden in de bomvolle zaaltjes hebben steevast dezelfde opbouw. Kees vertelt honderduit en eindigt met: 'Na de pauze beantwoordt Ard al jullie vragen.' Ard vindt het prima. Kees speelt nog wat muziek, de twee delen wat krabbels uit, ze lachen samen wat af en Ard en Kees verdienen er – uiteraard onder de tafel – een leuk zakcentje mee.

Na afloop van de officiële voorstelling, als Ard alle vragen keurig en naar tevredenheid heeft beantwoord en een deel van de belangstellenden alweer naar huis is, hangt de 'harde kern' aan de lippen van Kees. Dan vliegen de ongekuiste versies van de eerder vertelde verhalen over tafel. Het is laat, er is goed gedronken en iedereen is vrolijk: dan is Kees op z'n best. Ard luistert vol bewondering mee. Wat kan die man praten.

Het feit dat de twee overal samen opduiken, versterkt de status van Ard en Keessie als 'onafscheidelijk duo'. Kees beseft dat – en heeft er geen enkel probleem mee. Hij ziet de avondjes met Ard als een leuk uitje waarop hij soms nog een boodschap kan meegeven aan de bezoekers. 'Soms spraken we op die 'filmavondjes' voor een zaal vol huisvrouwen, soms vol jongeren. En dan vertelden we aan de kinderen dat ze hun best moeten doen en dat soort dingen. Dat je niet allemáál kampioen kunt worden. Je kunt tegen die kinderen niet roepen: we gaan naar huis en dan worden we morgen allemaal kampioen. Dat slaat nergens op. Maar je kunt wel zeggen: we gaan allemaal een beetje beter worden. Die kinderen vonden het natuurlijk prachtig. Die hadden Ard en Keessie ontmoet, kregen een handtekening en konden dat thuis vertellen.'

Ard en Kees krijgen als bekend duo veel voor elkaar. Er zijn dingen die Kees, zonder het bestaan van Ard, niet had meegemaakt. 'We ontvingen uitnodigingen voor de meest waanzinnige evenementen. De finale van het wereldkampioenschap voetbal op Wembley, bijvoorbeeld. Zaten we dan, in 1966, op de tribune. We zagen Engeland wereldkampioen worden. Ik maakte uiteraard foto's. We zaten op fantastische plekken. En dat magazine dat het voor ons regelde, maakte een reportage. Schreven ze op wat Ard en ik tegen elkaar zeiden. En dan stonden we weer in een blad, als schaatsvrienden. Die vriendschap maakte ons als duo bijzonder. En onze kenmerken, natuurlijk. We waren niet allebei lang, of allebei klein. En het schiet ook niet op als je allebei je mond houdt, of allebei alleen maar aan het lullen bent. Nee, Ard werd gezien als de lange stille, en ik als de kleine prater. We vulden elkaar perfect aan, in allerlei opzichten. Zoals dat hoort bij een duo.'

De twee krijgen de vreemdste klussen aangeboden: als de ander maar meekomt. Ze lopen samen een modeshow. Ze doen iets voor het goede doel in de Amsterdamse dierentuin Artis. 'Dan draaiden we nummers voor het Rad van Avontuur, of zoiets. En dan liepen we de poort uit van de dierentuin en speelden we aap met elkaar. Kon die lange goed, zo aan één arm hangen. Deed-ie ook weleens op de kermis.'

Kees geniet met volle teugen van de – voor een buitenstaander ietwat onbegrijpelijke – tradities van de Noord-Hollandse dorpskermis. Hij laat zich maar wat graag meevoeren. Uiteraard voelt de kasteleinszoon zich thuis tussen de beschonken

Noordkoppers en West-Friezen, die met een borrel op hun starheid verruilen voor amicale praatjes. 'Tijdens de kermis in de Wieringerwaard veranderen die mensen. Het was de hele dag feest met Ard en z'n vrienden. En als we dan 's avonds naar huis gingen, keken we of er ergens nog licht brandde. Als dat dan bij boer Harmsen het geval was, dan zei Ard: "We gaan nog een pilsje drinken daar, die zijn nog niet naar bed." Kon je zo met een paar man binnenvallen, was geen probleem. En dan kreeg je een biertje voor je neus. Ik sliep in een zomerhuisje bij het huis van Ard en dan kwam moeders in de ochtend aan met een ontbijtje.'

Kees weet dat de kermis in Noord-Holland maar één centrale activiteit heeft. 'Het is alleen maar pimpelen. Ik kon niet zoveel alcohol hebben. Wel aardig wat, maar niet zoveel als ze op die kermis wegtikten. Dat wilde ik ook niet. Waarom moest ik twintig bier drinken? Dat was niet goed voor me.'

Dus gebruikt Kees een truc met z'n vinger die hij op jonge leeftijd heeft geleerd in het café. Niet door te veel drank, overigens. 'Van mijn fooitjes kocht ik weleens een ijsje. Toen kreeg ik een keer een enorme fooi en kocht ik dus ook een grote pot ijs. Vanille met aardbeien. Ik had die bak snel leeg – dat kon ik goed, waarom weet ik niet – en was misselijk. Ik deed m'n vinger in m'n keel en dat werkte. Al dat ijs stroomde vanuit m'n mond de haven in. Toen ik bij Ard langzaam dronken werd, voelde ik dat het misging. M'n pens zette op. En het was nog maar halverwege de dag, dus er kwam nog veel meer aan. Op de wc stak ik m'n vinger in mijn keel. Dat deed ik na elke vijf pilsjes.' Een aardige bijkomstigheid van de vinger in de keel is dat Kees voor zijn gevoel een hoop alcohol loost die Ard binnenhoudt. Dat is in de voorbereiding op een nieuw schaatsseizoen helemaal niet ongunstig. Eddy Verheijen heeft al een vermoeden dat Kees dit trucje uithaalt. 'Er werd soms best stevig gedronken op trainingskampen, bijvoorbeeld in Davos. Ik zag wel dat Kees er nooit slechter uit kwam. En ik wist dat hij zijn hele buikinhoud op elk gewenst moment naar boven kon halen. Dat liet hij weleens trots zien. Dan ging hij boven een put staan en kwam het eten eruit. Een onwerkelijk gezicht. Ik vermoedde wel dat hij dit ook met alcohol deed. Bij ons ging het in het bloed zitten, bij hem niet. Zo erg was hij wel bezig met het winst boeken op tegenstanders.'

De kermisavonturen versterken de band tussen de Ard en Kees. 'Ard was in het begin erg stroef in de omgang. Hij was stil en teruggetrokken. Maar na al die trainingskampen en kermisuitjes krijg je natuurlijk een band. Soms zaten we wel een maand in Hamar. Dan weer een week in Davos. Altijd samen op een hotelkamer, samen aan de eettafel en samen op de ijsbaan.' Ook ontgroeningen regelen ze samen. Als Eddy Verheijen voor het eerst meegaat met de kernploeg, komt hij als derde persoon op de kamer bij Ard en Kees. Eddy klapt meerdere keren op de grond, als zijn bed wordt omgekieperd door zijn twee kamergenoten wanneer hij eindelijk ligt te slapen. Zo doen die lollige Ard en Keessie dat dus.

Na het EK in Deventer veranderen Ard en Kees in publiek bezit. Eigen NS-treinen naar toernooien, liedjes in de top-40 ('Ard en Keessie, geef ze van katoen', zingt Johnny Hoes) en kijkcijferrecords: de gekte kan niet op. De ene schaatsfan gunt het Ard meer, de ander Kees, maar uiteindelijk steelt het duo de show.

Achter die muur van vrolijkheid ligt echter ook een donker pleintje. De buitenwacht krijgt er weinig van mee, maar er is een ingewikkeld proces gaande tussen de twee. Een proces waar niet iedere bondscoach of journalist even goed de vinger achter krijgt. Ard Schenk raakt namelijk erg onder de indruk van Kees Verkerk. 'In die tijd van Graft kende ik Kees niet echt. Ik sprak 'm alleen bij de prijsuitreiking. Maar in de kernploeg, toen werd het 'echt'. Kees stuurde het gezelschap, ook al was hij nieuw in de ploeg. Hij was dat zo gewend. Kees stond altijd achter de tap, of zat in de bus met zo'n reisje langs de Rijn met z'n familie. Toen zat de kleine Kees al moppen te tappen om de mensen in die bus te vermaken. Zo was hij, puur intuïtief, ook bezig in die groep. Ik denk dat hij snel doorhad dat deze groep behoorlijk beïnvloedbaar was. Bovendien was onze kernploeg ook behoorlijk radeloos als Kees stopte met entertainen en zich ineens ging concentreren op een race. En wat moeten wij nu? Zo heb ik dat ervaren en ik heb dezelfde ervaringen van anderen gehoord. Ik kon daar wel een beetje van in de war raken.'

Ard zou in het begin van zijn carrière gebaat zijn geweest bij wat meer begeleiding rond de ploeg. Hij ziet Kees grote toernooien winnen. En Ard, met al zijn talent en al zijn lichamelijke kracht, blijft in eerste instantie in de schaduw van zijn kleine vriend. 'Er was toen veel meer sprake van een natuurlijk groepsproces. Je had geen specialisten op het gebied van mentale begeleiding rondom zo'n schaatsteam. Anders zou dat soort mensen tegen me zeggen: *denk erom hoor, met die Verkerk*. Maar ik moest het allemaal zelf uitzoeken. Dat heeft bij mij een jaar of drie, vier geduurd, voordat ik de juiste balans had rondom Kees.'

Tegelijkertijd heeft Ard ook iemand als Kees om zich heen nodig. Dat maakt het gevoel zo dubbel voor Ard. 'Zo'n sfeermaker had ik écht nodig. Want een trainingskamp in Hamar of Tønsberg, *of all places*... Nou, dan kun je wel een beetje amusement gebruiken kan ik je vertellen. Je wilt ook wel een keertje lachen. Dat maakte dat ik er ambivalent in stond. Ik ben altijd afhankelijk van sfeer. Dus het was heel belangrijk voor mijn eigen motivatie dat de sfeer goed is. En dús was Kees belangrijk voor me.'

Het is eigenlijk voor iedereen leuk dat Kees er is, totdat het toernooi op het punt staat te beginnen. Dan is Kees stil en verandert de dynamiek. Als het tijd is voor Kees om zich te concentreren, sluipt er een bepaalde spanning binnen de ploeg. Dat gevoel hebben meerdere kernploegleden. Kees zelf kent de verhalen maar al te goed. Wie Kees ernaar vraagt, krijgt vroeg of laat een keer de term 'lulverhalen' te horen. 'Dan praatte ik te weer te veel, dan weer te weinig. Soms hoorde ik: "Hij zegt helemaal niks vlak voor een race." Dan schudde ik maar met m'n benen en dan hingen m'n schaatsen boven me. Ik zei inderdaad niks. Ik sliep ook amper. En eerder in de week, als het stil was tijdens het eten, gooide ik er een mop uit. Of tien, of twaalf, of vijftien. Totdat iedereen het naar z'n zin had. Dus er was inderdaad een groot verschil. Zo heeft iemand het ooit verzonnen om te roepen: "Als Keessie lacht, dan moet iedereen lachen. En als Keessie huilt, dan moet iedereen huilen." Wat zijn dat nou voor gezegdes, man? Ik heb nog nooit tegen iemand gezegd: *Hé, waarom lach je niet om m'n moppen?* Veel te veel aangedikt allemaal, dat soort lulverhalen. En als je ergens last van hebt, dan kun je dat toch zeggen? Dan let ik erop. Ik hoorde helemaal niemand erover.'

Ard kent de reactie van zijn vriend. 'Hij meent dat ook, vergis je niet. Want zo is hij opgegroeid. Als je het niet gezellig vindt aan de bar, ga je toch aan het raam zitten met je biertje? Of je gaat naar een ander café. Je moet niks, je kunt zelf kiezen. En daar heeft hij natuurlijk ook gewoon gelijk in. Maar binnen zo'n groep is zo'n persoon toch wel bepalend. Je ziet het in elke groep: dankzij een paar aanjagers ontstaan de verhalen. Er zijn er altijd zeven of acht die alleen maar luisteren; de anderen diepen de sterke verhalen op. In de schaatsploeg lagen de verhoudingen vast. En nogmaals, daar zaten voor mij heel veel positieve kanten aan. Maar het kon ook omslaan. Als we in het hotel zaten en Kees zei: "We gaan niet naar de bios, we gaan kaarten vanavond," dan gingen we kaarten. Want dan zei hij: "Wat moet ik met zo'n Noorse film met Engelse ondertiteling?" Dan had hij er geen zin in en ging het hele feest niet door. Zó bepalend was Kees.'

Een kantelpunt tussen de dominantie van Kees naar die van Ard, is een beslissing van bondscoach Leen Pfrommer. Hij laat Ard en Kees niet langer bij elkaar op een hotelkamer slapen, omdat hij denkt dat dat voor Ard beter is.

De coach ziet geen andere uitweg. Hij heeft al snel door hoe de verhoudingen liggen binnen zijn ploeg. Hij vraagt zich af of Ard niet te erg wordt beïnvloed door Kees. In de aanloop naar een Nederlands kampioenschap weet hij zeker dat dit het geval is. 'Het is de donderdagavond voor het NK. Arie Eriks vertelt 'bakken' aan tafel, iedereen ligt gevouwen. Arie nam de rol vaak over van Kees, als die in zijn concentratiemodus zat. Maar ineens, helemaal vanuit het niks, komt Kees eroverheen:

"Zeg Ard, ik ben hartstikke benieuwd wie er tweede wordt dit weekend, jij of Jan Bols." Iedereen stil.' Met zo'n opmerking maakt Kees bij voorbaat even duidelijk dat er dit weekend maar één winnaar zal zijn. En dat is Kees Verkerk. Pfrommer schrikt zich wezenloos. *Dit kán toch niet*, dacht ik bij mezelf. Maar niemand zei een woord. Ik ook niet.'

Het Nederlands kampioenschap van 1969 verloopt inderdaad zoals Kees aan de eettafel had voorspeld: hij wint met overmacht. En Ard en Jan Bols vechten om de tweede plek. Ard wordt derde. Pfrommer ziet Ard hopeloos met zichzelf worstelen. 'Ik heb dat hele weekend nauwelijks geslapen. Zo ging dat dus op een groot toernooi, dacht ik bij mezelf... Ik was een relatief jonge bondscoach en kwam net kijken. Ik vond het heftig. De verhoudingen waren glashelder. Kees was mentaal zó veel sterker dan Ard, die had echt geen schijn van kans.'

Kees weet inderdaad precies hoe hij moet inspelen op het gevoel van Ard. Als Kees weer eens een hele nacht wakker ligt vlak voor een wedstrijd, hoort hij Ard naar het toilet gaan. Als Ard terugkomt, doet Kees alsof hij bruut wordt gewekt door het lawaai dat Ard zou maken. 'Sorry Kees,' zegt Ard vervolgens verontschuldigend. Kees wil ervoor zorgen dat Ard zich ongemakkelijk voelt. Er moet iets gebeuren in het hoofd van de tegenstander, is de opvatting van Kees. En het kan alleen maar goed zijn als Kees degene is die bepaalt wát er precies gebeurt.

Na afloop van het door Kees gewonnen NK vliegt de Nederlandse ploeg naar Noorwegen voor een landenwedstrijd. In het toestel is Leen Pfrommer onrustig. De zenuwen gieren door zijn lichaam. Hij zoekt Ard op in het vliegtuig. 'Ard, je bent derde geworden op het NK.' Ard knikt en begint erover wat een klojo hij is dat hij zo slecht heeft gereden. Hij zoekt de schuld bij zichzelf. Dan gooit de coach het eruit: 'Je slaapt niet meer bij Kees op de kamer'. De reactie van Ard is veelzeggend: 'En wat vindt Kees daarvan?' Daar moet Pfrommer nog achter komen, maar zijn besluit staat vast. Van Ard loopt hij naar Kees. Pfrommer vertelt Kees over zijn besluit. Kees zegt weinig. Die ziet het nut van de beslissing niet in. 'We trainden vanaf 1963 samen in de kernploeg. In 1969 moet hij bij mij van de kamer af. Dan heb je zeven jaar samen doorgebracht. Hij ziet hoe ik train, hoe ik leef. En ik won veel. Dus daar heb je dan voordeel van, zou je zeggen.'

Het hoge woord is eruit, maar de nieuwe bondscoach is ook bang dat hij zich een groot probleem op de hals heeft gehaald. Kees Verkerk is niet de eerste de beste – en wie is hijzelf nu eigenlijk? 'Ik heb daar de hele winter last van gehad. Ik had wat van Kees afgenomen, zo voelde dat. En ik was bang dat hij wat 'voetklemmen' zou plaatsen.'

Dat valt mee. Kees gaat over tot de orde van de dag. Wel vraagt Kees zich af naast wie hij nu moet slapen. Leen stelt sprinter

Jan Bazen voor, net als Kees afkomstig uit de omgeving van Rotterdam. Maar Kees kiest in eerste instantie voor zijn vertrouwenspersoon, de masseur Cor Nederveen. Een inschattingsfoutje, want ome Cor kan lekker snurken. Kees laat Pfrommer tijdens de eerste nacht met zijn nieuwe kamergenoot weten wat voor ellende de bondscoach Kees bezorgt met de nieuwe indeling. In het Noorse hotel rinkelt de telefoon op de kamer van Pfrommer in het holst van de nacht: aan de andere kant van de lijn een luid gesnurk. De hoorn hangt boven de snurkende masseur. Leen weet wat Kees hem wil vertellen: dit is allemaal jouw schuld.

Ard snapt de gedurfde beslissing van Leen wel. 'Ik was onder de indruk van de prestaties en methodes van Kees. Fred Anton Maier en Kees domineerden de lange afstanden in die jaren en mijn eigen prestaties waren niet zo bijzonder. Ik zat toen in een proces waar ik blijkbaar doorheen moest, om het juiste arbeidsethos te vinden. Leen Pfrommer heeft denk ik goed gezien dat het tijd was voor een verandering.'

Dat neemt niet weg dat Ard inderdaad heel veel van Kees heeft geleerd. Zoals het omgaan met de aandacht van het grote publiek. 'Ik was schuchter en verlegen. En plots was daar dat Ard en Keessie-effect. Lange tijd dacht ik: zoek het uit, het hoeft van mij niet. Schaatsen is leuk, een juichend stadion is prima, maar verder is het wel goed. En Kees drááide juist op die aandacht. Die liet het in zijn voordeel werken. Dat deed hij fantastisch. En dan zeiden ze weleens tegen mij: durf je wel, tegen dat kleine ventje. Dat was helemaal mooi. 'Dat kleine ventje' was loeisterk in zijn lichaam en in zijn kop.'

Ard staat lange tijd in de schaduw van Kees, maar grijpt begin jaren zeventig definitief de macht – en op grandioze wijze. In 1972 schaatst Ard Schenk zich naar eeuwige olympische roem door drie afstanden te winnen op de Winterspelen in Sapporo. Er volgt nog een korte periode van profschaatsen, maar daarna is het over met de strijd op het ijs. De rivaliteit tussen Ard en Keessie is voorbij. Wat rest, is vriendschap. De twee bespreken hun wedstrijden en bijzondere uitstapjes nog geregeld met een goed glas wijn in de hand, uitkijkend over een fjord in Noorwegen, waar Kees na zijn schaatsloopbaan naartoe verhuist.

Verliefd op Noorwegen

'Het Wilhelmus' kan ervoor zorgen dat de tranen gaan lopen bij Kees Verkerk. De liefde voor het vaderland is onuitwisbaar. Hij wint zijn prijzen voor zichzelf, voor zijn familie en voor zijn land. Toch loopt er ook een ander land als een rode draad door zijn loopbaan en leven. Hij maakt als schaatser zijn *finest hour* mee in de spotlights van Bislett, het meest fabelachtige schaatsstadion dat er volgens veel kenners ooit heeft bestaan. Dat stadion, waar Kees zich in 1967 voor de tweede keer tot wereldkampioen laat kronen, staat in de Noorse hoofdstad Oslo. Het is ook in Noorwegen waar Kees leert dat de liefde voor het schaatsen maar relatief is, wanneer hij de liefde van zijn leven ontmoet. Dankzij het schaatsen. Dat wel.

Heya Keessie. Het is een wat ongewone strijdkreet. Wanneer Johnny Hoes de Nederlandse hitlijsten binnendendert met de carnavaleske single 'Ard en Keessie', doet hij dat met een begeleidingsband genaamd Het Heya Heya Koor. Wanneer Kees zelf muziek speelt op de vele avonden die hij organiseert voor leden van zijn fanclub, doet hij dat met de Heya Keessie

Band. Kees kan de aanmoedigingen wel dromen – en daarover dromen doet hij trouwens ook weleens. Het 'Heya Keessie' uit duizenden kelen. In Noorwegen is 'heya' een standaard aanmoediging. Kees hoort tijdens het WK van 1965 in Oslo al dat er iets in die trant wordt geroepen richting de Noorse vedetten. Daar speelt Kees nog een bijrol, hij wordt tiende. Hij hoort hoe de fans in Bislett 'heya' roepen in de richting van Per Ivar Moe, de grote Noorse favoriet, die het WK ook weet te winnen. Kees vindt het een merkwaardige manier van aanmoedigen. Dat komt ook doordat hij 'Heya Moe' niet goed verstaat. 'Hij is moe', maakt Kees ervan. Dat zou niet echt een strijdkreet zijn waar je harder van gaat schaatsen, Per Ivar Moe zijnde. Kees denkt er verder niet bij na. Hij moet schaatsen en heeft andere dingen aan z'n hoofd.

De eerste keer dat Kees 'heya' langs de baan hoort in combinatie met zijn eigen naam, is nota bene in Nederland. In Deventer, in 1966. Kees heeft er geen flauw idee van hoe het publiek erbij komt om hem – en ook de andere Nederlanders – op deze manier aan te moedigen. Het is op de een of andere manier komen overwaaien vanuit de Scandinavische landen.

Twee jaar na 'Heya Moe' schalt het 'Heya Verkerk' door Bislett. Als regerend wereldkampioen mag Kees in 1967 aantreden in het walhalla van de schaatswereld. Bislett is voor elke schaatsers – Kees vormt geen uitzondering – een heiligdom.

Het stadion waar de mensen op de eerste rij óp het ijs zitten. De Noren zijn een machtig schaatsland met machtige tradities. In het voordeel van Kees spreekt dat hij een stayer is, een man die op de lange afstand het verschil maakt. Juist dit soort rijders krijgt extra steun van het Noorse publiek. En als een populaire rijder succes boekt in Bislett, komen de oude tribunes pas echt tot leven. Elke schaatser die een groot toernooi wint in het afgeleefde en krakkemikkige Bislett, weet wat hem te wachten staat: een ereronde in een donker stadion, met alleen een spotlight gericht op die ene persoon met een krans om de nek. Een grootser eerbetoon is ondenkbaar.

Niet alleen de Nederlanders roepen 'Heya Keessie' tijdens het wereldkampioenschap; de Noren doen net zo hard mee. De favoriet kan uit elk land komen, als hij of zij maar hard schaatst en enige sympathie opwekt. De steun van het Noorse en Nederlandse publiek – 10.000 man sterk is het legioen – geeft Kees in 1967, als regerend wereldkampioen, vleugels tijdens het WK. Het verschil in ambiance met het EK van eerder dat jaar in de vrieskou van Lahti, is enorm. In Oslo zijn de tribunes volgepakt met 29.000 toeschouwers en kolkt het stadion wanneer Kees (goud), Ard (zilver) en thuisrijder Fred Anton Maier (brons) hun ritten rijden. Kees krijgt zijn gekoesterde ereronde met spotlight. Met zijn gewonnen 'dubbel' plaatsen veel sportjournalisten Kees definitief in het rijtje schaatslegendes als Eden, Mathisen en Andersen.

Na zijn wereldtitel in Oslo kan Kees Verkerk niet meer stuk in Noorwegen. Kees is al een volksheld in Nederland en stevent in rap tempo af op eenzelfde status in Noorwegen. Ard Schenk ziet het langzaam maar zeker gebeuren. 'Kees was een allemansvriend, van zowel Noren als Nederlanders. Hij kon een vol Bislett als geen ander bespelen. Dan schreef hij met z'n pet in het besneeuwde middenterrein 'fijne kerst', in het Noors. Dan stond het hele stadion op z'n kop, wist je echt niet wat je meemaakte. Hij vond dat mooi. En uit de extra aanmoedigingen die dit soort acties hem opleverden, haalde hij dan weer extra kracht wanneer hij moest schaatsen.'

Er arriveren bergen post uit Noorwegen thuis in Puttershoek. Dat Kees de taal leert en de brieven zo goed en zo kwaad als het gaat in het Noors beantwoordt, vergroot zijn status in het Scandinavische land alleen maar. De Noren omarmen de Nederlander als ware hij een van hen. Wat daarbij ook helpt, is dat Kees ook in Noorwegen de publiciteit niet schuwt. Zo komt hij op de donderdag voor een WK opdagen bij een bekend Noors tv-programma. In die talkshow laat hij ook zien dat hij muziek kan maken. Zij aan zij met de Nederlandse trompettist Willy Schobben scoort hij punten bij de Noren. Hij maakt naam als die Nederlandse schaatser die veel wint, goed Noors spreekt en trompet speelt op de Noorse tv.

Collega-schaatsers suggereren dat Kees – met name in Bislett – weleens extra aanzet om zijn populariteit bij de Noren te vergroten. Door overdreven uitgeput over de finish te komen. Extra lang uitrijden om de aandacht van het publiek vast te houden, ook als de volgende rit al bezig is. Het zijn vooroordelen die niet uit de lucht komen vallen, gezien de sluwheid die Kees op momenten kan tonen.

Kees wuift het weg. Hij is een showman, maar geen sensatiezoeker. De show stelen tijdens het uitrijden, ja, daar is hij goed in. Met het handje dat hij ontspannen op de rug legt, zwaait hij eventjes naar het publiek als hij zijn naam hoort. In Bislett vinden de mensen het prachtig. Dat doen de thuisrijders niet. Noorse sterren als Per Ivan Moe en Fred Anton Maier zijn wat stugger. Kees is wat dat betreft een verademing voor het publiek in Bislett. 'Ik vind dat er iets moet gebeuren in zo'n stadion. De mensen willen wat zien. Even zwaaien, gek mutsje op, dat moet toch kunnen? Ik heb voor de gein na een Nieuwjaarswedstrijd een rondje geschaatst in Marker kledingdracht die ik had gekregen van Sijtje Boes, de bekendste inwoonster van Marken. En dan ging ik accordeon spelen, met een pijp in m'n mond en zo'n zwarte pet op en een rood zakdoekje om. Ik speelde een Noors vreugdelied, dan kon iedereen in het stadion lekker meezingen. Dat deden ze ook, alle twintigduizend. Een machtig geluid. Dat is natuurlijk een beetje gek, maar je moet je ook weer niet té gek gedragen. Dan word je eruit getrapt.'

De liefde tussen Kees en Noorwegen komt van twee kanten. De Noorse schaatsliefhebbers omarmen de kleine Nederlander, maar hij is net zo dol op de Noren – hoewel Kees bij de eerste bezoekjes vooral met een verbaasde blik rondloopt. Al vroeg in zijn loopbaan, nog voor de eerste successen, besluit hij naar Noorwegen af te reizen voor een trainingsperiode. Daar, in het gerenommeerde schaatsland met al die tradities die Nederland niet kent, kan hij vast wat opsteken op het gebied van trainingsmethoden. Maar dat valt hem allemaal niet mee. 'Ze waren aan het rennen en vliegen. En maar hangen aan die gewichten.' Kees, als jongen van de 'Rotterdamse school', begrijpt daar weinig van.

Kees slaapt tijdens die stage bij de buren van Fred Anton Maier, zijn Noorse rivaal. 'De Nederlanders mochten altijd met Fred meetrainen. Had hij totaal geen moeite mee. Zo leerden we elkaar goed kennen en kreeg ik enige basiskennis van de Noorse taal. En hij van het Nederlands. Dat kwam hem ook mooi uit; hij is later in Rotterdam gaan werken.' Kees spreekt tegenover Maier, die al snel zijn vriend wordt, zijn verbazing uit over de Noorse trainingsmethodes. 'Toen ik hem zag trainen met die gewichten, zei ik tegen hem: wat ben je nou aan het doen man? Je bent toch geen gewichtheffer? En ze liepen bergen op, de hele zomer. Maar je schaatst niet tegen een berg op, probeerde ik dan uit te leggen. Wat wél enorme indruk maakte, waren de faciliteiten van de Noren in die tijd. Daarmee liepen ze voorop.' Het verschil in inzicht levert boeiende discussies op over de perfecte trainingsmethoden tussen Kees en zijn Noorse collega's.

Veelzeggend voor de band tussen de Noorse en Nederlandse schaatsers in die periode, is het kerstfeest dat Ard en Kees doorbrengen bij de familie Maier. 'Wij waren daar om te trainen. Fred vroeg ons na de training: "Waar gaan jullie nu eigenlijk heen?" Ard en ik antwoordden dat we een hotel gingen opzoeken. Maar dat ging zomaar niet, vertelde Fred ons. Het is kerst. En dat nemen ze nogal serieus in Noorwegen. Dus alles is hartstikke dicht. Toen zijn we twee dagen bij hem geweest met de kerstdagen, met zijn vrouw en twee kinderen. Voor mij was dat helemaal nieuw. Thuis in Puttershoek betekent kerst werken of trainen, nu kwam er een kerstman binnen en die gaf een cadeautje. Ik vond het schitterend.'

Een vriendschap was geboren. Zijn Noorse makker mag altijd rekenen op de steun van Kees. Ze zien elkaar het hele jaar door en worden vrienden voor het leven. Kees heeft veel respect voor Maier. Hij kijkt zelfs een beetje op tegen de lange Noor. Maier is kalm en altijd vriendelijk, waar Kees nog weleens uit z'n slof kan schieten.

Het zijn warme herinneringen aan een koud land: de trainingsstages en kerstdagen met Maier, de zegetocht in Bislett en de liefdevolle omhelzing van het Noorse volk. Maar het is Leen Pfrommer die in de zomer van 1969 een beslissing neemt waardoor het leven van Kees Verkerk drastisch verandert. Een beslissing die Kees aan Noorwegen zal verbinden en zelfs doet wegdrijven van Nederland. Het is het in alle toeval genomen besluit van Pfrommer om zijn ploeg mee te nemen voor een trainingskamp naar het zuiden van Noorwegen.

Leen Pfrommer volgt de door Ard en Kees verafschuwde Wim de Graaff op. Er is veel heisa binnen het team en Pfrommer moet ervoor zorgen dat er weer een positieve sfeer ontstaat in de Nederlandse kernploeg. Maar hoe? Er is amper geld voor een fatsoenlijk trainingskamp beschikbaar, Leen moet het volgens de bond maar doen met de middelen die hij heeft. Niet alleen de schaatsers hoeven niet aan te kloppen bij de bond, ook de bondscoach moet zich maar zien te redden.

Leen Pfrommer is niet alleen bondscoach van de Nederlandse schaatsmannen, hij is in dezelfde periode ook werkzaam voor Defensie. Een legerman in de schaatswereld, het is voor sommige kernploegleden even wennen. Ook voor Kees. Die vaart wel bij trainers met een oog voor de 'mens achter de schaatser'. Het is de reden dat Anton Huiskes door Kees op handen werd gedragen en zelfs als een vaderfiguur werd gezien. Anton verdiepte zich in zijn schaatsers en stond open voor een goed gesprek. Een groter contrast met zijn opvolger Wim de Graaff was niet denkbaar, aldus Kees. En nu krijgt Kees te maken met een man met een legerachtergrond. Zo'n militaire inslag is wat Kees betreft niet direct een pluspunt. Toch laat de nieuwe bondscoach snel zien dat hij weet hij hoe iets voor elkaar krijgt, ook al is zijn budget nagenoeg nul.

Leen Pfrommer is opgeleid tot sportofficier en traint de militaire vijfkampploeg. Na een training van zijn ploeg in Schaarsbergen stapt er een grote vent naar binnen. Flinke buik, dikke sigaar, keurig in pak. Pfrommer moet twee keer kijken, maar het is 'm echt. Gerrit van Baren! Pfrommer en Van Baren gingen vroeger samen naar school, in Harderwijk. Van Baren, zoon van een ijscoman, is een aparte vent. Ze zijn elkaar een paar jaar eerder ook al eens tegengekomen in Ermelo, toen Pfrommer een jonge luitenant was. Toen kwam Van Baren binnen met een kar, een ladder en een spons. Kwam-ie de ramen lappen. En nu staat hij hier in driedelig pak. Van Baren lacht. 'Ik heb het voor elkaar, Leen. Van Defensie heb ik een mega-opdracht gekregen, ik mag alle gebouwen rond de Veluwe doen. Ik heb mensen in dienst, de zaak loopt als een trein. Wil je misschien m'n auto zien? Die staat hiervoor. Kost wat, dat kun je wel zien.'

Pfrommer ziet zijn kans schoon. Als hij zo loopt op te scheppen, kan hij vast wel wat geld missen. 'Zeg Gerrit, zie jij kans om een trainingskampje te sponsoren van mijn schaatsploeg.

Dat is vast niet te veel moeite, toch?' Van Baren verblikt of verbloost niet. 'Hoeveel heb je nodig, Leen?' Oef, even snel rekenen. 'Negenduizend gulden.' Van Baren trekt zijn chequeboek. 'Hier, succes met trainen.' Pfrommer schrikt zich wild. Daar staat hij dan, met een cheque van negenduizend gulden in z'n hand. Hij belt Peter Nottet, schaatser in de kernploeg. Diens vrouw werkt bij de ANWB en kan vast wel iets regelen. Pfrommer weet waar hij heen wil: Noorwegen. Dat is het land waar je moet zijn voor een goed trainingskamp. 'Zoek maar iets in het zuiden, hoeft niet te ver,' is de opdracht van Pfrommer. Hij krijgt als suggestie een gehucht in de buurt van Kristiansand. Een camping op Hamresanden, waar de Nederlandse mannen en vrouwen goed kunnen trainen. De accommodatie is niet al te duur en past binnen het door de glazenwasserskoning beschikbaar gestelde budget. 'Perfect,' vindt Pfrommer.

En zo belandt de kernploeg in de nazomer van 1969 in Hamresanden. Kees traint hard, net als de rest van de ploeg, maar is zoals altijd ook bezig met andere zaken. Hij leert Noorse kinderen op de camping hoe je moet rolschaatsen. Want als Kees ziet dat de techniek niet in orde is, wil hij graag voordoen hoe je wél een bocht aansnijdt. Dat doet hij op het stukje asfalt pal voor de ingang van de camping. Net wanneer hij fanatiek aanwijzingen staat te geven, verschijnt er plots een meisje in de deuropening van de receptie. Als hij haar ziet, kan Kees zijn blik niet meer van haar afwenden. Kees is op slag verliefd.

Tijdens het trainingskamp in Hamresanden leert Kees Sally kennen. Zij is de dochter van campingeigenaar Harry Bernander. De camping ligt op een prachtige locatie aan het fjord. De zon laat zich volop zien, de sfeer in de ploeg is goed en Kees is in de wolken.

Voor zijn teamgenoten is dit nieuw. Het valt Leen Pfrommer direct op dat Kees grote belangstelling heeft voor Sally. 'En hij was een echte charmeur, dus hij wond haar zo om de vinger. Tja, een schaatskampioen met zo'n goede babbel...' Niet dat de liefdesvlinders ervoor zorgen dat Kees minder hard traint. 'Oh, nee. Hij trainde snoeihard.'

De vader van Sally maakt het trainingskamp mede tot een succes. Hij helpt met het uitzetten van routes voor duurritten en zorgt ervoor dat de schaatsers zich vermaken. Sally maakt het trainingskamp tot een succes voor Kees Verkerk. Leen Pfrommer ziet Kees opfleuren in Hamresanden. Pfrommer: 'Die verliefdheid hielp Kees lachend door het trainingskamp heen. Wij dachten allemaal wel: dat gaat weer over. We gaan straks naar huis, we gaan overal in Europa wedstrijden rijden en dat was het dan voor Kees en Sally. Zo ging dat meestal met schaatsers en buitenlandse liefjes.'

De relatie van Kees en Sally verloopt inderdaad niet makkelijk. Hij moet als schaatser de wereld over, zij vertrekt voor een opleiding aan een school voor toerisme naar Lillehammer. Jarenlang schrijven ze elkaar brieven en blijft de relatie tussen Kees en Sally een publiek geheim. Vooral vader Pleun wil van vriendinnetjes van Kees niks weten. Kees moet zich focussen op het schaatsen. Hij moet trainen, ervoor zorgen dat hij een derde wereldtitel wint en zich verder niet laten afleiden. Maar Kees weet het zeker: Sally is de ware. Wanneer Kees haar in 1972 voor een langere periode opzoekt in Lillehammer, is hij ervan overtuigd: deze vrouw is mijn toekomst. Een jaar later trouwen Kees Verkerk en Sally Bernander. Kees verhuist naar Hamresanden en gaat, zij aan zij met Sally, aan het werk op de camping van haar vader.

De militaire missie 'Ard en Kees'

Wanneer prinses Beatrix op 10 maart 1966 in de Amsterdamse Westerkerk het jawoord geeft aan Claus von Amsberg, zit Kees Verkerk enkele meters verderop knikkebollend in de kerkbanken. Het is niet zozeer de huwelijksceremonie die hem heeft uitgeput, eerder de militaire operatie om de schaatser in Amsterdam te krijgen.

Een dag voor het huwelijk staat Kees Verkerk nog op een schaatsbaan in een Noors bergstadje. De eerste week van maart staat traditioneel in het teken van de wedstrijdjes in het noorden van Noorwegen. Beter gezegd: de week staat in het teken van goeie feestjes, drank en mooie vrouwen – en er wordt ook nog geschaatst. Het is voor de topschaatsers als Ard en Kees een leuke en lucratieve wijze om een inspannend seizoen af te sluiten.

De schaatsverplichtingen van Kees en zijn schaatsmakker Ard leveren de bruiloftsplanners van de koninklijke familie de nodige hoofdbrekens op. De twee zijn na 'Deventer' en 'Gotenburg' onmisbaar op de huwelijksceremonie in de Amsterdamse Westerkerk. Sterker nog: het zou ronduit ongepast zijn als de schaatshelden ontbreken. Bovendien is Beatrix, net als haar moeder, net zo enthousiast over de recente verrichtingen van Ard en Keessie als het merendeel van haar onderdanen. Het grote probleem is dat de twee op 9 maart nog een wedstrijd hebben in Tromsø.

Er komt een even creatieve als curieuze oplossing. Ard en Kees worden in de vroege ochtend van 10 maart naar huis gevlogen door een militair vliegtuig. Het toeval wil namelijk dat Nederlandse militairen meedoen aan een NAVO-missie in de Poolcirkel. Er zijn ook Nederlandse vliegtuigen aanwezig in het Poolgebied. En een van die vliegtuigen wordt ingezet om de twee schaatsers naar Nederland te vliegen. Zo krijgt de aanwezigheid van Ard en Keessie bij het koninklijk huwelijk het stempel 'landsbelang'. De vurige wens om de schaatsers in Amsterdam te krijgen, heeft te maken met de benarde situatie waarin het koninklijk huis zich op dat moment bevindt. Er klinkt een anti-Oranje-geluid, in met name Amsterdam. Provo's zetten zich af tegen de gevestigde orde en daarvan vormt de toekomstige koningin de top van de piramide. Die hachelijke situatie vormt een schril contrast met de status die Ard en Keessie hebben onder het volk. Zij geven met hun sportieve prestaties in 1966 namelijk glans aan het oranje. Het zou de reputatie van het koningshuis daarom goed doen als de populaire schaatsers op 10 maart in de kerk zitten.

En dus zit een gebroken Kees in het holst van de nacht naast zijn al net zo vermoeide vriend Ard in een legervliegtuig. De militairen lijken niet heel gelukkig met hun 'eervolle' opdracht – ze zijn niet het leger in gegaan om schaatsers naar huis te brengen. Kees probeert het ijs te breken. 'Jullie hebben leuke stewardessen aan boord,' roept hij richting een van de norse kapiteins. Het helpt niet. Alleen Ard grinnikt.

In een reconstructie van het politie-optreden tijdens de trouwdag in het tijdschrift *Ons Amsterdam*, geschreven door Peter-Paul de Baar, staat de volgende passage: *Het begon allemaal volgens plan. Om zes uur kreeg de politie haar laatste instructies in de Apollohal, waarna iedereen naar zijn post ging. Om half acht was de binnenstad afgesloten voor verkeer. Om 6.30 uur werden de schaatshelden Ard Schenk en Kees Verkerk afgehaald van het vliegtuig uit Noorwegen, terwijl chauffeur Schot stipt om 8.15 aanbelde bij oud-premier Drees in Den Haag, getuige van de bruid.* Het geeft aan welke sleutelrol de twee schaatsers hebben in het geheel; ook in het draaiboek van de politie staat de aankomst van Ard en Kees met rood omcirkeld.

Wanneer Ard en Kees om half zeven het toestel uit stappen op vliegveld Ypenburg, wacht hen een autorit naar Wassenaar. Daar komen ze in een riante villa terecht, waar ze zich even mogen opfrissen. Vader Pleun heeft een dag eerder een net pak van Kees naar Wassenaar gebracht. Want Kees heeft enkel een koffer vol verkreukelde en niet al te fris ruikende kleding bij zich; het resultaat van een aantal weken uit de koffer leven. Terwijl Ard en Kees in bad gaan en twee weken schaatsen en feesten van zich af spoelen, worden hun nette kleren gestreken en de schoenen gepoetst.

In de Westerkerk krijgt Kees uiteraard een plek naast Ard, die ook doodop is. Ze krijgen te horen dat het nog een paar uur duurt voordat het bruidspaar zijn grootse entree zal maken. Ze proberen wat te slapen. De wilde avonturen in Noorwegen eisen hun tol. Kees legt af en toe zijn hoofd ter ruste op de schouder van Ard – en andersom. Ard en Kees spreken af dat ze met 'diensten' gaan werken. Want het kan weleens een lang verhaal worden, beseffen ze. Een van de twee blijft wakker en geeft de ander een por zodra de camera richting de schaatsers draait. Dit is niet het moment om slapend in beeld te komen.

Terwijl de twee schaatshelden beurteling een tukje doen, gaat het buiten rondom de kerk 'los'. De Amsterdamse politie komt mannen en vrouwen tekort om de orde te bewaken. Er worden een rookbom en een levende kip richting de Gouden

Koets gegooid waarin Beatrix en Claus naar de kerk worden gereden. De weerstand tegen dit koninklijk huwelijk komt op straat tot uiting. 'Dood aan de monarchie' zo scanderen de tegenstanders. Ard en Kees krijgen er niks van mee.

Kees schrikt wakker. Toeters en bellen, daar is het bruidspaar. Iedereen staat op. Kees beseft dondersgoed hoe bijzonder het is dat hij, de kasteleinszoon uit Puttershoek, hier bij mag zijn. Allemaal dankzij het harde werken, de sluwe streken en de gewonnen toernooien. Een gewone jongen, uit een klein dorp in de Hoeksche Waard, op de bruiloft van de toekomstige koningin: het kippenvel staat Kees op de arm. Hij probeert zo veel mogelijk te genieten van het bijzondere moment, maar de vermoeidheid begint het langzaam maar zeker toch weer over te nemen. Het is een lange ceremonie. Veel serieuze verhalen en bijzonder weinig grappen. Dit is niet het soort verhalen dat Kees heeft leren waarderen in het café. De dominee heeft het over de moeilijke weg die Beatrix en Claus samen inslaan. 'Máár, er ís een weg,' zegt de dominee. 'Gelukkig maar, dat er een weg is,' fluistert Kees tegen de half slapende Ard. 'Anders komen we hier écht nooit meer weg.'

Het grote 'voordeel' van de ceremonie in de Westerkerk is dat Kees geen praatje hoeft te maken met de nieuwe koningin. Kees is namelijk doodnerveus wanneer hij tegenover leden van het koninklijk huis komt te zitten. Het overkomt hem in 1964 voor het eerst, na het olympisch zilver in Innsbruck. En vier jaar later weer, als hij wordt geridderd. Voor die gelegenheid krijgt Kees zelfs een uitnodiging voor een bezoekje aan paleis Soestdijk. *Waar heb ik in hemelsnaam ja tegen gezegd*, denkt Kees wanneer hij aankomt op het paleis. Kees is een goeie prater, maar hij voelt zich niet thuis in grandeur. Hij komt uit de kroeg, waar de meest ranzige moppen je om de oren vliegen en waar sommige klanten om de paar zinnen er automatisch een vloek uit gooien. Kees vreest dat als hij op de praatstoel gaat zitten in het koninklijk huis, hij er iets verkeerds uit floept. Hij ziet in gedachten Beatrix al zitten, met de koninklijke handen gevouwen voor de mond en de ogen wijd open van schrik. Nee, de volkse jongen moet zich in Soestdijk even koest houden met zijn grappen en grollen.

Maar de zorgen van Kees zijn onnodig, in Nederland gaat het altijd goed. Als prins Bernhard tegen hem begint over het feit dat hij óók, net als Kees, een hernia heeft gehad, knikt Kees beleefd. Het is weliswaar Kees' vader die tijdens zijn diensttijd een hernia opliep, maar Kees peinst er niet over om de prins te verbeteren. Gewoon netjes knikken.

In het buitenland willen plechtige bijeenkomsten soms wél uit de klauwen lopen. Schaatsers worden na een groot toernooi traditiegetrouw verwacht op het afsluitende banket. In landen als Noorwegen en Zweden pakt men daarbij flink uit.

Een erg dure bedoening, maar vaak ook erg langdradig. En als de hele ploeg dan aanwezig is, is het vragen om problemen. Eindelijk verlost van de wedstrijdspanning wekken lange en formele eetsessies vooral baldadigheid op bij de schaatsers. Zo wordt er in Noorwegen een keer met erwten geschoten tijdens het staatsbanket. Dat komt ervan als de heren schaatsenrijders iets te veel kleine glaasjes krijgen aangeboden. De meligheid neemt alleen maar toe wanneer Kees ziet dat er ook weer veel mensen uit Puttershoek bij het banket zijn binnengeslopen. Kees heeft er in die jaren geen idee van hoe al die mensen toch binnen konden komen, maar zijn zusje Adri wel. Die staat namelijk naast de ingang van het chique onderkomen in Inzell wanneer vader Pleun de ene na de andere stamgast van 't Veerhuys naar binnen lult. 'Dat is een oom van Kees. En die vrouw daar, dat is een nicht. Allemaal familie,' liegt Pleun aan een stuk door bij de ingang. De organisatie laat de 'familieleden van Kees' keurig binnen, zodat er soms tientallen kroegvrienden aanschuiven bij het statige banket, samen met burgemeesters, politici en soms zelfs leden van het koninklijk huis.

Kees blijft door het schaatsen leden van de koninklijke familie ontmoeten, ook wanneer hij naar Noorwegen is verhuisd. Tijdens het eerste staatsbezoek van koningin Beatrix en prins Claus aan Noorwegen is Kees present. Hij krijgt een uitnodiging van de ambassade om naar Oslo te komen, net als een paar andere in Noorwegen woonachtige Nederlanders, vooral zakenmensen. Kees neemt zijn Noorse geliefde Sally mee. De Nederlanders worden in twee rijen opgesteld. Claus schudt de handjes van de ene rij, Beatrix van de andere. Kees en Sally krijgen een handje van Claus. Eerst Kees, direct daarna Sally. Claus blijkt onder de indruk van Sally: hij blijft maar tegen haar praten. Kees kijkt naar de overkant: Beatrix heeft haar hele rij al gehad. Kees ziet de mensen van de ambassade inmiddels een beetje zenuwachtig worden. Maar hij snapt wel dat Claus hier maar blijft staan: Sally is niet gekomen voor zaken, de rest van de mensen in de rij wél. Die komen niet alleen maar 'goeiedag' zeggen; die willen ook echt wat van Claus. Blijkbaar zit de prins niet op zakelijke gesprekjes te wachten. Maar dat betekent niet dat ze geen handje horen te krijgen... Kees tikt prins Claus toch maar op z'n schouder. 'Mijn vrouw vindt het erg fijn om met u te praten en ik vind het fantastisch dat ik hier mag zijn, maar u moet door. U ligt ver achter bij de andere zijde. En deze mensen willen u allemáál even een hand geven.' Als Claus opkijkt, ziet hij dat de man die te gast was op zijn bruiloft een punt heeft. Hij zegt Sally gedag, steekt een duim op naar Kees en vervolgt zijn plichtplegingen.

Hoge bomen vangen veel wind

Aan het eind van schaatsseizoen 1967 staat Kees Verkerk op de top van de apenrots. Hij wint dat jaar zijn tweede wereldtitel op rij en wordt bovendien Europees kampioen in de Siberische kou van het Finse Lahti. Hij wordt wederom verkozen tot sportman van het jaar in Nederland en wint nogmaals de Oscar Mathisen-trofee, de beker voor de beste schaatser ter wereld. Hij is een volksheld in Nederland en Noorwegen. Ja, voor de man die zo is gesteld op de aandacht van zijn fans, zijn het hoogtijdagen. Ook naast de baan gaat het hem voor de wind. Het café trekt horden dagjesmensen die een biertje willen van de kampioen. En hij krijgt van alle kanten lucratieve schnabbels aangeboden. Weinig journalisten twijfelen eraan dat 1968 wederom het jaar van Kees wordt. Het jaar van de derde wereldtitel. Het loopt anders.

In de zomer van 1967 wordt Kees uitgenodigd voor een veiling van Nederlandse bloemen in Noorwegen, het Form of Flora. Het lijkt de organisatie aardig als Kees op een soort hometrainer op het podium plaatsneemt, samen met de eveneens populaire schaatser Svein-Erik Stiansen, de Noors kampioen allround. En misschien wil Kees op de openingsavond ook nog een beetje op zijn accordeon spelen? De vlucht wordt vergoed en Kees ziet een dagje optrekken met Svein-Erik wel zitten, dus hij zegt toe. Svein-Erik is een van de Noren met wie Kees goed kan opschieten. Samen met de andere Noorse schaatsers komt Svein-Erik in de zomermaanden vaak naar Puttershoek, waar ze logeren bij Kees thuis. Er is altijd wel een kamertje vrij voor de mannen, net als dat Kees in Noorwegen altijd mag rekenen op een warme ontvangst. Kees kan ook het commerciële inzicht van Svein-Erik wel waarderen. Mede dankzij de Noorse ritselaar heeft Kees goed kunnen boeren tijdens de seizoen afsluitende dorpswedstrijden van de Nord Norge Tour. Opvallend aan de Noorse kampioen is verder zijn kleine visuele beperking. Svein-Erik is een beetje scheel. Wanneer de schaatsers gaan vissen in de haven van de Oude Maas, trekt Svein-Erik met enige regelmaat zijn hengel omhoog als de dobber van de buurman ondergaat. Dit tot grote hilariteit van de mannen om hem heen.

Maar hier, op de bloemenshow in Oslo, is de oogafwijking van Svein-Erik Stiansen minder lollig. Als Kees ziet wat de organisatie voor constructie heeft opgebouwd op het podium, slaat de schrik hem om het hart. De twee schaatsers trappen allebei grote wielen rond. De twee hometrainers staan vlak naast elkaar, pal onder een grote klok die boven de schaatsers hangt. Kees vreest dat hij de 80 kilometer per uur op zo'n apparaat, met dat enorme wiel, wel gaat aantikken. En dat gaat Svein-Erik ook lukken. Maar het is geen al te stevige stellage. Dan kan zo'n wiel ineens een levensgevaarlijk ding zijn. Kees waarschuwt Svein-Erik: 'Als er wat gebeurt, spring van die hometrainer en steek een hand uit naar mij, of pak me vast. Dan trek ik je bij die fiets vandaan'.

Kees heeft het gevaar aardig ingezien. Svein-Erik raakt inderdaad in de problemen op de hometrainer, terwijl het Noorse publiek toekijkt. Hij verliest zijn evenwicht op het moment dat de snelheid hoog is. Maar de geordende manier van afstappen en wegtrekken die Kees in gedachten had, pakt in de praktijk anders uit. Het ronddraaiende wiel van de hometrainer van Svein-Erik Stiansen raakt het been van Kees. Hij loopt een open beenwond op en kermt van de pijn wanneer hij achter het podium wordt onderzocht. Kees wordt direct naar het ziekenhuis gebracht. Daar wordt de wond gehecht. De Noorse pers slaagt erin foto's te nemen van de gevallen wereldkampioen. Kees schreeuwend van de pijn, met een enorm jaap in z'n scheenbeen.

Kees kan de rest van de zomer niet voluit trainen door het 'geintje' op de Noorse bloemenveiling. Hij traint eerst in een omgebouwd roeibootje dat z'n oom, een botenbouwer, construeert. Zodra de wond begint te helen, zit hij vooral op de fiets. Het betere beulswerk echter, dat hem de jaren ervoor zo beresterk maakte, zit er niet in. Eindeloos veel schaatssprongen maken langs de dijk is niet mogelijk. Door de nasleep van de beenwond kan Kees noodgedwongen minder goed op de lange afstanden trainen. Terwijl een goede 10 kilometer van groot belang is om de grote toernooien te beslissen. Dit leidt tot irritatie bij Kees, die de druk van het 'moeten' steeds meer begint te voelen. Dat merken ook de mensen om hem heen. Dan helpt zo'n blessure niet mee voor de stemming. In het café is hij niet altijd meer zo enthousiast als daarvoor in de aanloop naar een nieuw seizoen – zeker niet als je ook nog eens geblesseerd raakt bij een bloemenshow. Het idee van een afscheid van de schaatssport borrelt bij hem op. Het schaatsen is niet langer alleen maar plezier. 'Als ik ermee stop, gooi ik m'n schaatsen zo ver de Oude Maas in als ze vliegen kunnen,' horen zijn vrienden hem zeggen.

Het nieuwe schaatsjaar begint slecht. In Heerenveen rijdt Kees in november 1967 een dramatische 3 kilometer tijdens de openingswedstrijden van de nieuwe schaatsbaan Thialf. De wereldkampioen wordt tiende in het klassement. Voor het eerst in zijn leven wordt hij zelfs uitgejouwd. Een nieuwe ervaring voor het sportidool. Een pijnlijke ervaring, vooral. Mensen denken dat hij er expres met de pet naar gooit in Friesland. Dat hij deze wedstrijd niet belangrijk genoeg vindt. Na afloop houdt Kees de kaken op elkaar over het ongeluk in Noorwegen. Want wat zullen de journalisten dan wel niet vragen? Wat moet je in Noorwegen nou op zo'n fiets? Dan zou Kees moeten bekennen dat hij heeft lopen schnabbelen en daarbij op knullige wijze geblesseerd is geraakt. Dat kan hem een hoop gedoe opleveren met de schaatsbond en met de bondscoach. Bovendien hoeven zijn concurrenten ook niet alles te weten. En, denkt Kees, wat kan het de schaatsfans verder schelen dat ik ben aangereden door een schele Noor die van een hometrainer kukelt? Hoe dan ook: Kees vreest dat het een vervelend schaatsseizoen wordt.

Het eerste grote toernooi van 1968 wordt een debacle voor het Nederlandse schaatsen. Er wordt tijdens dit Europees kampioenschap zelfs hardop gesproken over de teloorgang van de twee Nederlandse schaatshelden Ard en Keessie. Het bewierookte duo bakt er niks van tijdens het kampioenschap in Oslo. Ard wordt zesde in Bislett, Kees achtste. Dat de twee in Oslo zijn getroffen door de griep, doet voor het grote publiek niet echt ter zake. Kees kan dan wel stellen dat je 'van antibiotica niet veel harder gaat schaatsen', er wordt toch écht meer verwacht van de twee vedetten. Een maand later is het niet veel beter op het WK in Gotenburg. Na drie afstanden staat Kees er nog goed voor, maar ook hier helpt hij zijn podiumkansen tijdens de 10 kilometer om zeep. Fred Anton Maier is op de afsluitende afstand bijna 30 seconden sneller dan Kees, die hierdoor niet verder komt dan een vierde plek. Teammanager

Jan Charisius beticht Kees er zelfs van expres zo langzaam te hebben gereden, om de niet zo geliefde bondscoach Wim de Graaff in een kwaad daglicht te stellen. Feit is dat Kees gewoon niet harder kán op de langste afstand. Zijn beperkte voorbereiding, veroorzaakt door de val met de fiets, breekt hem op. Hij komt tekort om zijn fitte concurrenten bij te houden. Ook Ard Schenk komt er niet écht aan te pas tijdens het wereldkampioenschap in Gotenburg. Hij wordt derde. De Noren grijpen de macht; Fred Anton Maier is de nieuwe kampioen, Magne Thomassen wordt tweede. Fred Anton neemt zowel de Europese titel als de wereldtitel over van Kees. Zijn tijd is aangebroken, zo lijkt het. Ard en Keessie hebben het nakijken. Einde van een tijdperk, zo schrijven sommige kranten voorzichtig.

En dus kunnen de plannen van Kees Verkerk in de prullenbak. Hij had namelijk een afspraak gemaakt met zichzelf na het succesvolle schaatsjaar 1967: als ik volgend jaar weer wereldkampioen word, dan stop ik met schaatsen. 'Dan was ik drie keer wereldkampioen op rij. Dan was ik zeer interessant geweest voor grote sponsoren. Als je drie keer kampioen wordt, ben je wat waard. Als je drie keer aan de bel trekt, dan ben je er. Dan komen ze naar je toe. Ik kwam nét niet zover. Twee keer is knap, maar drie is anders.' Kees ziet 1968 als het jaar dat zijn carrière de gouden glans ontnam. 'In 1968 dacht ik, als ik klaar stond voor de start, voor het eerst in m'n leven: ik ga niet winnen vandaag. Dat gevoel van onoverwinnelijkheid was weg. Achtste worden op een EK, dat is een drama. Als je Europees en wereldkampioen bent, dan schaam je je kapot. Met mijn techniek had ik het moeten flikken, drie wereldtitels. 1968 was een gek jaar.' Maar uiteindelijk geen verloren jaar.

Tijdens dit desastreuze schaatsseizoen verwacht Nederland geen wonderen van Kees op de Olympische Winterspelen van 1968 in Grenoble. Op het NK in Amsterdam heeft Kees immers ook al een modderfiguur geslagen: hij eindigde als vierde achter Ard Schenk, Peter Nottet en Jan Bols, die op de 10 kilometer bijna een halve minuut sneller was dan Kees. 'Ik had geen grote verwachtingen in Grenoble. Die blessure en het penicilline slikken samen met Ard tijdens dat belabberd verlopen EK, waren geen beste voorbereiding. Maar dat is het leven: je wordt ziek en je krijgt blessures. In Grenoble was m'n linkerbeen nog wat beurs, maar de wond was wel dicht. Ik had anders getraind na die val, vooral op de fiets en in dat bootje van m'n oom, maar dat wist niemand. Alleen de medische mensen wisten ervan. We werden door sommige verslaggevers afgeschreven in aanloop naar de Spelen. Ard en Keessie stonden een paar jaar aan de top en nu was het voorbij. Dat zag ik niet als iets persoonlijks. Je hebt gewoon wat meer journalisten die op die manier schrijven en wat minder journalisten die denken: laten we het nog even aankijken. Journalisten geven graag hun mening. Dat mag. Alleen nu hadden ze het fout.'

Want Grenoble valt alleszins mee. Sterker nog, Kees rijdt op de tweede dag van de Spelen een wereldrecord op de 5 kilometer. Hij ziet zichzelf al een ereronde maken met een krans en een gouden plak om z'n nek. De droom van olympisch goud wordt hem echter afgenomen door zijn in bloedvorm verkerende vriend Fred Anton Maier, die even later weer onder het kersverse wereldrecord van Kees duikt en goud pakt. Een krankzinnige wedstrijd, waarin ook Peter Nottet nog onder het oude wereldrecord rijdt. Peter wordt derde en krijgt het brons omgehangen. Die medaille voor Peter, die zich ten koste van Ard wist te plaatsen voor de 5 kilometer, ontroert Kees. En zet hem direct aan het denken. Want hoe vaak heeft Kees niet bij zichzelf gedacht: *daar gaat die Nottet weer met z'n krankzinnige bosloop!* 'Peter Nottet trainde harder dan ik. Maar ik twijfelde eraan of hij nou wel zo slim trainde. Toen hij daar stond, op dat podium, besefte ik dat hij het goed had aangepakt. Hij heeft met hard werken brons gehaald. Hij reed een wereldrecord en had net zo goed goud kunnen winnen. Dat is bijzonder, als je met iemand die je al zo lang kent op een podium eindigt op de Olympische Spelen. Een fantastisch moment voor Peter.' Kees zelf krijgt dankzij zijn eigen succes en dat van Peter eindelijk weer een positieve stimulans. Ondanks het feit dat een wereldrecord niet genoeg is voor het goud, kan Kees leven met het zilver. Na zo'n dramatisch seizoen tot zover, blijkt er toch nog veel mogelijk op de 5 kilometer. Het biedt hoop voor de afstand waarop het een dag later écht moet gebeuren.

De 1500 meter is een afstand waarop Kees gelooft in zijn kansen. Het is de afstand waarop hij vier jaar geleden verrassend olympisch zilver won in Innsbruck. Velen beschouwen Kees als 's werelds beste op deze afstand. Bovendien heeft hij door zijn aangepaste voorbereiding op het seizoen redelijk goed kunnen trainen op explosiviteit.

De uren voor de wedstrijd verlopen volgens het vaste patroon. In bed ziet Kees alleen maar een ijsbaan voor zich. Zijn directe tegenstander Herman Strutz spookt de hele nacht door zijn hoofd. Kees weet inmiddels hoe de rit gaat verlopen. Als hij 's ochtends zijn bed uit stapt, heeft hij zijn 1500 meter al vijftig keer gereden.

Al in de tweede rit rijden twee grote concurrenten voor het goud tegen elkaar. Ard Schenk tegen Eduard Matoesevitsj uit de Sovjet-Unie. Ook Ard heeft zijn zinnen gezet op goud. Hij heeft deze wedstrijd over 1500 meter in de pers zelfs gebombardeerd tot 'de belangrijkste van het seizoen'. Kees volgt de rit vanuit zijn ooghoeken, terwijl hij zich warm rijdt. Ard wint in 2.05,0. Een scherpe tijd, maar geen onmogelijke opdracht. Kees start niet veel later. De rit verloopt zoals hij het vannacht voor zich zag. Hij declasseert zijn zwakke Oostenrijkse tegenstander en snelt naar een tijd van 2.03,4. Een olympisch record. Kees is dik anderhalve seconde sneller dan Ard, die nu alleen nog kan hopen op zilver. Voor Ard en Kees is het vanaf nu nagelbijten. De twee zoeken elkaar op. Ze kunnen het niet aan om in het stadion te blijven en te kijken naar de concurrentie. Wereldrecordhouder Magne Thomassen moet nog het ijs op. Net als zijn landgenoten Svein-Erik Stiansen en Ivar Eriksen. Ook de Rus Valeri Kaplan en de Zweed Johnny Höglin – die in 1968 ineens opvallend goed rijdt – komen nog aan de start. Het is een sterk deelnemersveld, weten Ard en Kees. Ze besluiten rondjes te lopen buiten het stadion. Via de speaker krijgen ze tijdens het ijsberen mee wat de tijden van de concurrenten zijn. Wanneer de speaker begint te praten, kijken Ard en Kees elkaar aan. Een lachje volgt als blijkt dat ze nog steeds goud en zilver in handen hebben. De concurrentie schaatst zich stuk op de tijden van de twee mannen die zoveel kritiek te verwerken kregen. Alleen Ivar Eriksen ontneemt Ard bijna het zilver. Hij klokt precies dezelfde tijd als Ard. Maar niemand komt ook maar in de buurt van de tijd van Kees Verkerk, die zijn eerste gouden olympische medaille wint. Nadat hij een dag eerder zijn vriend Peter Nottet in de armen kon vallen, mag hij nu Ard Schenk knuffelen. Ard wint in Grenoble zijn eerste olympische medaille.

Het goud levert Kees zijn 'olympische podiummoment' op. Een gevoel waarvoor alle woorden tekortschieten. Wanneer Kees op de hoogste trede van het podium stapt, voelt hij dat dit moment hem als schaatser compleet maakt. Na Nederlandse, Europese en wereldtitels, is er nu olympisch goud. Buiten het stadion krijgen de schaatsers de medailles omgehangen. Het tweede gedeelte van de ceremonie heeft plaats in het stadion. Daar klinkt 'het Wilhelmus'. De Nederlandse vlag wappert hoog boven Kees. Dit soort plechtigheden raakt altijd een gevoelige snaar bij de rappe prater. De tranen komen. 'Dit was de ontbrekende plak. Dan komen de rillingen als je op zo'n podium staat. Als je moet beschrijven wat je denkt en waarneemt tijdens 'het Wilhelmus', dan moet je tien minuten lang vertellen. Want wat je dan, in die korte tijd, voor je ziet... Je denkt aan de zware trainingen, je vrienden van de kernploeg, al die uren fietsen, het lopen door de sneeuw, al die oefeningen. En aan alle mensen die je daarbij hebben geholpen: je familie en vrienden. Mensen die eten voor je hebben klaargemaakt, die met je hebben gepraat als je erdoorheen zat. Dat kun je niet zien aan iemand, van de buitenkant. Aan mij ook niet. Maar er komt een hele film voorbij in die ene flits. Het is hetzelfde als goede muziek. Een slecht liedje op de radio lijkt wel een eeuwigheid te duren. Maar dat is anders met Pat Boone of Elvis Presley. Als die uit de speakers komen, dan ben je zo door de bocht.' Uiteraard schieten de gedachten van Kees ook terug naar het drama van vier jaar daarvoor. Moeder Cornelia is er nu niet bij. Vier jaar geleden wel, toen Kees vanuit het niets het zilver won. Toch staat zijn moeder vandaag ook weer naast hem, denkt Kees, als hij aan zijn bontmuts voelt.

De gouden medaille is de kroon op het werk voor Kees en in zekere zin voor het Nederlandse schaatsen. Kees wint als eerste man ooit een olympische gouden medaille op het langebaanschaatsen. Nederland hoort echt onherroepelijk bij de wereldtop op schaatsgebied. De onverwachte en eenmalige wereldtitel van Henk van der Grift in 1961 was een voorbode van wat komen ging. Het was uiteindelijk Kees Verkerk die Nederland in vier jaar tijd naar die wereldtop wist te leiden met twee wereldtitels, een Europese titel en olympisch goud en zilver. Overigens zijn ook de vrouwen in Grenoble zeer succesvol. Carry Geijssen (1000 meter) en Ans Schut (3 kilometer) zorgen voor de eerste gouden langebaanplakken bij de vrouwen. Zo worden de Spelen van 1968 een ijkpunt in het Nederlandse schaatsen.

Na het goud vliegt de Nederlandse ploeg door naar Noorwegen. Vader Pleun is er in Grenoble uiteraard bij om de gouden plak te vieren. Hij krijgt van Kees de gewichtige taak om de gouden plak veilig naar Nederland te brengen. Pleun is, zo krijgt Kees later te horen, in zo'n beetje elk café gestopt tussen Grenoble en Puttershoek. Overal moest Pleun even het goud van Kees laten zien. Het was immers ook een beetje het goud van Pleun Verkerk.

De gouden medaille is er al, maar het duurt even voordat Kees zelf ook arriveert in Puttershoek. Er staan na de Spelen en het WK nog andere wedstrijden op de planning, waaronder de lucratieve rondjes in de donkerte van het noorden van Noorwegen. De huldiging van de olympisch kampioen in Puttershoek heeft eind maart plaats. Niet alleen Puttershoek loopt uit om de volksheld met goud om z'n nek te zien, overal in het land openen mensen de wegenkaart om te kijken hoe je ook alweer in dat dorpje van Kees komt. Kees is inmiddels wel wat gewend qua huldigingen, maar dit spant de kroon. Vader Pleun heeft een rondvaartboot geregeld, die ligt pal naast het café. Die ligt er speciaal voor vaste klanten die door de drukte van de huldiging niet meer naar binnen kunnen.

Kees' gouden plak blijft stevig om de nek. 'Ik had dat ding steeds om. Dicht bij me, want als je je omdraait, is-ie weg. Er zijn altijd mensen bij die dat mooi spul vinden, zo'n gouden medaille. Maar de meesten waren daar natuurlijk om te feesten. Het was weer een chaos, maar geen puinhoop. Het liep nooit uit de klauwen tijdens een huldiging, voor zover ik weet.' Na 1964, 1966 en 1967 is het rondje over de dijk in 1968 al de vierde grote huldiging voor Kees. 'Burgemeester Schreuder gaf me een speldje van het een of ander en toen hield hij een speech. Ik kan me niet meer herinneren wat hij precies zei. Het was door de jaren heen steeds dezelfde burgemeester. Hij moest dus steeds iets nieuws verzinnen om tegen me te zeggen. Dat lukte hem goed. Erg knap van die man.' Sowieso is burgemeester Schreuder erg begaan met de schaatsheld. Hij knijpt dan ook een oogje toe wat betreft de sluitingstijden als er weer eens een feest is voor Kees. Dan mag er getapt worden zo lang men dat nodig acht. In 't Veerhuys is de drukte natuurlijk extreem. Het helpt ook niet dat het café eigenlijk maar een klein hok is. Of, zoals vader Pleun het zegt: 'Er is hier plaats voor tweeduizend personen, als ze maar niet tegelijk komen.'

Als geste van de 'gemeenschap' krijgt Kees een volledige kantoorruimte cadeau. Tijdens eerdere huldigingen had hij al een auto en een speedboot in ontvangst genomen. 'Ze vroegen me wat ze me nog als cadeau konden geven. Ik zei voor de grap: "Geef me maar een kantoor, zodat ik alle post van m'n fans kan blijven beantwoorden." Je roept weleens vaker wat in een café. Maar iemand had dat serieus opgevat en dus kreeg ik een kantoor.' Een verbaasde Kees neemt het cadeautje, dat vanaf een dak naar beneden wordt getakeld, dankbaar in ontvangst. Een bureau, een stoel, een bank en een wereldbol als decoratie: meer iets voor een accountant.

De huldiging van 1968 kent een aparte sfeer. Het is weer ouderwets gezellig in de kroegen, maar tegelijkertijd hebben enkele mensen nog wel iets te zeggen over het slechte optreden van Kees tijdens het Europees kampioenschap. 'Je wilt na twee, drie dagen sowieso wel een keer stoppen met dat huldigen en feestvieren. Dan wil je zeggen: *jongens, nu ga ik weer opnieuw beginnen*. Je kunt geen polonaise blijven lopen. En ook niet iedereen was euforisch in 1968. Ik kende een slecht EK en dat kreeg ik links en rechts ook te horen. Dan kwam er een vent in het café naar me toe die me vertelde dat ik weer harder moest trainen, want achtste op het EK, dat kon écht niet. Daar werd ik soms een beetje giftig van. *Jij zit hier het hele jaar te zuipen en komt mij nu vertellen hoe ik moet trainen,* kom nou. Dan krijg je dat soort discussies.' Het ergste is dat de vervelende dronkaard ergens nog gelijk heeft ook, weet Kees. Want Kees heeft het verpest in de voorbereiding op het seizoen. Die 'klotebloemenshow' heeft zijn hele plan in de war geschopt. Een gouden plak op de Olympische Spelen is in 1968 blijkbaar niet voldoende om het seizoen van een topschaatser in één klap goed te maken.

De frustratie klinkt door in interviews vlak na de Spelen. Daarin is Kees nogal narrig op de hele entourage in Grenoble. Hij heeft het over een slechte sfeer, te veel poespas en nog een hele waslijst aan negatieve zaken. Maar eigenlijk baalt Kees tijdens de Spelen vooral van zichzelf en van het mislukte EK. 'Zo slecht was het misschien allemaal niet. De organisatie had er best wat knaps van gemaakt. Maar ik had er de pest over in. Ik had daar drie keer goud moeten winnen. Zo had ik me dat een jaar eerder voorgesteld. De 1500 meter, de 5 kilometer én de 10 kilometer wilde ik winnen. Maar ik won uiteindelijk anderhalf keer: goud en zilver. Dat was verschrikkelijk balen. Ik was vooral boos over mijn eigen domheid. Wat moest ik in de zomer van 1967 in godsnaam op een bloemenshow in Oslo? Ik dacht daar niet goed bij na. Maar ik moest dat doen voor die mensen, vond ik, want ik was Europees kampioen en wereldkampioen. Dan kun je niet thuisblijven, dan moet je de mensen iets bieden.'

1968 had het jaar moeten worden van de derde wereldtitel op rij. Van drie gouden plakken op de Spelen. Kees heeft wat met cijfertjes. Het getal drie heeft voor hem een heilige klank. Dán pas ben je echt de man. Het jaar 1968 wordt het jaar waarin Kees Verkerk van de top van de apenrots wordt verjaagd door Fred Anton Maier. De Noren nemen het roer weer over. Maar de schaatsen van Kees verdwijnen niet in de Oude Maas. Die gaan in 1969 mee naar Inzell. En verrichten daar een wonder.

De race van zijn leven

Eigenlijk rijdt Kees Verkerk al drie jaar geen normale EK's. In 1966 valt Kees, in Deventer, en wordt hij op slag een volksheld. In 1967 wint Kees, bij onmenselijke temperaturen in Finland. In 1968 is Kees niet vooruit te branden, en wordt hij, als grote favoriet, verrassend achtste. Kortom: Kees rijdt zichzelf aardig in de spotlights tijdens een Europees kampioenschap. Maar het kan altijd nog een tandje gekker. Dat bewijst het EK van 1969.

De wegen van Kees Verkerk zijn ondoorgrondelijk. Bij lotingen voor grote toernooien zorgen de grote vedetten er normaal gesproken voor dat ze in de eerste startgroep zitten. Dat is in tijden van buitenijs een absoluut voordeel. Vroeg starten, als het ijs nog goed is, levert winst op. Maar Kees kijkt anders tegen de zaak aan. Ook als grote favoriet voor de eindzege wil hij zich nog weleens laten inloten in de tweede startgroep. Zeker tijdens de 5 kilometer zitten daar volgens Kees voordelen aan. Die afstand wordt tijdens de eindtoernooien op zaterdagmiddag verreden. Kees bedenkt dat de zon doorgaans een stuk verder is gezakt wanneer de tweede groep het ijs op gaat. De omstandigheden zijn wat dat betreft dan gunstiger. Bovendien vindt Kees het prettig om te weten wat zijn concurrenten hebben gedaan. Hij kan dan vertrekken op de tijd die hij noodzakelijk acht om de eerste dag van het EK of WK goed af te sluiten.

Kees Verkerk arriveert in topvorm in het Zuid-Duitse Inzell, wanneer daar in januari 1969 het Europees kampioenschap wordt verreden. Het in zijn eigen ogen slechte schaatsjaar 1968 – ondanks olympische goud – is Kees alweer vergeten. Door dat onhandige ongeluk op de hometrainer in Oslo kon hij een jaar eerder niet goed trainen in de voorbereiding op het seizoen. Alleen op de Olympische Spelen wist hij uit te blinken, verder was het niet veel. Maar nu is alles anders. Nu verliep de hele voorbereiding vlekkeloos. Kees voelt zich als de man die twee jaar eerder alles won wat er maar te winnen viel. Hij is klaar om zijn wereldtitel terug te winnen in Deventer, over een maandje of twee. Dat moet de kroon op het werk worden: wereldkampioen in eigen land. Maar eerst dit weekend de Europese titel maar eens afnemen van zijn makker Fred Anton Maier. Kees, met zijn 26 jaar op de top van zijn kunnen, kent geen twijfels: niemand kan hem stoppen.

Kees slaat, naar goed gebruik, alle adviezen in de wind en kiest op de 5 kilometer voor een plek in de tweede startgroep.

Bondscoach Leen Pfrommer drukt hem op het hart om vroeg te starten, maar Kees gaat zijn eigen weg. De bondscoach en de andere schaatsers in de Nederlandse ploeg – die naast Ard en Kees bestaat uit Jan Bols, Peter Nottet en Eddy Verheijen – hadden eigenlijk niet anders verwacht.

Het stadion is goed gevuld. Veel Nederlanders reizen af naar Inzell. Na een teleurstellend schaatsjaar verwachten ze nu veel meer van Ard en Kees. Het duo dat het Nederlandse schaatsen naar de top bracht, gaf in 1968 niet thuis – en dat neemt het verwend geraakte schaatsvolk de twee mannen een beetje kwalijk. Dat werd Kees wel duidelijk toen hij in Heerenveen zelfs boegeroep hoorde. Met name op de 10 kilometer was het vorig jaar één groot drama, door die achterlijke beenblessure. Toch zijn de fans nu weer in groten getale met de bus en de auto naar dit toernooi gekomen, en dat doet Kees goed. Ze geloven blijkbaar nog in hem. En Kees gelooft nog in zichzelf. Inzell is de eerste halte op de route van eerherstel. Op de 500 meter doet Kees wat hij moet doen. Hij klokt 41,4: precies dezelfde tijd als Ard Schenk en de Rus Valeri Kaplan. Daarmee worden de drie mannen gedeeld zesde. Dat is prima voor Ard en al helemaal voor Kees, die het nooit moet hebben van het pure sprintwerk.

'S Middags volgt de 5 kilometer. Hier kan Kees alvast het verschil maken. Hij komt naar buiten om zich in te rijden. Het is het eerste grote toernooi op de in 1965 geopende ijsbaan van Inzell. Als Kees de kleedkamer uit komt voor de inrijrondjes, kijkt hij met een zorgelijke blik omhoog. Ard Schenk heeft zojuist een prima race gereden, weet Kees. Hij evenaarde zelfs zijn persoonlijk record. Maar ook Ard voelde dat de baan slechter werd. Het regent in Inzell. Maar geen gewone regen, voelt Kees. Het ijzelt een beetje. Het goede gevoel dat Kees al die tijd met zich meedraagt, is op slag verdwenen.

Eindelijk wordt Kees Verkerk naar de start geroepen. Hij rijdt tegen de Zweed Örjan Sandler. Ook die kijkt met een angstige blik naar de lucht. Het startschot klinkt, de twee mannen vertrekken. Het duurt nog geen ronde of Kees beseft wat er aan de hand is. Door de lage temperatuur zetten de regendruppels zich vast op het ijs. De ijzers schieten alle kanten op. De vertrouwde wedstrijdschaatsen willen ineens rechtdoor in de bocht. De vastigheid is weg. Kees denkt ongewild terug naar het buiten schaatsen in Nederland. Naar die eindeloze hoeveelheid tochtjes door de Hoeksche Waard. Waar je altijd wilde blijven schaatsen, ook als het eigenlijk niet meer kon. Want op een gegeven moment ging het dooien. En op 'dooi-ijs' had je amper houvast. Dat ongecontroleerde dooi-ijs-gevoel is weer helemaal terug. Alleen nu rijdt Kees niet in de schemering terug naar huis over de Boezemvliet. Nu rijdt hij op een Europees kampioenschap, als de grote favoriet die wat heeft recht te zetten. Maar hij krijgt zijn eigen schaatsen niet eens recht op het ijs.

In de kleedkamer hoort Ard Schenk de tussentijden van Kees. Hij snapt er niks van. Als hij naar buiten stapt, ziet hij de staat van de ijsbaan en schrikt. Hij ziet zijn vriend zwoegen en ook Ard beseft dat het dit toernooi gedaan is met Kees.

De 5 kilometer is een martelgang. Het voelt als een 20 kilometer. Kees verslaat zijn eveneens vooruit sukkelende Zweedse tegenstander dik, maar klokt 7.47,0. Dat is 16 seconden trager dan Göran Claeson. Kees noteert de tiende tijd. Na de finish gaan de handen op de knieën en glijdt Kees in uitgeputte houding rustig door de bocht, met de benen stil. Normaal gesproken is dit het teken voor het schaatspubliek om er een paar strijdliederen uit te gooien. Om met een rood-wit-blauwe hoed te gaan zwaaien. De kleine publiekslieveling, die alles heeft gegeven, wordt op zo'n moment altijd getrakteerd op een daverend gezang en geklap. Nu is het stil. Teleurgesteld kijken de schaatsfans naar hun grote held. De tijd op het scorebord spreekt boekdelen. Is dit nu de man die zei in zulke goede vorm te verkeren? Maar de fans krijgen al snel door dat het ijs Kees werkelijk parten heeft gespeeld. De tijden van de rijders die starten ná Kees zijn net zo verbazingwekkend. Jan Bols, iemand met een prima 5 kilometer in de benen, eindigt op 7.48,2.

Kees is na de pijnlijk stille uitrijronde in alle staten. In de kleedkamer kan hij alleen maar onbedaarlijk hard janken. Dagen, weken, maanden heeft hij toegeleefd naar dit toernooi. Al die uren trainingsarbeid, om vervolgens tiende te worden op de 5 kilometer... Zijn vader is meegereisd naar Inzell. Zijn zusje. Zijn vrienden. Allemaal hebben ze gekeken naar de ineenstorting van Kees Verkerk. Het verdriet is vermengd met pure woede over de staat van het ijs. 'Het leken wel ijspegels,' snikt Kees tegen dokter Kees Lap en masseur Cor Nederveen. 'Wat een klootzakken,' zegt hij tussen de tranen door over de mensen die het ijs preparen. Kees krijgt goedbedoelde klappen op de schouder van z'n teamgenoten. 'Kop op,' dat soort teksten. Maar Kees is ontroostbaar. Zo gebroken hebben zijn teamgenoten Kees nog niet eerder gezien na een wedstrijd. Een zielig hoopje ellende met tranen die van z'n gezicht af druipen. Af en toe een vloek, dan weer het gezicht verborgen in zijn handen. Ook bondscoach Leen Pfrommer probeert hem op te beuren. 'Morgen kun je het rechtzetten, Kees.' Hij denkt alleen ook: *was nou gewoon in die eerste groep gestart en niet zo eigenwijs geweest*. Maar de bondscoach is wel zo verstandig om die woorden op dat moment niet uit te spreken.

's Avonds in het hotel krijgt Kees wederom steunbetuigingen van zijn teamgenoten en van de bondscoach. Dokter Lap probeert Kees op te peppen voor de volgende dag: 'Laat op die 1500 meter zien dat je er nog bent.' Kees knikt gedachteloos terug. Van hem hoeft die hele tweede dag al niet meer. Een podiumplek is uit zicht. Hij heeft iedereen teleurgesteld. Zijn fans, zijn familie en zichzelf. De nacht duurt eindeloos, kabbelt voorbij. Alsof Kees weer zijn 5 kilometer aan het schaatsen is, zo traag gaat de tijd. Kees ligt zich te verbijten in z'n bed. Hij draait van links naar rechts en weer terug. Maar in slaap vallen lukt niet. Dat is gebruikelijk tijdens de grote toernooien. Dan zit Kees standaard muurvast in zijn eigen gedachten. Maar dit keer zijn het niet de tegenstanders van de zondag die door zijn hoofd spoken. Hij visualiseert geen ritten. Hij analyseert niet de zwaktes van zijn tegenstanders. Hij bedenkt geen trucjes om iemand even mentaal uit evenwicht te brengen. Kees denkt alleen maar aan de 5 kilometer van vanmiddag. Tegen de ochtend sukkelt hij in slaap. Hij droomt over ijspegels en over rondjes waar maar geen einde aan komt. Even later schrikt hij alweer wakker. Er wordt op de deur geklopt. Dag twee van het EK gaat beginnen.

Dokter Lap heeft gelijk, zegt Kees voor de spiegel tegen zichzelf. Hij moet het laten zien op de 1500 meter. Hij is olympisch kampioen en heeft een naam hoog te houden. Het podium is uit zicht – daar hoeft hij niet meer over na te denken. Maar die 1500 meter moet goed. De fans willen wat zien. Die zijn speciaal voor hem naar Inzell gekomen. Die verwachten dat Keessie alles geeft en dat Keessie wint. Kees zet de bontmuts op en maakt zich klaar voor zijn vertrek naar het stadion.

Vandaag geen vuiltje aan de lucht. De donkere wolken boven Inzell zijn weg. De ijsbaan oogt goed. Kees heeft het goede gevoel weer te pakken in de kleedkamer. Bontmuts af, schaatsen aan en naar buiten. Het inrijden gaat soepel. Kees mag bijna aantreden voor de 1500 meter, maar ziet dat het ijs nog wordt schoongemaakt. De machine zorgt voor een vochtig laagje op het ijs. 'Verkerk naar de start,' klinkt het door de speakers. Kees rijdt echter rechtdoor wanneer hij langs de startpositie komt. Hij gaat voor een extra inrijrondje. Zijn Duitse tegenstander Gerhard Zimmermann staat al aan de start als Kees voor de zekerheid nóg een extra inrijrondje afwerkt, om de baan nog iets langer te laten drogen. De Duitse speaker heeft het nu wel gehad met Kees. Nu snel naar de start of diskwalificatie is een feit. Kees komt aan bij de start alsof er niks aan de hand is en schiet direct goed weg. Hij rijdt een uitstekende 1500 meter en zet 2.04,4 op de borden. De rest komt bij lange na niet aan zijn tijd. Kees wint de 1500 meter. 'De mannen hadden gelijk,' zegt hij tegen zichzelf. 'Ik ben er nog.'

Het publiek staat weer op de banken voor Kees. Hij zwaait jolig naar het meegereisde Hollandse publiek en voelt dat 'het' weer terug is. Het vuurtje is opgestookt. Voor de afsluitende 10 kilometer heeft Kees Verkerk maar één tactiek in gedachten: zo hard mogelijk vertrekken en zien waar het schip strandt. Bondscoach Leen Pfrommer kiest een schema uit dat hem zou

De tienjarige Kees schaatst op de schuitjes van zijn moeder op een door de Watersnoodramp van 1953 ondergelopen weiland in Maasdam.

Moeder Verkerk (met bontmuts) wandelend in Innsbruck tijdens de Olympische Spelen van 1964.

Kees, 13 jaar, in actie tijdens een wedstrijd 160 meter op natuurijs in Greup.

Innsbruck 1964. Prinses Beatrix feliciteert Kees Verkerk met zijn Olympische zilveren medialle tijdens een bezoek aan het Olympisch dorp. ©ANP

Kees Verkerk in 1965

Kees Verkerk en Ard Schenk zijn na een flinke reis te gast bij het huwelijk van prinses Beatrix en prins Claus in de Westerkerk in Amsterdam in 1966. ©ANP

Kees Verkerk had een goede band met de spelers van Ajax.
Links: Johan Cruijff en Piet Keizer in 1966.
Boven: Kees samen met Cruijff in 1967.

Samen met vriend Ard Schenk op het podium bij het EK schaatsen in Deventer 1966. ©ANP

De wereldkampioen allround van 1967 wordt gehuldigd in zijn woonplaats Puttershoek waar hij de inrichting voor een kantoortje cadeau krijgt. ©ANP

Verkerk bekijkt zijn gouden medaille na winst op de 1500 meter op de OS van 1968. Hij is de eerste Nederlandse man in de geschiedenis die een Olympische gouden plak wint op de winterspelen. ©ANP

Verkerk stond bekend om zijn inventieve en niet allerdaagse manier van trainen, zoals op de hometrainer in het café van zijn vader in Puttershoek in 1968. ©ANP

Verkerk na een van de door hem georganiseerde voetbalwedstrijden. Hij en een speler van GDA uit Loosduinen komen van het veld nadat de schaatsers met 4-3 hebben verloren van de lokale club in 1969. ©ANP

De succesen van de Nederlandse schaatsers maken de sport ongekend populair met bomvolle schaatsbanen en trouwe fans als gevolg.

WK 1969 in Deventer. ©ANP

Door de bijzonder hoge temperatuur eind 1969 traint Kees Verkerk in zwembroek in Amsterdam. ©ANP

Verkerk terug in Nederland met een zilveren medaille en de inmiddels beroemde bontmuts na de Olympische Speler van 1972 in Saporro, Japan. ©ANP

Samen met zijn latere vrouw, de Noorse Sally Bernander in 1973. ©ANP

kunnen leiden naar een nieuw persoonlijk record. Dat record staat op 15.28,7.

Kees' tegenstander is Alexander Tsjekoeljajev. Dat is niet iemand aan wie Kees zich tijdens de rit zal kunnen optrekken. Daarvoor heeft de Rus te weinig in z'n mars. Ach, de tegenstander doet er toch niet echt toe. Die speelt geen rol in het rigoureuze plan van Kees. Het startschot klinkt. Kees vertrekt met rondetijden die normaal gesproken passen bij een 1500 meter. Dit is gekkenwerk, beseft de bondscoach. Kees zelf heeft het niet eens door. Die is de eerste helft van een 10 kilometer sowieso niet bezig met de tijden. Hij kijkt naar het publiek. De mensen leven behoorlijk mee, valt Kees op. Zeker gezien het feit dat ze zeker weten níet kijken naar de nieuwe kampioen. Kees ziet ook dat Leen Pfrommer druk aan het wijzen is. Steeds maar weer omlaag met die vinger. Weer een rondje voorbij. Weer de vinger omlaag. Leen staat nu bijna te springen. Ineens slaat de twijfel toe bij Kees. Is-ie me nou aan het bedonderen? Word ik in de maling genomen? Zo snel gaat dit toch ook weer niet?

In de binnenste baan rijden twee mannen in oranje trainingspak. Met grote verbazing zien Ard Schenk en Peter Nottet hun vriend voorbijkomen. Peter heeft door dat Kees waanzinnige rondetijden rijdt. 'Wij snapten er geen bal van. Waar is Kees mee bezig? Het was wachten tot hij in elkaar zou storten.'

Het is na een rondje of negen dat Kees iets nieuws meemaakt. Op het rechte stuk ziet hij vanuit zijn ooghoeken dat een aantal buitenlandse rijders naar buiten is gekomen. Ze zitten op hun knieën langs de baan. Ze zitten bijna óp de baan. De volgende ronde zoeft Kees langs. Zijn ogen gaan naar rechts. Hij kan de andere rijders aankijken. Ze hebben een bepaalde blik in hun ogen. Gebalde vuistjes en handgebaren als Kees hen voorbijrijdt. Kees bespeurt een mix van verbazing en enthousiasme. Waarom zitten ze daar? Het hoofd van Kees tolt. Jezus, er is wat aan de hand.

Uit het niets is daar Tsjekoelkajev. Oh ja, die rijdt hier ook nog. De Rus lijkt wel achteruit te schaatsen, zo snel komt Kees dichterbij. Kees wil erlangs, maar het passeren gaat moeizaam. Kees raakt even uit zijn ritme, maar blijft in elk geval op de been. De laatste twee rondjes blijft Kees extra diep zitten. Dit is waar hij hele zomers op traint. Zijn dijbenen staan op ontploffen. De verzuring bereikt een piek. Maar het is vooral de rug die zo verdomd veel pijn doet in die laatste ronden van een 10 kilometer. Kees weet dat hij maar één ding moet doen: laag blijven. Vooral niet omhoogkomen, want dat kost tijd.

De bel voor de laatste ronde klinkt. Alles doet pijn, maar het remt Kees niet. Hij blijft gaan en verbijt de stekende pijn in zijn onderrug. Hij kijkt naar de tribune en ziet de supporters in extase. Ze staan rijen dik aan de rand van de baan. Mensen zijn van hun plek naar beneden gelopen om zo dicht mogelijk bij de baan te kunnen staan. Kees raakt ook in extase. Op de maat van de luidkeelse monotone aanmoedigingen drukt hij zijn schaatsen op het ijs. 'Keessie, Keessie, Keessie...' Als vanzelf glijdt Kees Verkerk naar de finishlijn. Een orkaan van geluid rolt door het stadion. De speaker heeft het over een eindtijd van 15.03,6. *Dat kan niet*, weet Kees. De snelste tijd waarin een mens ooit 10 kilometer aflegde op schaatsen, is 15.16,1. Die tijd staat op naam van Per Willy Guttormsen. Die Noor weet nooit een groot toernooi te winnen, maar rijdt in zijn leven wel één wereldrecord, namelijk op de 10 kilometer. Dat was toen bijna niet te geloven, dat iemand zo snel was. *En nu zou ik...* Kees drukt zichzelf overeind door zich op zijn eigen knieën af te zetten. Want strekken alleen vanuit de rug lukt hem niet meer na de 10 kilometer. Het eerste wat Kees ziet wanneer hij overeind komt, zijn de opengesperde ogen van Leen Pfrommer. De bondscoach grijpt hem vast en schudt hem door elkaar.

Leen Pfrommer wil het ook niet geloven. Die denkt dat zijn chromometer het uitgerekend nu, op dit cruciale moment, heeft begeven. Want dit getal kan niet kloppen. Maar wanneer de duizelingwekkende cijfertjes ook op het scorebord verschijnen, kijken Kees en de bondscoach elkaar aan. Het is 13 seconden onder het wereldrecord. Onder het oog van een vol stadion, onder het oog van miljoenen televisiekijkers. Kees Verkerk heeft zojuist de race van zijn leven gereden.

Een dag eerder was het publiek doodstil tijdens de uitrijronde van Kees. Nu breken ze de tent af. Dit zijn de momenten waarop Kees op z'n best is. Hij zwaait met twee handen boven z'n hoofd van links naar rechts, hij maakt een buiging. De fotografen zoeken het gezicht van Kees. Dat doen ze even later ook wanneer hij op het podium staat. Het is een prachtig verhaal. Kees is gevallen en stond weer op. Na zijn dramatische eerste dag eindigt Kees 'gewoon' weer op het podium. Hij wordt zelfs tweede in een eindklassering die 24 uur eerder nog onmogelijk leek. Dag Fornaess, een Noor van 20 jaar oud, kroont zich tot beste allrounder van Europa. Dat is normaal gesproken het gesprek van de dag. De jonge kampioen treft het alleen niet met de man naast hem op het podium. Dag Fornaess maakt hetzelfde mee als Ard Schenk na diens Europese titel in Deventer, toen De Val alle aandacht naar zich toe trok. En nu is daar Het Wereldrecord. Kees Verkerk steelt de show in Inzell. De ongelooflijk knappe zege van Dag Fornaess is ook in de Nederlandse kranten een bijzin. De *Provinciale Zeeuwse Courant* noemt Kees Verkerk zelfs doodleuk 's werelds beste schaatser.

Kees zelf blijft wat stoïcijns onder alle loftuitingen. 'Ik wist niet dat ik zo hard ging,' is zijn commentaar na afloop. De pijn van de dramatische eerste dag en het mislopen van de titel blijven de boventoon voeren in zijn commentaar. 'We krijgen allemaal weleens een pak slaag. Nu is het mijn beurt geweest.' Waar alle journalisten het willen hebben over het wereldrecord, kan Kees zijn teleurstelling toch maar moeilijk verbergen.

Uiteraard gaan diezelfde journalisten op zoek naar een verklaring van hetgeen ze in Inzell hebben aanschouwd. Waar haalt die man het vandaan, na zo'n mentale klap op de zaterdag? Wat iedereen zeker weet, is dat Kees kracht haalt uit tegenslag. De mislukte 5 kilometer van een dag eerder, is zo'n tegenslag. Kees beseft dat zelf ook. De mislukte eerste dag heeft hem op dag twee naar zulke grote hoogten gestuwd. Hij weet niet of hij dat wereldrecord ook had gereden als alles op zaterdag van een leien dakje was gegaan. Waarschijnlijk niet. Maar woede werkt als brandstof voor het kleine lijf. In dit geval was de woede gericht op zichzelf, op de weergoden en op de dienstdoende ijsmeesters.

Kees krijgt een telegram in zijn handen gedrukt. Het is ondertekend door minister Klompé. 'U toonde zich 'n formidabele vechtjas – stop – mijn complimenten'. De mensen in Nederland hebben zich in elk geval vermaakt, denkt Kees. Maar de zure smaak verdwijnt niet meer bij de vechtjas in kwestie. Die kan, net als in 1966, alleen worden weggespoeld met een wereldtitel.

Het WK volgt later die winter, in Deventer. Maar daar gaat het juist mis op de 10 kilometer. Op dit wereldkampioenschap zijn de zware Hollandse weersomstandigheden – een ijzige wind – de lichtvoetige Kees de baas op de afsluitende afstand. Zíjn afstand, denkt iedereen na de race in Inzell. Maar wederom moet Kees het hoofd buigen voor Dag Fornaess, zo zien de 50.000 bezoekers die gedurende twee toernooidagen het IJsselstadion bezoeken. Hij eindigt met brons op het WK in eigen land. En daardoor wordt 1969 toch het jaar van 'net niet'. Onder die noemer verdwijnt het in het geheugen van Kees Verkerk. Maar dat is het geheugen van een sporter, van een absolute winnaar. In het geheugen van veel schaatsliefhebbers heeft 1969 voor altijd een magische klank. Het is het jaar waarin Kees Verkerk spot met de wetten van het menselijke kunnen. Het jaar van de onmogelijke cijfertjes.

Klein in Japan

Kees Verkerk en de Koninklijke Nederlandsche Schaatsenrijders Bond zijn geen vrienden van elkaar. Ten eerste is Kees een man die vindt dat hij best een centje mag verdienen aan het schaatsen, terwijl de bond de commercie absoluut buiten de schaatssport wil houden. Ten tweede zegt Kees in interviews iets te vaak wat hij denkt. De uitspraken van Kees brengen de bestuurders van de bond met enige regelmaat in verlegenheid, maar ze krijgen geen grip op de gladde prater uit Puttershoek. Die doet wat hij wil, zegt wat hij wil en is niet gevoelig voor een berisping.

Wanneer Kees voor het eerst wereldkampioen wordt, staan de bedrijven voor hem in de rij. Hij weet echter dat hij op z'n hoede moet zijn voor waar hij 'ja' tegen zegt. Als het de bond niet bevalt, kunnen ze de schaatser deelname aan wedstrijden ontzeggen. Kees heeft als voordeel dat hij een nationale held is en dat er een volksopstand dreigt als hij daadwerkelijk wordt geweerd van een toernooi, bijvoorbeeld omdat hij een lintje bij een schoenenzaak heeft doorgeknipt. Hij voelt redelijk goed aan wat hij wel en niet kan flikken.

De bond is wat Kees betreft eerder een last dan een lust. Zo krijgt de bij Kees zeer geliefde bondscoach Anton Huiskes het bijvoorbeeld aan de stok met enkele bestuurders van de KNSB. Een knallende ruzie vlak na het voor Ard en Keessie zo succesvolle EK in Deventer doet de sfeer in de ploeg helemaal omslaan. Van euforie naar onzekerheid, omdat iemand van de bond de vrouw van Anton Huiskes zou hebben beledigd, met alle gevolgen van dien. De succesvolle coach zal door toedoen van dit incident uiteindelijk vertrekken.

Als Japan Airlines zich na Kees' eerste wereldtitel in Gotenburg meldt in Puttershoek, hebben de Japanners een bijzonder aanbod voor hem. Hij mag, samen met Anton Geesink, als eregast mee op de allereerste vlucht van een nieuwe route van Amsterdam naar Tokio. Japan Airlines start met de route Amsterdam-Anchorage-Tokio. De maatschappij vindt het een leuk idee om de twee Nederlandse sporticonen aan boord te hebben tijdens de officiële openingsvlucht, zodat er op 2 april 1966 niet alleen zakenmensen aan boord van de Douglas DC-8 zitten. Japan Airlines regelt bovendien dat de twee sporters ruim een week in Japan kunnen verblijven. Kees ziet niet in waarom dit niet mag. Hij krijgt niks betaald, hij zit slechts in een vliegtuig en krijgt de acht dagen in Japan vergoed. Hij hapt toe.

En dus loopt judoka Anton Geesink in het voorjaar van 1966 met grote stappen door de straten van Tokio, met in zijn kielzog een snelwandelende schaatser uit Puttershoek met camera om de nek. Anton Geesink en Kees Verkerk: beiden regerend wereldkampioen. Kees weet inmiddels wel hoe het is om populair te zijn: hij heeft fans en wordt aangesproken op straat. Maar door Japan lopen met Anton Geesink, dat is echt heel andere koek.

De twee Nederlanders mogen van Japan Airlines acht dagen blijven, maar boeken hun retourticket om en blijven vijf weken weg. De judoka regelt alles, de twee mannen hoeven in die vijf weken tijd nergens te betalen. Kees is zwaar onder de indruk. 'Hij belde gewoon mensen op: "Met Anton Geesink, we gaan morgen lunchen, waar gaan we naartoe?" En dan waren die mensen dolblij. Ze betaalden ook nog eens alles. En ik was erbij. Met m'n camera.' Zo belanden Kees en Anton ook een keer op een vissersboot, waar een bijzondere lunch wordt geserveerd. Twee duikers springen van de boot de zee in, blijven een paar minuten weg en komen boven met zojuist gevangen vis. 'Die vissen gingen in een ton en dat was onze lunch. De kapitein deed nog wat zout op de vis. En dan was het vreten maar. Ik bedankte vriendelijk, maar Anton was niet te houden. Je wist niet wat je zag.'

Kees en Anton vormen een merkwaardig duo in de straten van de Japanse steden die ze bezoeken. Kees is klein en praat het liefst tegen iedereen aan, Anton is de bedachtzame reus. Ze krijgen overal bier en olienootjes aangeboden. 'Die nootjes en dat bier komen voor in bijna elke scène die ik met m'n camera filmde.' Zoals dat gaat met stelletjes die wekenlang samen reizen, zijn er soms ook onenigheden. 'Ik ging niet graag met Anton in discussie. Hij was een nogal imponerende man. Dan zaten we bij een judofinale waar hij voor was uitgenodigd en ging het achteraf over hoeveel matten er nou precies in die hal lagen. Ik zei acht, want er lagen er acht. Hij zei vier. Ik weer: acht. Hij, iets feller: vier. Dan zei ik toch maar: inderdaad, het waren er vier.'

De twee reizen dwars door Japan, maar Kees kan niet zeggen dat hij echt veel ziet van het land. 'Ik was alleen maar met Anton bezig. Met hoe hij omging met die mensen. Het was echt een fascinerende vent. Ik kon niet stoppen met filmen. Hij gaf judodemonstraties op allerlei scholen. De een tilde hij op, de ander gaf hij een duwtje en weer een ander gooide hij omver. Dat vonden die Japanners prachtig. En de reacties van de mensen op straat… Studenten sprongen voor 'm van de fiets om een buiging te maken.'

Het zijn wonderlijke weken voor de schaatser. De judoka is duidelijk gewend aan zijn status. Hij is niet verbaasd wanneer er weer een hal vol staat met mensen die hem als een god verwelkomen. 'Elke keer hetzelfde ritueel. Naast scholen gingen we ook naar judo-verenigingen. Een hal vol Japanners, allemaal op een rijtje, van klein naar groot. Anton ging ze allemaal af. "Alles goed," zei hij. En dan duwde hij zo'n mannetje omver. Bij de wat grotere schopte hij de benen onder z'n lijf vandaan.' Kees wordt vooral aangezien voor cameraman. 'Ze hadden geen idee wie ik was. Ik was gewoon de kleine man die met een camera achter Anton aan liep.'

De reis is voor Kees niet alleen een pleziertocht, hij steekt ook veel op van de 'wereldburger' Anton Geesink. 'Van hem heb ik geleerd hoe je je moet gedragen in een vreemd land. Hoe je met respect omgaat met de gewoontes en gebruiken van een andere cultuur. Anton paste zich aan, maar was tegelijkertijd helemaal zichzelf. Hij was zich bewust van zijn status, maar ging daar nooit op een ongepaste wijze mee om. Anton Geesink was een grootheid, in veel opzichten.'

Op de terugweg komt Kees erachter dat de imponerende judoka ook zijn angsten heeft. Zijn vliegangst speelt op als de twee op het vliegveld van Tokio staan, klaar om in te checken voor de terugvlucht. 'Anton is groot, maar bleek ineens ook heel bang te kunnen zijn. We dronken twee cognacjes op het vliegveld. Dat hielp. Hij viel in slaap in het vliegtuig en bleef slaperig tot in Kopenhagen, waar we een laatste tussenstop hadden van twee uurtjes. Toen was het niet ver meer naar Amsterdam. Maar die laatste twee uur op dat vliegveld in Kopenhagen heeft-ie zitten praten... Over wat er allemaal wel niet kon gebeuren op dat laatste stukje in de lucht: het vliegtuig kon stukgaan, ze konden zonder benzine komen te zitten, de piloot kon onwel raken, dit kon gebeuren, dat kon fout gaan. Ik heb nog nooit zoveel verhalen over vliegrampen gehoord als in die twee uur.'

Kees kijkt er na het grote avontuur met zijn nieuwe judovriend naar uit om weer terug te gaan naar Japan. Hij heeft al snel een zwak ontwikkeld voor het land. De kans op een volgend bezoek volgt ook snel, in 1968. Kees mag twee jaar na zijn trip met Anton terug naar Japan voor demonstratiewedstrijden. Maar de uitgesproken Kees, de benaderbare held die voor iedereen een praatje klaar heeft, komt ineens zwaar in de problemen met zijn vlotte babbel. Niet voor het eerst zit de schaatsbond hem dwars.

Voor journalisten is Kees een gewild doelwit. Ard Schenk is geen man van veel woorden, dus in Noord-Holland valt weinig eer te behalen voor de pers. Ard zit ook niet vaak te wachten op een interview, terwijl Kees de loper uitrolt voor iedereen met een pen of een camera. Televisieploegen uit de bekende schaatslanden reizen graag af naar Puttershoek, net als de schrijvende pers. Dat komt ook door de instelling van Kees tijdens interviews, die hij zelf als volgt verwoordt: 'Ik praat door over iets tot er iemand 'stop' zegt.'

Dat betekent niet dat journalisten altijd te horen krijgen wat ze wíllen horen. 'Ik wist vaak wel waarvoor die journalisten kwamen. Dan kwamen ze bij mij thuis vlak nadat er iets loos was met een trainer of met de bond. Dan had een hoofdredacteur natuurlijk gezegd: "Ga eens kijken wat er aan de hand is met Kees." En dan kwam die journalist hier en dan vertelde ik van alles. Wel in de richting van hetgeen waarnaar ze vroegen, natuurlijk. Je kunt niet zomaar verhalen gaan ophangen. Want dan denken die mensen ook: *waar zijn we nu mee bezig?* Ik ontweek alleen dat ene punt waarvoor ze kwamen. Dat ene zinnetje dat ze wilden horen. En toch liepen ze de deur uit een enorme stapel papier: alles volgeschreven. Dus ze konden aan hun baas laten zien dat ze hadden gewerkt en dat ze een verhaal konden maken. Alleen niet over dat ene onderwerp. Ik stuurde journalisten nooit m'n kroeg uit. Zij moeten ook verhalen hebben. En als je dan gaat zitten met ze, moet je ook echt wat vertellen. Daar komen die mensen voor.'

Maar hoe de spraakwaterval zijn woordenstroom ook probeert te sturen, soms floept er weleens iets onhandigs uit. Zoals in 1968. De tickets naar Japan zijn al geboekt. Kees gaat met onder anderen Fred Anton Maier en het Duitse sprintkanon Erhard Keller naar Japan om promotie te maken voor zijn sport. Tenminste, dat is de bedoeling. Alles verandert wanneer hij een interview geeft aan Theo Koomen. Op tv vertelt hij miljoenen mensen, tijdens het live-interview, dat het met de huidige trainer van de kernploeg 'niet gaat lukken'. Kees Verkerk ziet liever dat Wim de Graaff afzwaait en dat de vorige bondscoach, de bij Kees zeer geliefde Anton Huiskes, zich weer met de Nederlandse topschaatsers bemoeit. Dat leidt vervolgens tot 'een heel gedoe', aldus Kees. 'De vrouw van Wim de Graaff barstte ter plekke in tranen uit. Dan weet je dat je een probleem hebt.'

En dat heeft Kees. De straf voor zijn uitspraken vanuit de bond is: geen reisje naar Japan. Er gaat een streep door de demonstratiewedstrijden. Volgens de bond mag Kees nog van geluk spreken dat hij niet uit de kernploeg wordt verwijderd. Want, zo vindt het KNSB-bestuur, je kunt niet zomaar zeggen wat je denkt tegenover de media. Dat staat in de reglementen.

Het is volgens Kees een geplaatste tik op de kin van de schaatsbond. Enkele bestuurders weten dat Kees staat te trappelen om naar Japan te gaan. Op deze manier kunnen ze de schaatser laten zien dat hij te ver is gegaan, zónder dat de bond zich de woede van het Nederlandse schaatsvolk op de hals haalt. Kees mist immers met het verbod geen grote wedstrijden. Het is een kans waarop de bond al een tijdje aasde, denkt Kees. Eindelijk hebben ze die Verkerk weer een beetje onder de duim.

De harde opmerking van Kees over Wim de Graaff – nota bene een neef van de door Kees zo bewierookte Rotterdamse trainer 'ome' Piet Zwanenburg – is terug te voeren op de beslissing van de bond van twee jaar eerder. Op het conflict tussen de bond en Anton Huiskes dat leidde tot het vertrek van de bondscoach, terwijl Ard en Kees wegliepen met Huiskes. Zelfs wanneer Kees in 1967 de Europese titel en de wereldtitel pakt, geeft hij alle credits aan Huiskes. 'Wim de Graaff profiteert van het voorwerk van Anton,' zijn de woorden die de journalisten optekenen uit de mond van Kees. Ook dit is natuurlijk een directe steek onder de gordel richting de bond.

Kees baalt enorm van het besluit van de bond. Die grote mond kost de regerend olympisch kampioen zijn reisje naar Japan. En dat mag hij zichzelf aanrekenen. 'Had ik diplomatieker moeten zijn? Ik kreeg geen mediatraining. Die was misschien wel handig geweest op dat moment. Meestal redde ik me wel tegenover de pers. Maar nu vertelde ik iets te duidelijk de waarheid. En die luidt: als je een weekend met iemand op stap gaat en het is niet leuk, dan ben je maandag weer van die persoon af. Maar als je maanden met elkaar rondreist en er klopt iets niet, iets wat je ook niet kunt uitpraten, dan moet er iets gebeuren. Na het interview met de televisie kreeg Wim meteen belletjes uit Nederland over mijn uitspraken. Ik had die dingen over Wim allemaal al eens gezegd in de krant, net als Ard trouwens. Maar nu ik de woorden op tv uitsprak, was het plotseling een enorme heisa. Wim vond het allemaal heel erg en zijn vrouw nog erger. De vrouw van Wim had niks te zoeken op het WK, maar ze was er wel en ze vond mijn uitspraken heel vervelend.' Overigens ergert Kees zich niet alleen aan de vrouw van Wim de Graaff. Hij vindt het sowieso storend als een trainer zijn vrouw meeneemt naar wedstrijden. Leen Pfrommer heeft er ook een handje van. 'Ik vond dat maar niks. Zeker niet bij kampioenschappen. Dan moet je als jongens onder elkaar over allerlei dingen kunnen praten. Met 'vreemden' erbij ga je anders praten. Dat is niet goed voor een ploeg.'

Geen Japan voor Kees dus in 1968. Maar uiteindelijk komt er toch een vervolg op de historische trip met Anton Geesink. In 1972 zijn de Winterspelen in Sapporo en daar verschijnt Kees, in de herfst van zijn carrière, aan de start.

Dit keer is er geen sprake van een pleziertripje. Kees is de regerend Nederlands kampioen en wil laten zien dat hij het ook op een internationaal podium nog steeds kan. Maar de Spelen van 1972 gaan de boeken in als het toernooi waar Ard Schenk olympische historie schrijft door driemaal goud te pakken. Kees speelt een bijrol. Op de 5 kilometer gooit een amateuristische vertoning van de organisatie roet in het eten. De baan wordt tijdens de eerste dweilpauze omgetoverd tot schuurpapier doordat de verkeerde machine het ijs op gaat.

Kees, die pas laat start, is kansloos voor een medaille en kan de wedstrijdleiding wel aanvliegen. Hij verovert nog wel het zilver op de 10 kilometer. De onverslaanbare Ard blijft hem op die afstand drie tellen voor.

Het scheelt niet veel, of Kees haalt in Sapporo helemaal geen medaille. Hij rijdt zijn rit tegen de Australiër Colin Coats, die min of meer deel uitmaakt van de Nederlandse ploeg. Schaatsen is geen volkssport in Australië, er is geen bond die iets voor Colin regelt. De Nederlandse schaatsers brengen hem soms eten uit het hotel en regelen weleens een slaapplek voor hem. Als Kees erachter komt dat hij op de 10 kilometer tegen Colin moet, zoekt hij hem op. Op zijn bekende wijze, half met een knipoog, legt hij de markante Australiër uit hoe de race zal verlopen. 'Ik haal je twee keer in, precies op deze plekken,' voorspelt Kees. Een beetje stangen, noemt de routinier dat. Het flauwe – voor de Australiër dan – is dat de voorspelling uitkomt. Kees doet dit soort voorspellingen enerzijds om zijn tegenstander uit evenwicht te halen, maar hij stelt ermee ook een duidelijk doel voor zichzelf. Kees haalt Colin inderdaad een tweede keer in, maar raakt daardoor zelf in de war. Hij duikt aan het einde van de rit bijna de verkeerde bocht in. 'Er stond een Japanner bij de bocht, met een vlaggetje. Die man was ontzettend goed aan het opletten. Hij zag dat ik de verkeerde bocht in zou duiken. Ik zag hem van een afstandje al heel druk doen met z'n vlaggetje. Hij stond maar te wapperen;

niet één keer, maar heel snel en heel vaak. Toen begon er iets te dagen. Ik corrigeerde net op tijd.'

Hij schaatst een goede tijd, maar de ontketende Ard Schenk ontneemt Kees het goud. Die gemiste gouden plak doet Kees veel pijn. De grote wens van Kees, de man die altijd zo bezig is met records, prijzen en ranglijsten, wordt in Sapporo keihard de vernieling in gereden door zijn rivaal. Had Kees op de 10 kilometer het goud gewonnen, dan zou hij twee gouden plakken in zijn bezit hebben gehad. Dat zou dan ook gelden voor Ard Schenk. Door het verloop van deze 10 kilometer komt de stand wat betreft gouden olympische plakken op 3-1 voor Ard, in plaats van op 2-2. Ard streeft Kees voorbij, de verhoudingen zijn veranderd. Kees Verkerk beseft dat in Sapporo als geen ander.

Ontspannen in de bocht, hard in het hoofd

Kees Verkerk heeft twee uitzonderlijke gaven die hem een uitzonderlijke schaatser maken. De eerste is de feilloze techniek, gebaseerd op de 'Rotterdamse school'. De tweede is zijn meesterschap in het voeren van psychologische oorlogsvoering. In een tijdperk waarin de Nederlandse schaatsploeg bestaat uit brave borsten die doen wat de trainer zegt, kom je met brutaliteit en bluf een heel eind.

Het is Peter Nottet, winnaar van olympisch brons in 1968, al snel duidelijk dat Kees Verkerk anders is dan de rest. Het is ten eerste een sociale vent. Iemand op wie je aankunt en die ervoor zorgt dat nieuwelingen in de groep zich op hun gemak voelen. Tegelijkertijd trekt Kees zich van helemaal niemand iets aan. Een man met een eigen wil, aldus Peter. 'Kees kwam van de Rotterdamse school, met allemaal ooms. Ome Piet, ome Cor, ome Janus. Van die ooms moest je vooral slim trainen. Poetsen en poetsen. Kees trainde ongelofelijk hard, maar bijna altijd gericht op de techniek. Glijden, overkomen, uit je heupen rijden. Zoiets zei hij dan steeds, wanneer hij het uitlegde. Bij de bond waren ze juist steeds meer bezig met het 'moderne trainen', onder meer gebaseerd op de methodes in de atletiekwereld. Dan heb je het over intervaltrainingen en dat soort dingen.' Wekelijks werken de schaatsers op het CIOS in Overveen onder leiding van conditietrainer Ben Holleboom een bijzonder zwaar programma af. Peter Nottet: 'Kees deed braaf mee aan dat soort trainingen, maar hij bleef ook gewoon trainen in Rotterdam. Die trainingen in Rotterdam vond hij eigenlijk veel belangrijker, dat wisten alle anders schaatsers ook wel. En de bondscoaches ook.'

Kees wordt inderdaad groot dankzij de 'Rotterdamse school': eerst techniek, dan kracht. Hij dankt zijn reputatie als stilistisch perfecte schaatser aan de vele uren in Rotterdam. Mannen als Piet Zwanenburg en Henk van der Grift leren hem zijn kenmerkende techniek aan. In de zomer pijnigt Kees zichzelf eindeloos met schaatssprongen en andere oefeningen die niet zozeer op wetenschappelijk onderzoek zijn gebaseerd, maar op het gevoel van de schaatser. Met zijn vriend Joop van den Berg traint hij langs de dijk in Puttershoek. Allerlei sprongen de dijk op en af, om de bovenbenen te teisteren. De buitentraining is erop gericht om vooral op de 10 kilometer zo lang en zo diep mogelijk 'laag' te kunnen blijven. Het valt Kees namelijk op dat sommige rijders aan het einde van 'de 10' lichtelijk omhoogkomen. Dat mag hem niet gebeuren. De stijl moet goed zijn en de afzet perfect. Anders is hij met zijn kleine lijf die lange mannen met die lange benen nooit de baas.

Als Kees zijn eerste successen boekt, neemt zijn invloed op de gang van zaken binnen de kernploeg toe. Masseur Cor Nederveen, een vertrouwenspersoon van Kees uit Rotterdam, wordt op voorspraak van Kees bij de Nederlandse kernploeg gehaald. Eigenlijk rest de bond weinig anders dan hem bij de ploeg te halen, want hij is er altijd al. Ome Cor reist rond de wedstrijden met Kees mee naar Noorwegen, waar hij in een hotel incheckt in de buurt van het hotel van de kernploeg. Daar laat Kees zich masseren door ome Cor, die in een oude Volkswagen samen met Kees' vriend Harry Hartman vanuit Puttershoek is meegereisd. Tijdens wedstrijden is ome Cor ook gewoon in de kleedkamer, soms tot ergernis van de bond. De andere schaatsers vinden het allemaal prima. Want ome Cor helpt hen ook van de stijve spieren af en hij is bovendien een erg fijne kerel.

Dat is veelzeggend over de status aparte van Kees Verkerk binnen de ploeg. Zonder mensen tegen zich in het harnas te jagen, weet hij een goed klimaat voor zichzelf te creëren. De bondscoaches laten hem met rust, net als dat zijn teamgenoten zijn soms vreemde gedrag rondom belangrijke wedstrijden slikken. De andere schaatsers kennen de streken van Kees. Hij doet alles om te winnen en laat zich daarbij door niemand van de wijs brengen. Hij is ongrijpbaar voor de bond, voor de bondscoach en ook voor zijn collega's. Niemand weet echt wat er allemaal in het hoofd rondspookt van Kees, vlak voor een belangrijke wedstrijd. Hij is wat van plan, dat weet iedereen. Maar wat? Daardoor is Kees omgeven met mystiek. Toch is er ook geen aanleiding om Kees een vervelende vent te vinden. Als er niet serieus hoeft te worden geschaatst, heb je aan Kees een goeie. Er is altijd ruimte voor logees in 't Veerhuys en als je met Kees op stap gaat, betaalt hij zonder mokken het eerste rondje. Hij is vrijgevig en denkt mee als je ergens mee zit.

Kees geeft weinig prijs over zijn trainingen. Er hangt een zweem van geheimzinnigheid rondom de oefeningen die hij zichzelf oplegt. Ard Schenk traint weleens mee in Zuid-Holland, maar dan laat Kees niet zijn meest geavanceerde oefeningen zien. Kees wekt ook graag de indruk dat hij niet zo gek hard traint. Maar datzelfde spelletje spelen de anderen in de kernploeg, beweert Peter Nottet. 'Die cultuur heerste wel een beetje. Kees kwam ik eens tegen op de Jaap Edenbaan. Daar was hij heel relaxed aan het trainen. "Niet te druk maken, Peter," zei hij dan heel nonchalant tegen me. Maar dan hoorde ik later van iemand dat hij eerder op die dag al had getraind in Heerenveen én in Deventer! Van dat gedrag hadden er meer last, ikzelf ook wel. Niemand trainde, als je de verhalen moest geloven. Als iemand mij vroeg of ik 's ochtends had getraind, zei ik iets van: ja, ik heb een beetje wat gedaan. Lekker nonchalant. In werkelijkheid had ik dan een halve marathon gelopen en nog wat extra oefeningen gedaan onderweg. Je wilde de concurrenten niet slimmer maken. Op een gegeven moment trainde ik zó hard om Ard en Kees te verslaan, dat ik zelfs begon te hyperventileren. Maar dat ging ik hun natuurlijk niet vertellen.'

Dat Kees tijdens zijn loopbaan vasthoudt aan de trainingen in Rotterdam, weten trainers als Egbert van 't Oever, Anton Huiskes, Henk Lamberts, Wim de Graaff en Leen Pfrommer ook wel. Ze maken er geen punt van, want Kees voert meestal braaf de groepstrainingen met de kernploeg uit – hoewel het trainingsschema dat hij mee naar huis krijgt, vaak linea recta de prullenbak in gaat. Kees Verkerk doet het op zijn manier. En niemand die daar iets van kan zeggen, want elke kenner profileert hem als een technisch wonder, een schaatser die zijn lichaam perfect onder controle heeft als hij door een bocht zwiert. En dus laat de bondscoach Kees maar gaan. Zoals Leen Pfrommer zegt: 'Ook al was ik fel tegen zijn methodes geweest: hij was er echt wel mee doorgegaan. Kees laat zich niks vertellen.'

Dat blijkt ook wel uit het feit dat Kees er alles aan doet om duurloopjes in de vroege ochtend te vermijden. Nergens goed voor. Egbert van 't Oever en Leen Pfrommer zijn bijvoorbeeld van die trainers die hun jongens voor dag en dauw een loopje laten doen. 'Goedemorgen jongens, even inlopen, de bergen in,' klinkt het na een harde dreun op de deur. Wanneer de bondscoach dan even de deur opendoet en om de hoek kijkt, slaat Kees opgewekt het dekbed weg. Zodra de deur weer dicht is, slaat ook Kees het dekbed weer dicht. Wanneer hij zich meldt bij het ontbijt, doet hij dat met nat haar. Zogenaamd flink bezweet, maar in werkelijkheid het resultaat van 5 seconden de kop onder de kraan. Kees ziet collega's uit de ploeg aanschuiven met een grimas op het gezicht. *Die zijn niet goed*, denkt Kees.

In de zomermaanden houdt Kees er een eigen trainingsschema op na. Veel oefeningen bedenkt hij zelf. Café 't Veerhuys is voor Kees zijn werkplek, maar het verandert ook steeds meer in een trainingsaccommodatie. 'Ik zat 's zomers in het café op de hometrainer, in plaats van dat ik ging hardlopen. Fietsen vond ik belangrijker. Twee keer per week deed ik anderhalf uur een intervaltraining op de fiets. Dat was een extraatje. Ik wilde iets doen wat de anderen niet deden. De hometrainer stond in de kelder, onder het café. Ik plaatste een kommetje voor m'n neus. Het zweet liep over mijn voorhoofd, neus, kin, zó dat kommetje in. Ik druppelde dat kommetje vol. Zo kon ik zien of ik genoeg had gedaan of nog niet. Kwestie van je hoofd heel stil houden. Is ook goed voor je houding. Ik denk niet dit een normale oefening was. Het stond in elk geval niet op de schema's die we van de bondscoach meekregen. Dat zou ook gek zijn. Ik verzon het meeste zelf.'

Kees gelooft heilig in zijn eigen trainingsvormen en in zijn eigen 'maniertjes'. De rituelen zijn voor zijn collega's bekend. Een paar dagen voor een toernooi zondert Kees zich af, dan gaat het spraakvolume langzaam omlaag, tot het helemaal stil is. Kees belandt dan in een andere wereld. Hij visualiseert de komende ritten. Ook 's nachts. Hij doet geen oog meer dicht. Vlak voor de wedstrijd hangen de schaatsen boven zijn hoofd. Zo kan er niemand op staan en wordt Kees door niemand uit zijn concentratie gebracht. Hij heeft nóg een opvallende gewoonte, vlak voor een wedstrijd. Hij doet een zalfje op. En niet één likje zalf. Peter Nottet weet nooit of hij nou moet lachen of zwaar onder de indruk moet zijn, als Kees aan de slag gaat met de zalf. 'Het werd steeds erger. Eerst deed hij één been, toen twee benen, maar uiteindelijk smeerde hij zich helemaal onder, van top tot teen, met een of andere uierzalf. Die kreeg hij van ome Cor. We wisten precies wanneer het Kees menens was: dan glom-ie van top tot teen van die zalf. Echt, tot z'n kruin aan toe. En dan zeiden wij allemaal tegen elkaar: *er gaat er straks eentje hard*. Dat gebeurde alleen voor de écht grote wedstrijden. Ik heb dat zalfje ook weleens opgesmeerd. Dan kreeg ik een beetje op m'n been van ome Cor. Ik geloof niet dat ik er veel aan had.' Eddy Verheijen denkt aan een placebo-effect. 'Als je er zelf in gelooft, dan kan het helpen. De hele kleedkamer stonk naar dat zalfje van Kees. Hij had dan zoiets van: *kijk, ik heb dit zalfje om me sterker te maken en jullie niet*. Dat was voor hem al een voordeel.'

De zalf die Kees vleugels geeft, is het middeltje dat wordt verkocht onder de merknaam Nupercainal; ook wel bekend als dibucaine. Nupercainal is een zalf die normaal gesproken wordt gebruikt door mensen die last hebben van aambeien. Het voorkomt jeuk. Ook mensen die last hebben van insectenbeten of een verbrande huid kunnen er baat bij hebben. Kees komt eraan via een Rotterdamse soigneur die bekend is in de wielerwereld: Gerrit Visser. Kees laat zich door hem behandelen na een wielerblessure. Een val met de fiets levert Kees een hoop pijn op en een stijf been. Hij krijgt het zalfje mee van Visser. Hij laat het door masseur Cor Nederveen eerst alleen op zijn linkerbeen smeren. Als hij met het middeltje op dat ene been een keer goed rijdt, besluit Kees – bijgelovig als hij is – ook zijn andere been ermee in te smeren. Als ook dat lekker rijdt, besluit Kees zich niet langer in te houden en zijn hele lijf van een goede laag te voorzien. Of Kees er echt harder van is gaan rijden, betwijfelt hij zelf ook. Maar het wordt z'n bijgeloof. Ook mooi meegenomen: het zalfje helpt tegen de kou en daar is een koukleum als Kees bij gebaat.

Veel gekker dan het smeren van Nupercainal maakt Kees het niet. Als hij het oude wereldrecord op de 10 kilometer verpulvert in 1969, komen er dopinggeruchten. Zo'n tijd kun je op een brommer rijden, maar niet op een paar schaatsen, menen critici. Kees wuift de geruchten weg en voorspelt dat het in de toekomst nog véél harder zal gaan op de 10 kilometer. Ook andere Nederlandse schaatsers uit die tijd geloven niet dat er doping is gebruikt. Bij de Nederlandse ploeg zijn er wel rijders die de Russen verdenken van het gebruik van prestatie bevorderende middelen.

Ook wat betreft voeding speelt bijgeloof een grotere rol dan wetenschap. Een kookboek met 'de beste sportmaaltijden volgens Kees Verkerk' komt er niet op de markt. Op het gebied van eten zweert Kees Verkerk namelijk bij druivensuiker. De tabletjes. 'Voor de 10 kilometer vrat ik er drie op. Een halfuur, 20 minuten én 10 minuten voor de start eentje. Voor een 5 kilometer nam ik er twee. En verder amper eten. Geloof me, op druivensuiker kun je leven.'

Voeding is dan ook niet het grote geheim achter het succes. Dat is het zalfje ook niet. En de Rotterdamse School heeft Kees een perfecte techniek bijgebracht, maar die maakt van hem nog geen kampioen. De concurrenten zijn het erover eens dat Kees over een unieke mentale kracht beschikt die hem tot zo'n lastige tegenstander maakt. Een man die achteloos een opmerking kan plaatsen die voor verwarring zorgt. Iemand die heel bewust een streek uithaalt. Dat doet Kees omdat hij een winnaar is. Om de beste te zijn, moet je soms de slimste zijn. En wat dat betreft is elke klap een daalder waard. Een WK of EK wordt niet afgewerkt over twee dagen. Nee, de weken ervoor tellen ook mee. De maanden ervoor ook. Daar kun je al secondes winnen zonder nog maar een schaats aan je voeten te hebben.

Dankzij de opbrengsten van zijn fanclub kan Kees trainen waar en wanneer hij wil. Dat is een groot voorrecht, waar Kees dankbaar gebruik van maakt. Benzine- en hotelkosten worden gedekt door de bijdragen van zijn fans. Hierdoor kan Kees er af en toe tussenuit knijpen en in zijn ogen belangrijke winst boeken op zijn concurrenten. Als er een NK wordt gereden in Amsterdam, gaat de kernploeg een dag later alweer op trainingskamp. 'Wat doen de meesten dan? Even naar hun meisje. Hoop stress natuurlijk; moet je je de volgende dag haasten om dat vliegtuig te halen. Ik ging na het NK eerst lekker lang uitrijden op de baan. Dat was mijn vorm van ontspanning. Andere zaten aan het bier en met een meisje op de bank: kus geven, klap op het achterwerk. Ik verbleef in een hotel vlak bij Amsterdam, zodat ik maandag fit en zonder stress aan de reis naar het buitenland begon. Zo won ik iets op m'n concurrenten, voor m'n gevoel.'

Tijdens de kerstdagen verblijft Kees vaak in een hotel bij Heerenveen. Terwijl de meeste schaatsers aan de kerstdis zitten, speelt Kees na de training wat op het orgel in hotel Tjaarda in Oranjewoud, vlak bij de ijsbaan. 'Een beetje de mensen vermaken die in dat hotel zaten. Die waren daar ook niet allemaal voor hun lol. Nu hadden ze tenminste nog wat muziek. Ik miste er verder helemaal niks aan. Aan feestdagen deden we thuis toch niet echt. Ik had geen idee wat kerst écht inhield. In het café gaat het normale leven gewoon door, daar is geen tijd voor dat soort feestdagen. Je kunt ook geen grote kerstboom in een café plaatsen, vlak bij mensen die zitten te zuipen. Die kaarsjes in de boom waren echt. Als je problemen wilt, moet je vooral drinkende mensen naast brandende kaarsen neerzetten.' Kees weet dat hij thuis gewoon zou moeten werken. Maar juist nú wil Kees graag trainen. De gedachte dat zijn concurrenten achter een glas wijn zitten te niksen, geeft Kees vleugels. 'Alle andere schaatsers gingen vreten en zuipen en verloren een beetje terrein op mij.' Het zijn vrolijke kerstliedjes die Kees speelt achter het orgel in het hotel.

Waar Kees ook kracht uit put, is het geloof dat bepaalde voorwerpen geluk brengen. Zijn ongeremde bijgelovigheid helpt hem ook vooruit. Wat dat betreft is de bontmuts het ultieme symbool. Als Kees deze over zijn hoofd trekt tijdens een groot toernooi, voelt hij zich sterker worden. Die bontmuts blijft zijn hele carrière een talisman. Als hij succes heeft, dankt hij de bontmuts. Zit het tegen, kan de muts hem er weer bovenop helpen. Tegelijkertijd maakt de muts indruk op tegenstanders, zeker in de jaren waarin hij een zweem van onoverwinnelijkheid om zich heen heeft hangen door de vele titels die hij wint. Kees loopt vlak voor de wedstrijd al rond als ware hij gehypnotiseerd; zodra de bontmuts op gaat, is het of de magische krachten ook nog eens bezit nemen van de schaatser. Het zijn verwarrende taferelen voor een tegenstander. En dat beseft Kees. Ard Schenk noemt Kees 'de meest onberekenbare jongen die ik ken; hij is werkelijk een meester in de camouflage'.

Toch is dit meesterschap soms ook niks minder dan een kwaal. In 1967 vindt Kees een dubbeltje op straat. Het is vlak voor het WK. Hij gooit het dubbeltje over zijn schouder weg en doet een wens. Hij wenst dat hij niet, zoals het jaar ervoor tijdens het EK, onderuit gaat op de 10 kilometer. Kees blijft inderdaad staan. En wordt wereldkampioen. 'Het jaar erop zocht ik tijdens het WK overal op straat naar dubbeltjes. Ik liep de hele dag met m'n hoofd naar beneden, ik had zo'n klein muntje nodig.' Kees vindt het muntje niet. Hij wordt dat jaar achtste. Ook het totale gebrek aan slaap tijdens een groot toernooi is een vervelend bijeffect van het vele nadenken over alles en iedereen. Kees kan totaal gek worden van zijn eigen gedachten. Het is een extreme vorm van voorbereiden op een wedstrijd. Ondanks die constante stroom aan gedachten en een gebrek aan slaap, slaagt hij erin om tijdens belangrijke wedstrijden op de top van zijn kunnen te presteren. Kees presteert, dankzij én ondanks de chaos in zijn hoofd.

Want het mentale aspect is een wezenlijk onderdeel van het succes van Kees Verkerk. Hij voelt zich sterker worden als hij traint, en wanneer anderen rusten, en hij verzint zelf trainingsoefeningen, zodat hij zeker weet dat anderen die níet uitvoeren. Ook in het bijzijn van de rest van de kernploeg strooit hij graag verwarring. Kees zegt het altijd hardop wanneer hij zich een beetje ziekig voelt. Het liefst vlak voor een grote wedstrijd. Vijf keer per dag, op luide toon. Dan moest iedereen maar uitzoeken wat Kees hiermee wil zeggen. Voelt hij zich echt verzwakt? Gaat hij niet in optimale conditie het toernooi in? Of is hij eigenlijk prima in orde en wil hij de anderen op het verkeerde been zetten? Ard Schenk bedenkt na een paar jaar dat het meestal dit laatste is. Ard Schenk in het boek *Ard Apart*: 'Kees was in die dagen de anderen, Noren, Zweden et cetera inbegrepen, vér voor op dat punt.' Psychologische oorlogsvoering, zonder aanziens des persoons, is in het Nederlandse schaatsen ongebruikelijk – en daarom juist zo'n succesvol wapen.

Henk Gemser ondervindt dat Kees ook tijdens de trainingen van de kernploeg bezig is om de anderen te bespelen. Hij komt in 1969 als conditietrainer nieuw bij de ploeg. Gemser is maar een paar jaar ouder dan Ard en Kees. 'Die mannen waren geaccepteerde grootheden. Ik moest vechten voor mijn plek. Dat deed ik door mijn trainingen optimaal voor te bereiden.' De ambitieuze en serieuze conditietrainer heeft het zwaar met Kees. 'Hij saboteerde de boel. Maar wel met een glimlach. Hij deed dat heel slim. Als we een starttraining deden, had ik een startpistool bij me. Op het moment dat er dan twee man helemaal geconcentreerd klaarstonden, gooide hij er een prachtige Belgenmop uit. Dan lag iedereen gevouwen, maar was de focus totaal verdwenen bij de mannen die moesten starten. We hebben hem weleens een spreekverbod gegeven, maar dat haalde natuurlijk niks uit. Als Kees zélf een start moest oefenen, dan was hij bloedserieus. Hij voerde de oefening perfect uit. Want niemand haalde hém uit zijn concentratie.'

Er is niet veel wat Henk Gemser tegen dit soort streken kan doen. Verdomme, denkt hij bij zichzelf. Maar Gemser is een man met veel geduld. Bondscoach Leen Pfrommer ziet zijn conditietrainer maar één keer echt uit zijn slof schieten. Dat is tijdens een groepstraining in de Soesterduinen. Henk heeft een training uitgezet die is gericht op kracht en uithoudingsvermogen. Aan elk detail is gedacht. Het hele circuit is perfect voorbereid. De zandzakken liggen klaar, de paaltjes staan op precies de goede afstand van elkaar en de elastieken hangen op de juiste hoogte. De schaatsers moeten lopen en springen. Henk is wel wat tegenwerking van Kees gewend. Bij het kogelstoten verdwijnt de kogel niet in het vrije veld, maar in de bosjes. De zorgvuldig aangebrachte kuilen zakken zogenaamd 'per ongeluk' in elkaar door een sprong van Kees. En zo loopt de organisatie van Henk Gemser in het honderd. Want in plaats van 10 seconden rusttijd tussen twee oefeningen in, moet nu iedereen eerst op zoek naar de kogel of moet er een nieuwe kuil worden gegraven. Henk is er inmiddels al aan gewend.

Maar deze training is Kees wel héél erg uitgesproken, valt Leen Pfrommer op. Hij vindt het allemaal maar niks en schopt een hoop stennis in de Soesterduinen. Waardeloos circuit, waardeloze oefeningen, waar is dit allemaal goed voor Henk? 'Zo help je ons allemaal aan spierpijn en blessures,' bijt Kees de conditietrainer toe. Henk Gemser verdedigt zich fel, bondscoach Leen Pfrommer komt tussenbeide. De rest van de groep kijkt vertwijfeld toe. Heeft Kees een punt? Zijn dit werkelijk van die slechte oefeningen?

Pfrommer en Gemser hebben de gewoonte hun mannen thuis op te zoeken buiten het schaatsseizoen om. Gewoon, even langs voor een praatje en kijken hoe de schaatser er lichamelijk en geestelijk voor staat. Gemser besluit op een mooie dag eens bij de Verkerkjes langs te gaan. Hij rijdt naar het café in Puttershoek, waar het rustig is. Ook Kees is er niet. Een zus van Kees helpt Gemser verder. 'Dag meneer Gemser. Nee, Kees is niet in de buurt. Hij is bij dokter Lap in Rotterdam,' krijgt Henk te horen. Dan komt vader Pleun aangelopen. 'Wat een verrassing. Kees is op het voetbalveld aan het trainen,' zegt Pleun direct. Dat is opvallend, denkt Gemser. Twee verschillende verhalen. Maar voordat hij er goed en wel over kan nadenken, heeft hij een kop koffie voor z'n neus. Gezellig zit hij aan tafel met Pleun wat te ouwehoeren over het schaatsen. Na een paar bakkies neemt hij afscheid.

Als Gemser weer in zijn auto stapt, besluit hij toch nog even langs het voetbalveld in Puttershoek te rijden. Er is beweging, ziet Gemser wanneer hij het terrein op draait. Op het voetbalveld treft hij inderdaad Kees aan. In de verte, aan de andere kant van het voetbalveld, ziet hij de kleine schaatser trainingsoefeningen doen. Het zijn oefeningen die Gemser bekend voorkomen. 'Mijn broek zakte af van verbazing. Míjn hele circuit lag daar uitgestippeld. De paaltjes, de kogels, de zandzakken... Kees zag mij al snel staan. Hij is net een havik, hij heeft het altijd door wanneer hij wordt bekeken. Ook van grote afstand. In een drafje kwam hij naar me toe gelopen.' Gemser heeft 10 seconden om zich af te vragen wat Kees in hemelsnaam gaat zeggen wanneer hij voor zijn neus staat. Hij kan niks bedenken. Met bezweet voorhoofd knikt Kees de conditietrainer gedag. Hij kijkt Gemser strak aan. 'Die oefeningen van je zijn toch wel goed. Maar dat hoeft de rest van de ploeg toch niet te weten?' Henk is verbaasd, maar moet vanbinnen lachen. De boef! Hij roept tegen iedereen dat het waardeloze oefeningen zijn, maar zet thuis doodleuk hetzelfde circuit uit. 'Ik zag het toch ook maar als een compliment. Als een bevestiging dat ik in elk geval goed bezig was.' Henk ziet dat iemand de training van Kees zelfs aan het filmen is. 'Die beelden gebruikte hij dan voor zijn presentatie waarmee hij het land door trok en een zakcentjes verdiende.'

Eenmaal thuisgekomen belt Gemser direct naar Leen Pfrommer. Ook die moet lachen om deze streek van de sluwe vos. Maar tegelijkertijd ziet hij het als een serieuze waarschuwing. Die Kees moet je in de gaten houden.

Kees zelf vindt het plaagstootjes. Met de andere schaatsers loopt hij een keer vlak voor een toernooi in Oslo langs de vitrine waarin de medailles liggen waar dat weekend om wordt gestreden. 'Die is van mij, die is van mij en die is van mij,' zegt Kees, wijzend naar de gouden plakken. Om z'n tegenstanders een beetje te intimideren én zichzelf een doel op te leggen. Onschuldig, vindt Kees, maar iemand als Leen Pfrommer moet van dit soort streken helemaal niks hebben.

En dus treedt de bondscoach op, met het besluit om Ard en Kees niet langer samen in één kamer te laten slapen als meest rigoureuze uiting. Toch kan de succescoach de streken van zijn pupil vaak genoeg wél waarderen. Hij kan oprecht lachen om sommige 'geintjes' – zolang hij het maar bij de Noren flikt en niet bij landgenoten. 'Hij was natuurlijk een meester in het bespelen van tegenstanders. In het zaaien van verwarring. Ik heb Kees zelfs weleens iets horen roepen tíjdens een race. Dan startte hij in de binnenbocht, dus met een kleine achterstand op Fred Anton Maier. Hij had dan vlak voor de start al een heel toneelspel opgevoerd. Hij ging een paar keer terug naar het bankje en nam alle tijd. De hele gang van zaken week af van hoe het normaal gaat vlak voor de start. En blijkbaar was Fred het spoor daardoor een beetje bijster. Kees vloog ervandoor na het startschot, in tegenstelling tot Fred. Bij het ingaan van de eerste bocht was hij al naast Fred gekropen, dus hij had een superstart. Toen riep hij, onder zijn arm door, 'tot ziens' in het Noors richting Fred. 'På gjensyn'. Ik sprak een beetje Noors en dit verstond ik. Dan sta ik met een grote glimlach langs de baan, hoor.'

Het zijn trucs die voortkomen uit een winnaarsmentaliteit. Om te winnen, is veel geoorloofd. Een paar rondjes lang stiekem de binnenbocht in stappen tijdens het Zuid-Hollands kampioenschap in Ter Aar is natuurlijk een streek. Net als het aan de start laten bevriezen van de tegenstander in de kou tijdens het EK in Lahti. Verder kijkt Kees altijd met extra belangstelling naar de arcering van de rand van de schaatsbaan. Als er verschuifbare doppen liggen, tikt Kees er bij het inrijden alvast een paar aan de kant met zijn schaats. Dat valt geen mens op, maar zo kan hij gedurende de rit wel wat prettiger de bocht in duiken. Het linkerbeen krijgt iets meer ruimte om naar links te zwaaien als de blokjes er niet liggen. Tijdens de dweilpauze belanden de dopjes vanzelf weer op de goede plaats. Misschien levert dit soort slimmigheidjes in beginsel weinig winst op. Maar als je, zoals Kees Verkerk, gelooft dat je er wél veel mee opschiet, dan kan zo'n kleinigheidje je zomaar kampioen maken.

De harde botsing met een paradijsvogel

Kees is dik bevriend met de schaatsende paradijsvogel Per Willy Guttormsen. In Puttershoek zijn de twee soms wekenlang onafscheidelijk, als Per Willy weer eens een tijdje in Nederland verblijft. In het dorp worden ze Sam en Moos genoemd. Dikke vrienden, altijd op zoek naar avontuur. Totdat Per Willy ondervindt dat Kees een man van principes is.

Per Willy Guttormsen mag je in de jaren zestig gerust de *bad boy* van het schaatsen noemen. Een man die het niet al te serieus neemt met de discipline tijdens een trainingskamp. Kees kent weinig mensen die zo goed kunnen drinken en feesten als Per Willy. Hij is gek op de vrouwen. En de vrouwen op hem. Maar hij schaatst daarnaast ook erg goed en staat te boek als een grote belofte van het Noorse schaatsen. Per Willy is een stilist, zoals Kees. Hij danst door de bochten. Is erg bezig met z'n uiterlijk op en rond de baan – hij is wat dat betreft zijn tijd ver vooruit. Maar zijn leefstijl past niet helemaal bij die van Kees. Waar de in trainingsuren denkende Kees minutieus inschat wanneer hij naar een feestje kan om gek te doen, is het voor Per Willy eigenlijk altijd borreltijd.

Er zit iets in die levenswijze van Per Willy wat Kees kan waarderen. Er valt wat te beleven met de Noor. Altijd in voor een geintje en, net als Kees, graag op pad. Zien wat er allemaal te doen valt, zoals Kees dat omschrijft. 'Ja' zeggen tegen vreemde voorstellen pakt vaak leuk uit.

Het is voorjaar wanneer de telefoon gaat in 't Veerhuys. Het schaatsseizoen van 1967 zit erop. Het is druk in het café. Kees staat de hele dag te proosten met mensen die bier voor hem bestellen. Hij moet dan maar weer zien hoe hij het biertje op een subtiele manier aan de kant zet of leegschenkt in de gootsteen. Er hangt een Noor aan de lijn, organisator van een hardloopwedstrijd. Hij is skispringer en best bekend in Noorwegen, al zegt hij het zelf. Of Kees, als Europees kampioen en wereldkampioen, aan de start wil verschijnen van de Femundløpet, 2,8 kilometer hardlopen. Het wordt een mediaspektakel, zo zegt de organisator. Alles wordt uit de kast gehaald voor de viering van de vijftigste editie van deze loop. De bekende Zweedse zangeres Alice Babs is aanwezig, zegt de man aan de telefoon enthousiast. Ja, die kent Kees wel. Ook Abebe Bikila is present, de man die in 1960 wereldroem vergaart door op de Spelen in Rome de marathon te winnen op zijn blote voeten – in een wereldrecord. Ook doen er allerlei Noorse wereldkampioenen mee, zoals de crosscountry-skiër Ole Ellefsæter. Kees ziet het wel zitten. Kan hij daar wat fans gedag zeggen, een beetje trainen en bovendien is het een leuk tripje. Kees vraagt in zijn beste Noors of er wat vrienden mee mogen. Dat mag. Hij belt Per Willy Guttormsen. Die is zoals altijd wel te porren voor een roadtrip. Er komt een leuk reisje aan.

Met zijn goede vriend Joop van den Berg, een verdienstelijk schaatser die zes keer deelnam aan een Nederlands kampioenschap, stapt Kees in de auto. Joop kan goed lopen, dus ook hij is enthousiast. Het is een behoorlijke rit naar de startlocatie. De autorit gaat in eerste instantie naar Oslo, waar Per Willy instapt, samen met een Noorse muzikant: een door de organisatie opgetrommelde accordeonspeler die het publiek moet vermaken. Per Willy en de accordeonspeler hebben 'm al aardig geraakt wanneer ze in de auto stappen. Kees is niet verbaasd. Terwijl de volgende fles cognac opengaat op de achterbank, moet Kees nog uren over eenzame wegen sturen om de bestemming te bereiken. Een wegenkaart is niet voorhanden. Via de telefoon heeft Kees een routebeschrijving meegekregen van de organisator, een man die denkt in grote lijnen. 'Naar Oslo, dan naar Hamar en dan nog een stuk verder en dan ben je er ongeveer.'

Wonderwel weten Kees, Joop en de twee benevelde Noren de eindbestemming te bereiken. Na wat rondvragen komt de auto tot stilstand voor het huis van de organisator. Een oude man doet open. Hij is stokdoof. Met gebaren en het schreeuwen van Noorse woorden als 'slapen, rennen, schaatskampioen uit Nederland' probeert Kees de man duidelijk te maken dat hier zijn verblijfadres is. Het is een moeizaam gesprek. Langzaam maar zeker wordt duidelijk hoe de vork in de steel steekt. De organisator is de kleinzoon van de dove man en die is inmiddels verhuisd naar Trondheim, zo'n kleine 500 kilometer verderop. Verkering gekregen. Dat konden de schaatsenrijders wel begrijpen, toch? Kees schudt het hoofd, Per Willy neemt een slok.

Ze kunnen fluiten naar hun slaapplek. Na 36 uur rijden moet Kees, ergens in de buurt van Engerdal, een gehucht aan de Zweedse grens, op zoek naar een tent. Die kunnen ze ergens lenen. De tent heeft geen hor, waardoor de muggen vrij spel hebben.

De volgende dag is de wedstrijd: 9 juli 1967. Onder de muggenbulten loopt het viertal op het rumoer af. De organisator blijkt, ondanks de niet al te florissante voortekenen, de waarheid te hebben gesproken over het spektakel. Iedereen is er. Veel sportkampioenen, vooral skiërs. Links en rechts zien ze sledehonden. Het Ethiopische loopwonder en de bloedmooie Zweedse zangeres zijn er ook. En nog veel meer artiesten. Vooral een Noorse band met een blinde zanger maakt indruk op Kees. Kees constateert dat de man minder dan een half oog over heeft, maar goed bij stem is.

De loop wordt een drama. Deels eigen schuld. De organisator, die dus zelf in geen velden of wegen is te bekennen, heeft zijn verhaal iets te snel verteld aan de telefoon. En het Noors van Kees is nog niet helemaal perfect. 'Abebe Bikila liep dat loopje dik een uur sneller dan ik. Ik had de afstand namelijk niet helemaal goed verstaan aan de telefoon. Het ging niet om 2,8 kilometer, maar om 28 kilometer. Als ze dat vlug uitspreken in een andere taal, krijg je misverstanden. Joop was daar ook niet blij mee.'

Kees laat zich niet uit het veld slaan. Hij neemt plaats op de voorste startrij. De organisatie heeft hem startnummer 1 opgespeld. Abebe Bikila, de marathonloper die goud won op de voorgaande twee Olympische Spelen, krijgt nummer 7. Mooi gebaar, maar Kees zou liever met nummer 7 lopen. Dat is zijn geluksgetal. Waarom weet hij niet, maar de bijgelovige Kees moet en zal altijd in een auto rijden met een kenteken waarin een 7 zit. En anders 14, want dat is tweemaal 7.

Op oude, krakkemikkige beelden van de Noorse staatstelevisie is te zien dat Kees een soort schaatsstart maakt. Hij gaat door de knieën en vliegt ervandoor, alsof hij 100 meter moet lopen, in plaats van 28 kilometer. De grote Abebe Bikila ziet het met grote verbazing gebeuren. Wat gaat die schaatser met nummer 1 op z'n borst allemaal doen? Weet die man wel dat er enorme bergen op hem liggen te wachten? Maar Kees zet heel bewust direct na de start een sprint in. Dit is het vlakke gedeelte van de race. Het is een wanhoopsactie van een showman die weet dat hij niet tegen bergen op kan rennen. Zo steelt hij in elk geval de show bij de start. 'Ik ging de vlakke eerste meters in met het idee van: ik wil laten zien dat ik uit Nederland kom en een kampioen ben. Je moet die mensen ook wat bieden, die vinden dat mooi. Dus ik liep honderden meters in het beeld van de camera's. Maar toen ging het omhoog en moest ik kruipen. Het parcours hield maar niet op met omhoog gaan. Ik heb ergens op een heuvel gevraagd of ze een taxi konden bellen. Kon niet. Er zijn nog beelden van de aankomst. Maar niet van mijn aankomst. Ik kwam pas binnen toen de camera's allang weg waren.'

De avond na de race maakt Kees zijn afwezigheid in de kopgroep goed. De inwoners van Engerdal worden tijdens het jaarlijkse volksfeest getrakteerd op oer-Hollandse accordeonnoten van de wereldkampioen schaatsen. 'Al met al een fantastisch avontuur. Kost je een week, maar dan heb je ook wat. We hebben er allemaal verschrikkelijk om gelachen. Achteraf.'

De hang naar avontuur zorgt ervoor dat Per Willy en Kees, hoewel ze over veel zaken van mening verschillen, naar elkaar toe groeien. 'Per Willy en ik hebben acht jaar lang met elkaar opgetrokken, in Noorwegen en in Nederland. Bij huldigingen in Puttershoek kwam hij deze kant op. Ook in 1968, tijdens de huldiging na de Spelen, was hij bij ons. Hij bleef vervolgens een tijdje hangen. Ik kreeg een uitnodiging om tijdens een wielerwedstrijd mee te doen als prominent. Ik vroeg de organisatie of Per Willy ook mocht deelnemen. Hij is redelijk bekend, had een prima Olympische Spelen achter de rug met vierde plekken op de 5 en 10 kilometer, dus dat was geen probleem. Per Willy was hartstikke blij dat ik dit voor hem had geregeld. Zo kreeg ook hij een goedgevulde envelop mee.'

'De avond voor de wielerronde stonden we op een feestje. Ik zei tegen hem: "Ik ga naar huis. Morgen moeten we fietsen." Hij zei: "Ik blijf nog even." Per Willy stond daar met een meisje. Ik ging naar huis, want om drie uur 's middags moesten we een wielerwedstrijd in Breda rijden. Een profwedstrijd, daar zouden we een mooi bedrag aan startgeld krijgen.' Kees rijdt wel vaker dit soort wielerwedstrijden. Eigenlijk is het niks voor hem, dat fietsen. Maar het zijn doorgaans leuke evenementen met veel publiek en 500 gulden voor deelname is niet slecht.

Om één uur op zaterdagmiddag komt Per Willy het café in Puttershoek binnengewandeld. Kees vraagt zich af hoe hij de Noor in hemelsnaam mee moet krijgen naar Breda. Hij zegt tegen Per Willy dat-ie een uurtje moet gaan slapen en dat ze daarna gaan rijden. Per Willy weet het allemaal nog zo net niet. Hij denkt dat-ie het misschien niet redt. Pijn aan z'n rug. Kees knikt en stuurt 'm naar bed. Hij maakt Per Willy om kwart over twee wakker. 'Kom op, je bed uit. We hoeven er alleen maar te starten, even rond te rijden en dan zijn we zo weer terug.' De Noor draait zich om. Het gaat echt niet. Te veel pijn. Kees gaat alleen naar Breda. Hij ontvangt zijn 500 gulden van de organisatie. Kees had hetzelfde bedrag gevraagd voor zijn vriend. Maar die envelop mag de organisatie dus houden.

Kees fietst een rondje mee, zwaait wat, deelt handtekeningen uit en gaat naar huis. Hij treft Per Willy aan de keukentafel. Kees legt zijn 500 gulden op tafel en zegt: 'Van dit geld koop jij morgen een vliegticket. Je gaat naar huis.' Hij laat de 500 gulden op tafel liggen en loopt weg. Een vriendschap is ten einde.

Kees krijgt nooit spijt van zijn harde keuze. Per Willy is de tegenpool van Kees, maar dat is Ard Schenk ook. Dat zijn zoveel mensen met wie Kees een vriendschap onderhoudt. Toch is dit ene verschil van inzicht – over het belang om een afspraak over een wielerwedstrijd in Breda na te komen – bepalend geweest. Want Kees is een principiële man, die niet beter weet dan dat de klant koning is. De klant in het café, of de fan in het stadion. Als kastelein en als sporter hoor je dienstbaar te zijn. De mensen komen naar de kroeg of naar het stadion voor een leuke tijd en jij mag daar een rol in spelen. Je moet alles doen voor de klanten en alles doen voor de fans. Als ze je wat vragen, geef je antwoord. En als je belooft mee te doen aan een wedstrijd, dan kom je. 'Als je mij laat wachten, dan is dat geen probleem. Maar als je duizenden mensen laat wachten, dan ben je verkeerd bezig. Hij had nooit een stuiver in z'n broekzak. Dat is verder geen enkel probleem. Hij mag lenen van me wat hij wil. Alleen dat ene punt, daar kom ik niet overheen. Dat ik zeg: "Morgen moeten we werken." En dat hij zegt: "Kan niet." Dat gaat er bij mij niet in.' Het gedoe rondom die wielerwedstrijd in Breda is dus geen slotstuk van een reeks incidenten. Ook niet de welbekende druppel. 'Er zat helemaal geen water in de emmer. Er was maar één punt. Eén probleem. Daar ging ik zó op af. Ik snap best dat mensen dat misschien gek vinden. Maar dan is het bij mij klaar. Hij laat míj niet staan, maar die mensen.'

De twee zien elkaar nog rond de grote toernooien. 'Hallo, alles goed?' en daar blijft het zo'n beetje bij. Kees en Per Willy doen beleefd tegen elkaar, kunnen nog prima door één deur, maar de echte klik is er niet meer. De tijd van Sam en Moos is voorbij. Wanneer Kees stopt met schaatsen, verdwijnt Per Willy uit het zicht en uit Kees' gedachten.

Op het moment dat Kees al kinderen heeft, ergens in de jaren tachtig, staat Per Willy ineens op de stoep van zijn camping. Cornelis en Camilla, de kinderen van Kees, zien ineens een Noorse excentriekeling rondscharrelen. Een man met een imago. Zoon Cornelis kent de geschiedenis van pa en Per Willy, maar is ook weer niet al te verbaasd dat Per Willy er is. Pa kan geen 'nee' zeggen. Dat is zijn zwakke plek. Per Willy en ook de Australische oud-schaatser Collin Coates wonen een tijdje bij het gezin in. Cornelis ziet Collin op een gegeven moment zelfs als een soort tweede vader, zo vaak is hij er. De aanwezigheid van mannen als Per Willy en Collin maakt indruk op de kleine Cornelis. Het zijn dan ook opvallende mensen, met een onverhulde voorliefde voor vrouwen.

Kees vindt dat hij Per Willy wel *moet* toelaten in zijn woning, ondanks de botsing van jaren eerder. 'Wat kan ik zeggen? *Ik ken je niet?* Dat gaat niet. Hij zou een weekend blijven, zei ik tegen Sally.' Na zo'n vijf weken in de kelder moet zijn voormalige concurrent en vriend eruit. 'Een paar weken wordt anders zes maanden. Maar zie zo iemand maar weer kwijt te raken. We hebben hem nog even onderdak bezorgd bij de buren, die wilden hem wel een kamer verhuren. Maar bij de buren betaalde hij ook geen cent, terwijl dat wel de afspraak was. Wilde hij uiteindelijk betalen met een oude beker die hij ooit had gewonnen met een of andere voetbalwedstijd. Waar ben je dan mee bezig? En hij ging mij vertellen wat er anders moest in het restaurant. Over hoe de barretjes in Oslo eruitzien. En wat voor muziek daarbij hoort. Moest ik hem uitleggen dat wij een familieplek waren. We waren echt uit elkaar gegroeid. Sindsdien heb ik hem nooit meer getroffen.'

Het verhaal van Per Willy Guttormsen is een droevig verhaal. In de Noorse pers leest Kees, niet echt tot zijn verbazing, dat Per Willy meerdere kinderen zou hebben bij verschillende vrouwen. Een neveneffect van zijn losbandige privéleven. Kees denkt dat Per Willy een échte concurrent zou zijn geworden van hem en Ard, als hij het anders had aangepakt. Maar Per Willy is de man die een paar lakens aan elkaar knoopt en via het raam het hotel van zijn schaatsploeg verlaat, op weg naar plezier. 'Hij was schaatser, maar had de verkeerde hobby gekozen,' zegt Kees over de drang van de Noor om altijd achter de vrouwen aan te gaan.

Heel soms schiet het door Kees' hoofd. Dan komen de gedachten. Moet ik hem niet weer eens... Tijdens de begrafenis van Fred Anton Maier in 2015 beginnen de andere Noorse ex-schaatsers er ook al over. 'Hoor je nog weleens wat van hem, want jullie waren zulke goede vrienden.' Maar Kees laat het erbij.

Een foxtrotje met de jubelende Ajacieden

Wordt er voor Kees Verkerk, Ard Schenk of Jan Bols een huldiging georganiseerd, dan komt de rest van de kernploeg het feestje meevieren. Er heerst een groot gevoel van saamhorigheid tussen de Nederlandse schaatshelden. De verbondenheid tussen de topsporters in Nederland is sowieso vrij groot in de tijd van Ard en Keessie. Nederland wordt in de jaren zestig sportief op de wereldkaart gezet. Kees is bevriend met hoofdrolspelers uit verschillende takken van sport.

Het amateurisme in de schaatssport zorgt voor irritaties bij de Nederlandse schaatsers. Dat er geen cent mag worden verdiend is vaak genoeg een onderwerp van gesprek. Die belachelijke regels van die verdomde schaatsbond... Een voordeel van de amateurstatus is wel dat het zorgt voor eensgezindheid. Er wordt niet gereden voor veel geld en dat voorkomt een hoop gelazer. De schaatsers rijden voor de eer en dat maakt het wellicht iets makkelijker om de ander iets te gunnen. De schaatsploeg bestaat weliswaar uit totaal tegengestelde karakters – neem alleen al Ard en Kees – maar toch heerst er een sfeer van 'we doen het samen'. Het zijn deze mannen, onder aanvoering van de daden van Ard en Kees in 1966, die de Nederlandse sportliefhebber iets hebben gegeven om trots op te zijn. Spil in dat wij-gevoel binnen de kernploeg is volgens Jan Bols onmiskenbaar Kees Verkerk. 'Die man kan iedereen het gevoel geven dat er al jaren een band bestaat. Hij maakt makkelijk contact. Toen ik voor het eerst bij de kernploeg kwam, was het direct ouwe-jongens-krentenbrood. Hij betrok de andere schaatsers bij zijn zelf opgezette schnabbels en organiseerde van alles: van kaartwedstrijden tot uitstapjes naar de bierbrouwerij. Wat dat betreft was hij heel belangrijk voor het teamgevoel dat heerste binnen de kernploeg.' Zeker voor jongens als Jan Bols en Eddy Verheijen is iemand als Kees van groot belang. Eddy Verheijen: 'Er was best een groot verschil tussen de jongens uit het oosten en het westen. Ik was lang niet zo gepokt en gemazeld als jongens als Ard en Kees. Het is moeilijk om dan in zo'n kernploeg te komen, maar vooral Kees was behulpzaam.'

Kees maakt ook makkelijk vrienden buiten het schaatsen. Vooral de lijntjes tussen de schaatsers en de wielrenners zijn kort. Schaatsers doen in de zomermaanden geregeld mee aan wielerwedstrijden, al dan niet in ruil voor een goedgevulde envelop. Kees trapt aardig wat kilometers weg en leert zo de wielrenners kennen. Meerdere sporters slagen er zelfs in om succesvol te zijn binnen zowel het schaatsen als het wielrennen. Rudie Liebrechts is daarvan een voorbeeld. De Vlaardinger heeft in 1963 Gerben Karstens als teamgenoot bij de kernploeg. Diezelfde Gerben Karstens, met wie Kees in zijn jonge jaren menig sprintduel over het ijs uitvecht, wint enkele jaren later etappes in zowel de Tour de France, de Giro als de Vuelta. Op het asfalt sprint hij nog iets sneller dan over het ijs.

Kees voelt zich prettig in de buurt van andere topsporters. Hij begrijpt hen, zij waarderen hem. Het wij-gevoel moet wat Kees betreft gelden voor alle grote Nederlanders sporters, ongeacht hun discipline. Daar wordt iedereen alleen maar beter van, vindt Kees. Deel ervaringen, luister naar elkaar. En drink eens een biertje samen, dan is het nog gezellig ook.

De meest hechte band heeft Kees met de Nederlandse topvoetballers. Kees is van huis uit een Feyenoorder. 't Veerhuys is namelijk een Feyenoord-café. Eens in de twee weken op zondagmiddag gaat de boel op slot, want dan zit iedereen in De Kuip. Kees leert de Feyenoorders persoonlijk kennen. Coen Moulijn is zijn held. Klein, maar fijn. Gezegend met een goede techniek. Kees herkent iets van zichzelf in de behendige aanvaller. Kees en Coen voetballen af en toe samen in het door Kees samengestelde 'schaatselftal'.

Ook actief in het schaatselftal is Feyenoord-middenvelder Reinier 'Beertje' Kreijermaat, wiens loopbaan op gruwelijke wijze wordt geknakt. In het najaar van 1964 breekt Reinier zijn been, op vier plaatsen, na een duel met Joep Beckers van Sittardia. De 50.000 Feyenoorders op de tribune van De Kuip zijn in één klap stil. Kees en Reinier hebben dezelfde dokter. Dokter Kees Lap stuurt Reinier 's zomers met Kees op pad als hij fit moet worden na de beenverbrijzeling. Kees bereidt zich dus op de fiets voor op het nieuwe schaatsseizoen, terwijl Reinier hard werkt om weer fit te worden na zijn zware blessure. Samen zitten ze uren op de racefiets. Tochtjes maken door de Hoeksche Waard. Het mag voor Beertje allemaal niet baten; hij haalt zijn oude niveau nooit meer. Feyenoord is een waardevolle speler kwijt, maar Kees heeft er een kameraad bij, dankzij die trainingen op de fiets op de Zuid-Hollandse wegen. De persoonlijke band met iemand als Reinier versterkt het warme gevoel dat Kees heeft bij Feyenoord.

En toch komen de petten, handschoenen, truien en schaatsen die herinneren aan de rijke loopbaan van Kees Verkerk, níet aan een muur in Rotterdam te hangen. Die eindigen in 'die andere stad', aan de muur van café-restaurant de Skeeve Skaes van uitbater Jac Hoeve. Het lijkt daar alsof Kees een zoon van de hoofdstad is.

De reden dat Amsterdam zo'n centrale rol gaat spelen in het leven van Kees, heeft alles te maken met de Jaap Edenbaan. Daar bouwt de 'Rotterdammer' Kees Verkerk nieuwe vriendschappen op. Zoals met Sjaak Swart, nota bene Mister Ajax. Kees wordt olympisch kampioen en wereldkampioen, Sjaak wint drie keer de Europa Cup 1 met Ajax. Dat schept een sportieve band. De twee kunnen het uitstekend met elkaar vinden. In de jaren zestig is het sowieso een gezellige boel in de Amsterdamse Watergraafsmeer. De Jaap Edenbaan, sinds de opening in 1961 de vaste trainingsbaan van Kees, ligt op steenworp afstand van Ajax-stadion De Meer en de trainingsvelden van de Ajacieden. Sjaak is net als Kees zakelijk ingesteld; hij is de eigenaar van de kantine naast de Jaap Edenbaan. De schaatsers en voetballers schuwen elkaar niet in die kantine; er wordt geregeld koffiegedronken naast de ijsbaan. De voetballers roken er hun sigaretje. Het is een broedplaats voor de sportieve vriendschap tussen voetballers en schaatsers.

Kees reist zelfs met de Ajax-selectie mee naar Europese uitwedstrijden. Hij vliegt met Johan Cruijff, Piet Keizer en Sjaak Swart naar krakers in Lissabon (tegen Benfica) en Glasgow (Celtic). Gewoon, voor de gezelligheid. De belangrijke wedstrijden in het Europese voetbal worden gespeeld wanneer het schaatsseizoen juist achter de rug is. Sjaak Swart is er op een gegeven moment van overtuigd dat Kees geluk brengt, na een paar goede resultaten tijdens uitwedstrijden waar Kees bij is.

Kees is dermate bijgelovig dat hij zelf ook wel gelooft dat hij geluk brengt.

De band tussen de Ajacieden en Kees wordt dusdanig innig dat de Amsterdammers de winst van de Europa Cup I vieren in de kroeg van Kees. En dat terwijl 't Veerhuys is gevestigd onder de rook van Rotterdam, diep in 'Feyenoord-gebied'. Kees vertelt zijn zusje Adri niet dat de Ajax-spelers komen. Ze is een groot Ajax-fan én ze praat graag. Hij weet zeker dat het hele dorp snel afweet van de komst van de voetballers. En dat is nu niet de bedoeling. Kees vindt het mooi dat de Ajacieden het feestje bij hem komen vieren. 'Dan kwam het halve elftal hoor, niet allemaal. De groep van Swart, Neeskens, Krol, Suurbier en die lange Hulshoff. Wij hadden een Feyenoord-café, maar op maandag waren we normaal gesproken dicht. We sloten de gordijnen zodra de bus uit Amsterdam kwam voorrijden. Die gasten had een chauffeur geregeld en gingen hup, het café in.' De Willen achter de bar – twee serveersters die allebei Wil heetten – hadden het er maar druk mee. Want een Europa Cup I, die vier je niet met een glaasje water. 'Om half twee schonken we niet meer. Dan kregen ze koffie en wat te eten. Ajax is twee keer bij ons geweest na de winst van een Europa Cup. Het was voor die jongens ook niet zo gek om naar mij te komen: feest vieren in Amsterdam was drie keer zo duur als bij ons in het dorpscafé. Op het Leidseplein verdampt je geld. Je kunt gerust zeggen dat het gezellige avonden waren met die jongens van Ajax. De gordijnen bleven de hele avond dicht. Anders staan er honderden mensen foto's te nemen terwijl zij daar biertjes drinken. In Amsterdam hadden ze al snel gedonder als ze te lang in een café hingen. Daar kreeg de trainer natuurlijk lucht van. Bij ons konden ze lekker hun gang gaan. Twee vrienden van mij speelden muziek. En ikzelf ook, tussen het gebabbel door. Geen Jordanese liedjes. Die kan ik wel zingen, maar niet spelen. Ik speelde orgel, een ander op drum en nog een op gitaar. En dan een walsje en een foxtrotje.' Echt gedanst werd er niet. 'Dansen, dansen... Dat doen sportmannen niet. In mijn schaatsploegen viel er ook weinig te dansen. Sporters hebben vaak wel een goed ritme, maar missen de *feeling*. Zelf kan ik de foxtrot een beetje. Geleerd van m'n zus, door op haar tenen te staan. Een beetje rondwalsen gaat ook nog wel, maar verder is het niet zo best.'

Sjaak Swart, die bij schaatstoernooien voor de buis zit en keurig de rondetijden meeschrijft, geniet volop van de avondjes in Puttershoek. 'Met Kees is het altijd lachen. Een topschaatser met een eigen café, dat verzin je toch niet? Ik kwam er in dat café pas achter dat hij waanzinnig goed is met instrumenten. We gingen met een behoorlijk volle bus die kant op. Neeskens, Krol, Suurbier, Blankenburg, de hele zooi. Ik denk dat we met veertig mannen en vrouwen naar Puttershoek reden. De hele avond eten, drinken en dansen. En Kees maar spelen en ouwehoeren. En wij stonden daar dan als een stel houten klazen.'

Sjaak denkt dat de goede klik met Kees en de voetballers ook te maken heeft met de instelling van de topschaatser. 'Hij combineerde het lachen met presteren. Zo ben ik zelf ook. Je moet lol hebben.' Sjaak ziet ook wel een vergelijking met een andere zeer populaire sportman uit zijn eigen elftal. 'Kees kon wel een beetje wat Johan Cruijff ook kon. Ik zag veel overeenkomsten: eigenwijs, veel durf en heel veel lullen. En een beetje 'zuigen', zoals wij dat noemen. Dat hoort bij de sport. Hij kon geniepig zijn, flikte alles om te winnen. Hij was een babbelaar, maakte zijn tegenstander ook wat kleiner met een beetje gepraat. Je kunt fysiek natuurlijk ook weinig uitdelen op zo'n ijsbaan.'

De avondjes in 't Veerhuys worden afgesloten met wat eten voor de hongerige Ajacieden. Kees deelt erwtensoep rond, zo tegen twee uur in de nacht. Vervolgens komt de bus voorrijden om de voetballers terug naar Amsterdam te rijden. Als de bus de hoek om draait, trekt Kees de gordijnen weer open.

Het kantelpunt in een wedstrijd van niks

Het liefst bereidt Kees Verkerk zich in Noorwegen voor op een groot toernooi. Goede trainingsomstandigheden, vertrouwde omgeving. Vooral dat laatste is belangrijk voor een gevoelsmens als Kees. Maar Leen Pfrommer pakt het in de aanloop naar het schaatsjaar van 1971 anders aan. De Nederlandse kernploeg gaat in voorbereiding op het EK naar Davos. Naar de bergen. Daar valt nog wat te beleven voor de schaatsers, denkt Pfrommer. Er is een bioscoop, zodat de jongens zich kunnen ontspannen in de avonduren. En het is er niet zo verschrikkelijk koud. Een paar zonnestralen doen de schaatsers vast ook goed. Van Kees hoeft het allemaal niet zo. Dat vertelt hij ook zonder blikken of blozen aan journalisten. 'Die tien dagen in Davos of waar dan ook op een hoge berg, helpen geen moer. Nee, ik geloof niet dat we er beter van worden.'

In 1971 heeft Kees door dat het dit keer minder ellendig is dan verwacht. Het aardige van het onderkomen van de Nederlandse ploeg is de lobby van het hotel. Daar staat een piano, waar

Kees zich in de avonduren kan uitsloven. Zeker als de bar lekker volloopt, ziet Kees het als een uitdaging om de mensen te vermaken. Peter Nottet weet precies wat er dan te gebeuren staat. Kees gaat langzaam maar zeker wat harder en fanatieker spelen. Hij weet ook dat Kees expres vals gaat spelen, om zijn teamgenoten aan het lachen te krijgen. En ook wanneer hij dat doet. Daar kiest hij vaak hetzelfde liedje voor uit. Dan galmen er een heleboel valse tonen door de lobby, zodat hotelgasten hun drankje neerzetten en zich geërgerd omdraaien naar de piano. Daar zien ze een lachend gezicht van de pianist. 'Sorry hoor,' roept Kees dan, totaal niet gemeend. Ard Schenk ziet het tafereel lachend aan vanachter de bar, waar hij voor de gelegenheid helpt met bier tappen. De sfeer is goed. Kees heeft het eigenlijk wel naar z'n zin in Davos.

Coach Leen Pfrommer is een man van strakke trainingsschema's. In de ochtend, wanneer de zon langzaam boven de bergen klimt, staat het betere beulswerk op het programma. De schaatsers krijgen dan intervalletjes en sprinttrainingen voor de kiezen. Daarna openen de Nederlandse kernploegleden hun lunchpakketjes. Bij de boterham krijgen ze een beker warme chocolademelk. Na de lunch is het tijd voor duurwerk. Drie keer 15 minuten, trainen op de lange afstanden. Vooral Ard Schenk is enorm gebaat bij deze sessies. Leen, een man met een achtergrond bij het leger, heeft niks te maken met excuses als 'beetje moe' of 'beetje pijn'. Hij dwingt de lange – en naar eigen zegge luie – Ard om laag te blijven tijdens de trainingen. Een helse klus voor iemand die zichzelf jarenlang niet al te veel pijnigde tijdens trainingen. Die niet, zoals Kees, altijd de pijngrens opzocht. Maar dankzij de strenge begeleiding van Pfrommer leert Ard de 10 kilometer beheersen.

Het is een prima trainingskamp, vindt Pfrommer. Dit heeft hij goed bedacht, zegt hij tegen zichzelf, wanneer hij na de tweede training van de dag vanaf de tribune over de bergen uitkijkt. 'Na de training kwamen Ard en Kees bij me. We zouden die week een trainingswedstrijd gaan rijden. Ze wilden er allebei zeker van zijn dat er wel sprake zou zijn van een officiële wedstrijd. Want het ijs was zo goed, zeiden ze. Eigenlijk was er helemaal geen aanleiding voor een officiële wedstrijd. Ik wilde ook dat de schaatsers niet al te veel energie zouden stoppen in dat vierkampje. Want het EK kwam eraan. Maar goed, ik wilde het nog wel even nagaan bij de internationale schaatsbond, want die zaten toch om de hoek.'

En dus meldt de bondscoach zich op het kantoor van de ISU, dat is gevestigd in het Zwitserse bergdorp. Beat Häsler is de secretaris van de internationale bond, en die zit achter zijn bureau wanneer de Nederlandse trainer zijn kamer binnenstapt met een bijzonder verzoek. 'Wij willen hier graag een officiële wedstrijd rijden, kun jij dat misschien regelen?' Leen zegt erbij dat het verzoek komt van de 'grote mannen' Ard en

Kees. De official zegt dat hij het zo kan regelen, maar legt de bondscoach wel uit dat er voorwaarden aan verbonden zijn. Het kan wel, zegt hij, 'maar ik ga natuurlijk geen wedstrijd regelen voor twee Nederlanders'. Want bij een officiële wedstrijd komt wel wat organisatie kijken, legt Häsler uit. Er moet een jury komen, een wisselwachter, een starter... 'Als jij ervoor zorgt dat er voldoende Nederlanders en een paar Zwitserse schaatsers meedoen, dan komt het wel goed.' Leen Pfrommer verbaast zich over de invloed van de Nederlandse schaatsploeg. Hij vertelt Kees en Ard bij terugkomst dat het is geregeld. Met name Kees wil zeker weten dat er sprake is van een officiële wedstrijd. De bondscoach heeft de voltallige kernploeg aangemeld voor de wedstrijd. Zowel de mannen als de vrouwen, die ook in Davos trainen, rijden een wedstrijdje over twee dagen. Ook rijdt er een aantal Zwitserse schaatsers mee, zodat het met enige fantasie een wedstrijd wordt van internationale allure.

De fantastische ijsbaan van Davos leidt tot ongekende prestaties. Op de eerste dag van de vierkamp rijden Ard Schenk (3000 meter) en bij de vrouwen Stien Kaiser (1500 meter) een wereldrecord. Krankzinnig, denkt Leen Pfrommer. Wat moet dat morgen wel niet worden, als Ard tegen Kees gaat rijden op de 1500 meter?

Wat het wordt, is de meest indringende een-tegen-een-race die Ard en Keessie ooit tegen elkaar rijden. Ard en Kees gaan tegen elkaar rijden op de afstand waarop ze allebei uitblinken. Kees is maar op één ding uit: zijn eigen wereldrecord aanscherpen op de afstand waarop hij olympisch kampioen is. En Ard Schenk een 'tik' uitdelen in de aanloop naar het EK in Heerenveen.

Kees is vlak voor dit 'trainingspotje' niet langer de vrolijke pianist van een paar dagen eerder. Hij is de Kees zoals zijn teamgenoten hem kennen in de aanloop naar de grote wedstrijden. Stil. Teruggetrokken. Peter Nottet typeert de geestestoestand van zijn kameraad als 'een hypnose'.

Er hangt een vreemd soort spanning rondom de hele 1500 meter. Enkele schaatsers voelen aan dat er iets geks gaat gebeuren. Het slechten van de tweeminutengrens hangt zelfs in de lucht. Dat is een magische grens waar nog geen schaatser onder wist te duiken. De laatste zes wereldrecords op de 1500 meter zijn zonder uitzondering gereden in Davos of Inzell. Drie keer werd dat wereldrecord gevestigd door Kees Verkerk, twee keer door Ard Schenk en eenmaal door de Noor Magne Thomassen. Kees reed in maart 1970, tien maanden eerder, de meest recente recordtijd van 2.01,9.

De loting – verplicht bij een officiële wedstrijd – wijst uit dat Kees de laatste buitenbocht heeft. Binnensmonds vloekt hij. Op de 1500 meter is de laatste binnenbocht een groot voordeel. Vóór de rit van Ard en Kees rijdt Jan Bols. Die rijdt een voor zijn doen erg snelle tijd. Hij heeft het gevoel over het ijs te vliegen. Na het rondje uitrijden bedenkt hij zich geen moment en pakt zijn camera uit zijn tas. Zijn teamgenoten kijken hem niet-begrijpend aan. 'Dit wordt wat jongens,' voorspelt hij. Jan begrijpt dat als híj al zo hard gaat, er in de komende rit iets bijzonders kan gebeuren. Zowel Ard als Kees verkeert in bloedvorm. En op de 1500 meter ontlopen ze elkaar niet veel. Kees is misschien licht favoriet, heeft meer successen behaald op die afstand. Maar Ard heeft de laatste binnenbocht en dat kan weleens beslissend zijn, bedenkt Jan. Hij kijkt door de camera en zoomt in op de start. Daar staan twee mannen naast elkaar klaar. Een lange en een kleine. Beiden kijken strak voor zich uit. Ze richten hun blik strak naar voren. De bergen weerspiegelen zich in de perfecte ijsvloer. Ard en Kees hebben al uren geen woord meer met elkaar gewisseld. Kees leeft nu in een andere wereld, dat is iedereen van hem gewend. Maar ook Ard is opvallend gefocust.

Het startschot klinkt. Leen Pfrommer ziet zijn twee pupillen in een ijzige stilte door de eerste bocht razen. De hartslag van de bondscoach schiet omhoog. Ard en Kees rijden als duivels. Dit is de rit waar het de beide mannen om te doen is geweest.

Pfrommer kijkt op zijn klokwerk. Dit zijn tussentijden die hij niet eerder heeft gezien. Leen weet direct dat het wereldrecord aan diggelen wordt gereden. De enige vraag is door wie.

Bij het ingaan van de laatste bocht ligt Kees een klein stukje voor. Maar Ard heeft de laatste binnenbocht en schaatst naar zijn rivaal toe. Kees weet het. Hij vóélt Ard komen, ook al ziet hij hem nog niet in zijn ooghoeken. Het magische wereldrecord ligt voor het grijpen. Kees geeft alles. Hij geeft te veel. Zijn gretigheid om zo strak mogelijk tegen de binnenbocht aan te rijden, kost hem een kleine misslag. Héél licht steekt de punt van zijn schaats in de sneeuwrand tussen binnen- en buitenbaan. Héél eventjes is Kees uit evenwicht. Een schim doemt op aan zijn linkerzijde. De lange arm van Ard slingert zijn blikveld in. De bocht is ten einde. De armen gaan los. Langs de kant schreeuwen de begeleiders en de andere schaatsers de mannen naar de finish. Jan Bols houdt de adem in achter zijn camera. Nog 20 meter. Met het blote oog is niet te zien wie er vóór ligt. Op de laatste meters wordt het verschil duidelijk. Ard wint. Beide mannen duiken onder de magische grens van 2 minuten – en niet zo'n beetje ook. Kees rijdt 1.58,9. Het is vandaag niet snel genoeg: Ard rijdt 1.58,7.

Leen Pfrommer is door het dolle heen. Hij vangt Ard Schenk jubelend op. Dokter Kees Lap hoort Ard na de juichkreten van zijn coach alleen maar zeggen: 'Ga maar naar Kees.' Volgens de dokter bedoelt Ard daarmee dat Kees nu wel wat steun kan gebruiken. En lijkt het Ard wat ongepast om nu uitbundig feest te vieren. Hij tempert de vreugde van Pfrommer.

Kees zoekt de schuld bij zichzelf. Hij is te gretig geweest en ging de fout in. Je hebt nu eenmaal te maken met een afscheiding tussen beide banen. Het was een minuscuul foutje, een oneffenheid die hem uit evenwicht bracht. Maar tegen deze Ard Schenk is een klein foutje funest.

Leen Pfrommer weet eigenlijk niet zo goed wat hij met de hele situatie aan moet. Hij is dolgelukkig met de tijd van beiden, maar hij weet dat Kees – ondanks zijn magistrale tijd – niet blij is. In tegenstelling tot de filmende Jan Bols zag Leen Pfrommer het wereldrecord totaal níet aankomen. 'Het was een rare wedstrijd, met een heel rare sfeer eromheen. Ard en Kees wisten blijkbaar beter wat er mogelijk was in Davos dan ik. Zij voelden aan dat hier een toptijd kon worden gereden. Ik had voorafgaand aan de race helemaal niet aan een wereldrecord gedacht. Ik was bezig met het EK. Maar zij namen deze race allebei bloedserieus, dat was duidelijk. Ik heb zelden zó'n spannende wedstrijd gezien. Zonder dat er publiek bij was, nota bene.'

Het is een trainingswedstrijdje waaruit blijkt hoe goed de twee 'routiniers' allebei nog zijn. Maar het is ook een markeringspunt. Ard klopt Kees tijdens een trainingskamp. Dat zou een aantal jaar eerder ondenkbaar zijn geweest. De zege tekent voor Ard hoe goed zijn benen zijn, maar vooral hoe sterk zijn hoofd is. Hij heeft de trekjes van Kees weten te weerstaan vóór de race, hij is de koelbloedigste geweest tijdens de race. Kees beseft dat dit problematisch is voor hem. Hij kan zelf dan wel in topvorm verkeren: als er ook maar één schaatser op deze aardbol sneller is, heeft hij een probleem. Want voor tweede plaatsen tijdens wereldkampioenschappen en de Olympische Spelen koopt Kees niet zoveel. En dankzij de strenge Leen Pfrommer maakt Ard op dit moment reuzenstappen.

Niet lang na Davos raakt Kees zijn plek aan de top van de Adelskalender – de ranglijst voor de beste schaatser ter wereld aan de hand van persoonlijke records – kwijt aan Ard. Kees heeft dan vier jaar bijna onafgebroken op nummer één gestaan. Het jaar 1970 was het jaar van de machtsgreep van Ard: hij werd wereldkampioen en won het EK. Een periode van ontembare goudkoorts was aangebroken bij de Noord-Hollander – dat wist Kees al een tijdje. Maar de 1500 meter in Davos, op 16 januari 1971, was een wedstrijd op zich. Een wedstrijd waarin Kees zijn vriend er nog één keertje onder kon krijgen. Een wedstrijd die Ard misschien pijn zou doen in de aanloop naar het nieuwe schaatsseizoen. Maar de wedstrijd bevestigde de angstige vermoedens van Kees.

Kees berust in zijn verlies. Hij feliciteert Ard direct na de wedstrijd. Kees ontwaakt uit zijn hypnose. Hij heeft er alles aan gedaan, maar Ard was vandaag foutloos en beresterk. Daar valt mee te leven. Het is weer tijd voor vrolijkheid. Kees kruipt diezelfde avond weer achter de piano in de hotellobby. En hij speelt expres een stukje vals.

De doffe ellende van pionierende profs

Er gaat steeds meer geld om in het Nederlandse schaatsen. Met het aanbreken van de Ard en Keessie-periode in 1966 breekt ook de schaatskoorts los. Consumenten zijn bereid om te betalen voor speciale schaatsuitgaven van magazines, zoals die van *Revu*. Ook kaartjes voor grote toernooien gaan als warme broodjes over de toonbank: het WK in Deventer in 1969 is twee dagen achter elkaar stijf uitverkocht met 50.000 bezoekers in totaal. Schaatsfabrikant Viking kan de vraag naar schaatsen amper aan, want in de winter wil iedereen zich even Ard of Kees voelen op het slootje achter het huis. Touroperators regelen geheel verzorgde schaatsreizen naar het buitenland: kassa.

De weerzin onder de schaatsers tegen de amateurstatus neemt met de jaren toe. Elke schaatser komt op de een of andere manier wel in aanraking met de strikte wetten van het internationale schaatsen, die door de KNSB met hand en tand worden verdedigd. Peter Nottet krijgt aan het einde van het seizoen een brief thuis van de bond: of hij niet vergeet zijn volledig versleten trainingspak nog in te leveren op het bondskantoor. In de winter ontvangt hij zelfs brieven met een dreigend toontje. Er gaan verhalen rond dat Peter heeft gedaan aan 'wilde wedstrijden' bij schaatsverenigingen. Of hij even wil opgeven hoeveel reiskostenvergoeding hij daarvoor heeft ontvangen. Of heeft hij zelfs prijzengeld ontvangen? Meneer Nottet weet toch wel dat dit ten strengste is verboden? Peter kan er wel om lachen. Bij sommige wedstrijden bedroeg de hoofdprijs niet meer dan een leverworst.

Tweevoudig Nederlands kampioen Rudie Liebrechts kan zijn ogen niet geloven wanneer er tijdens een trainingskamp in Noorwegen ineens een paar bondsofficials komen aanlopen. Ze hebben in Nederland foto's doorgekregen van de Nederlandse schaatsers in Heineken-truien. Dat is reclame maken! Kees heeft voor de hele ploeg mooie nylon truien weten te regelen bij de bierbrouwer, maar daar is de bond niet van gediend. En dat komen ze de kernploegleden even hoogstpersoonlijk vertellen. 'Jullie dragen die truien niet meer,' hoort Rudie de afgevaardigden van de bond op parmantige toon vertellen. 'Of jullie kunnen deelname aan het Europees kampioenschap allemaal wel vergeten.'

Kees Verkerk weet soms niet of hij moet lachen of huilen om de houding van de schaatsbond. Om het moralistisch geheven vingertje kan hij nog wel lachen. Als een teamgenoot op weg naar een wedstrijd in de trein passages uit het boek *Ik Jan Cremer* voorleest, grijpt een official in. Schunnige passages voorlezen is een Nederlandse sporter onwaardig, krijgen Kees en de anderen te horen. Dat geeft geen pas voor mannen die Nederland op de Olympische Spelen moeten vertegenwoordigen. Het boek wordt, tot hilariteit van Kees, in beslag genomen.

Maar er zijn ook momenten waarop Kees de bond vervloekt. Zoals rondom het wereldkampioenschap van 1969. Conditietrainer Henk Gemser maakt een morrende Kees Verkerk mee op de training, een paar weken voor het WK. Bij navraag blijkt dat Kees slechts een paar vrijkaarten 'cadeau' krijgt van de bond voor zijn familie en naaste vrienden uit Puttershoek. De rest moet hij zelf kopen. 'Daar had hij de ziekte over in,' aldus Henk Gemser. 'Dat ze hem lieten dokken, terwijl mede dankzij zijn prestaties die tent in Deventer twee dagen helemaal vol zat. Hij voelde zich een voetveeg. Dat soort incidenten vormde de voedingsbodem om de stap te zetten naar een profcompetitie.'

1972 is het jaar waarin het ervan komt: een profcompetitie voor schaatsers. De Zweed Jonny Nilsson is de man die beweging in de zaak krijgt. Kees leert Johnny kennen als iemand die nét even anders denkt dan anderen. Het meest typerend is wat dat betreft de herinnering aan het EK van 1967 in de vrieskou van Lahti. Het is Johnny die, als bescherming tegen de poolwind tijdens de afsluitende rit over 3 kilometer, een soort grote toeter voor zijn gezicht vouwt. Met de 'lampenkap' tegen zijn gezicht krijgt Johnny echter grote problemen met ademhalen. De andere schaatsers lachen de Zweed een beetje uit om zijn revolutionaire oplossing tegen de kou, maar volgens Kees tekent het de bijzondere denkwijze van Johnny.

Jonny Nilsson betrekt Ard Schenk bij zijn plannen voor een profcompetitie. Ard heeft in 1972 drie keer goud gewonnen op de Spelen en is de grote man. Als hij aan boord is, kan het plan slagen, is de gedachte van de Zweed. De timing lijkt goed: met de Olympische Spelen net achter de rug, hoeft daar in elk geval vier jaar lang geen rekening mee te worden gehouden. Want profschaatsers zijn uitgesloten van deelname. Dat zou een belemmering kunnen zijn voor toppers om zich aan te sluiten bij het plan van Johnny.

Ard Schenk gaat akkoord. Hij gaat in zee met de grote Amerikaanse geldschieter achter het hele project. Deze Bill Moore, een oud-sportman, is onder de indruk van de heldhaftige beelden die hij ziet van de Europese schaatsers. Vol met het gezicht in de sneeuw, wind en regen: échte mannen. Dat dít slecht betaalde amateurs zijn, kan de Amerikaanse zakenman niet begrijpen. In Amerika is de professionalisering van de sport al een stuk verder. Amerikaanse honkballers tekenen miljoenencontracten. Ard Schenk maakt een persoonlijke deal met Bill Moore. De andere schaatsers weten van niks. Een select gezelschap sluit zich aan bij Ard. In augustus 1972 wordt op een persconferentie in de Zweedse hoofdstad Stockholm bekendgemaakt dat – uiteindelijk zestien - Europese topschaatsers een eigen competitie beginnen. Het is de geboorte van de ISSL: de International Speed Skating League. Drie grote toernooien per schaatsseizoen, met flinke sommen aan prijzengeld. De winnaar van het EK, WK of de wereldbeker kon 150.000 gulden tegemoetzien. Een groot contrast met het zilveren klokje of de cassetterecorder waarmee de huidige wereldkampioen naar huis gaat.

Kees Verkerk is niet aanwezig bij de persconferentie, maar wordt al snel na afloop van de plechtigheid in Stockholm gebeld. Ja, hij sluit zich inderdaad aan bij de ISSL, vertelt hij de journalisten. Het is even wennen voor de media. Sommige kranten en magazines snappen de switch van de schaatsers, andere media zetten Ard, Keessie en de rest weg als ordinaire graaiers. De KNSB reageert snel met een persbericht: alle schaatsers die zich aansluiten bij het nieuwe verbond kunnen deelname aan officiële kampioenschappen wel op hun buik schrijven. Ook gaan er brieven uit naar Amsterdam, Deventer en Heerenveen. Deze ijsbanen dienen geen wedstrijden te organiseren voor de ISSL, anders kunnen ze de organisatie van een officieel toernooi wel vergeten. Dat het de bond menens is, blijkt wel wanneer conditietrainer Henk Gemser wordt ontslagen. Hij heeft immers zomertrainingen afgewerkt met de nieuwe profs. Een doodzonde. Hij wordt pas weer in genade aangenomen als bij belooft zich nooit meer te bemoeien met de 'geldzieke schaatsers van de ISSL'.

De ISSL moet op zoek naar een nieuw onderkomen, want de gerenommeerde ijsbanen houden de poorten gesloten voor de profs. Dat nieuwe onderkomen vinden de profs in Den Haag. Op de Uithof worden in januari 1973 World Cup-wedstrijden gehouden onder de vlag van de ISSL. Bill Moore en zijn praatgrage advocaat Edgar Neely hebben een deal gesloten met de Uithof. Neely en Moore laten op hun kosten tribunes bouwen, als de ISSL vijf jaar lang wedstrijden mag rijden in het stadion. De eerste wedstrijden zijn een slecht voorteken: er is geen kip. Kees kan tijdens het inrijden zijn ogen niet geloven. 'Die Amerikanen beweerden dat het vol zou zitten. Maar ze hadden het slecht aangepakt met de verkoop.' Jan Bols denkt in eerste instantie dat het publiek nog vast zit in het verkeer. 'Het was stormachtig, de boarding vloog over de ijsbaan. Ik dacht: het publiek heeft moeite om hier naartoe te komen. Dus we stelden de start uit. Maar de tribunes bleven leeg. Het was een flop.'

Maar elk begin is moeilijk. Dus Kees, Jan en de andere profs houden hoop. Tot het moment, aan het einde van het schaatsseizoen, waarop duidelijk wordt dat Bill Moore misschien toch niet zo rijk is als dat hij zich voordoet. De schaatsers komen erachter dat ze ongedekte cheques mee naar huis krijgen. Ze zijn bedonderd. De Amerikanen blijken totaal onbetrouwbare zakenpartners te zijn. De pleuris breekt uit. Na de slecht georganiseerde wedstrijden volgen publiekelijk moddergooien en zelfs rechtszaken. Ard Schenk omschrijft die periode in zijn biografie als 'doffe ellende'.

Die woorden kan Kees onderstrepen. Hij krijgt alle heibel half mee. Hij is wat ouder dan Ard en heeft een meisje in Noorwegen. De blik gaat op de toekomst. Hij vat de eerste poging tot professioneel schaatsen samen met: 'Gedoe. Ard was de grote man. Zeker wat betreft zijn prestaties op dat moment. En hij sprak wat Engels. Dus hij had contact met die Amerikaan die het allemaal zou regelen. De verdeling van het geld was een probleem. De nummer 1 kreeg alles, de rest minder dan de helft. Dat is Amerikaans: alles voor de winnaar. Ik was een soort vertegenwoordiger van Scandinavië in die onderhandelingen, als halve Noor. Maar dat ging allemaal niet zo makkelijk.'

Kees voelt de controle langzaam maar zeker helemaal uit zijn handen glijden. Hij heeft geen vat meer op de afspraken die

Ard en Johnny maken met de Amerikanen. De communicatie tussen de twee vrienden is nu verre van ideaal. Er ontstaan ruzies, ook tussen Kees en Johnny, die een flinke vinger in de pap houdt. Het is een kwestie van ieder voor zich. Kees voelt zich op een gegeven moment zelfs gepiepeld door de nieuwe organisatie, waarin Ard zo'n centrale rol speelt. 'In 1973 zat ik in Deventer op de tribune van het IJsselstadion te kijken naar de 'amateurs' toen er een vliegtuigje overvloog met een tekst erachter, waaruit bleek dat sprinter Jos Valentijn ook prof was geworden. Wat een lullen. Ik wist helemaal van niks. Ik had dat moeten weten. Ik dacht dat ik een hartverlamming kreeg. Lekker Amerikaans om op zo'n manier een nieuwe jongen te presenteren... Toen wist ik dat iedereen maar wat deed.' Kees voelt zich bedonderd door zijn makker Ard Schenk, die het voor zichzelf allemaal goed regelt. Kees heeft Ard jaren mee op sleeptouw genomen langs allerlei zaaltjes voor een redelijk gevuld envelopje. En nu wordt het grote geld verdeeld en denkt Ard vooral aan zichzelf. Kees: 'Ard had zoiets van: ik ben nu de kampioen en jouw tijd is voorbij. Daar had hij ergens ook wel gelijk in. Maar leuk is het niet.'

Kees is er dan ook niet heel rouwig om dat de hele opzet mislukt. 'Het werd uiteindelijk een zooitje. Maar ooit moet je beginnen met het profgebeuren, dus het was niet zo gek dat we het probeerden. Het kon niet langer meer door op de oude manier. De band tussen de schaatsers en de bond werd alleen maar slechter. Alleen Ard was eigenlijk niet de man om de nieuwe competitie te regelen. Dat regelen zit niet zo in zijn karakter. Maar hij was natuurlijk de grote man op dat moment, dus het was logisch dat ze bij hem uitkwamen.' Bondscoach Leen Pfrommer zit met de brokken, want zijn kernploeg is leeggelopen richting de profs. Alle toppers konden vroeg of laat een aanbieding tegemoetzien. 'Ik zag het in eerste instantie allemaal met lede ogen aan. Maar het ging helemaal mis met die profs. Ik denk dat Ard Kees er meer bij had moeten betrekken. Die is zakelijker. En misschien was een goede, professionele vertegenwoordiger bij de onderhandelingen ook wel slim geweest.'

Dat Ard Schenk 100.000 dollar heeft overgehouden aan de deal met de Amerikanen, onthult hij in zijn biografie. Kees wist van niks. Jan Bols en Kees Verkerk houden ongeveer eenderde van het bedrag van Ard over aan de profcompetitie. Eddy Verheijen nog veel minder: 'In China kun je zakendoen door afspraken op de achterkant van een sigarendoosje te noteren. Een man een man, een woord een woord. Met die Amerikanen werkt het blijkbaar anders.' Sommige schaatsers zien zelfs geen cent. Het zijn in elk geval fracties van de gouden bergen die de Amerikanen hun hebben beloofd. Kees weet dat er zo'n twee miljoen gulden in een lade lag bij de ISSL. Geld dat binnenkwam via sponsoren, televisierechten en recettes. Het is vooral in Amerikaanse zakken verdwenen, denkt Kees.

Jan Bols houdt het erop dat pionieren nu eenmaal niet makkelijk is. 'We werden door de bond en door sommige journalisten echt gezien als rebellen. En ik snap ook wel dat ze dat vonden. We hadden allemaal een beetje dollartekens in de ogen gekregen. Het was allemaal erg ondoorzichtig, niemand wist wie hoeveel kreeg. Maar wat voor keuze had je? Ik was 29 jaar oud, getrouwd, en had amper geld om handen. Wij reden bij de bond voor een horloge of zilverbestek. En toen ineens was daar die Amerikaan die zei: "Ik heb geld, ik heb interesse in de schaatssport en ik wil investeren." Dan moet je het er gewoon op wagen.'

Voor Kees betekent de mislukte profcompetitie een roemloos afscheid van een rijk schaatsleven in Nederland. Kees volgt de strijd die Ard en de Amerikanen uitvechten in de rechtbank van een afstandje, via de kranten in Noorwegen. Hij is begonnen aan een nieuw leven en kan zich er niet al te druk over maken. De twee spreken onderling verder nooit meer over die vreemde periode. Kees is ook niet van plan het ooit nog ter sprake te brengen. Zonde om een vriendschap te laten verstoren door zoiets als geld.

De brullende bondscoach

Kees Verkerk heeft een visie op het schaatsen. Techniek gaat voor kracht, dat staat voorop. Welke bondscoach hij ook voor z'n neus krijgt, zijn eigen visie blijft heilig. Vanaf dat hij stopt met schaatsen, krijgt Kees al snel de kans om zijn visie over te brengen als coach. De Zweedse bond ziet hem als een geschikte roerganger. Ze hebben geen cent te makken, maar denken dat Kees daar als geboren sfeermaker wel mee kan omgaan. Kees wordt in zijn zes jaar als bondscoach geen kampioenenmaker, maar de Zweedse schaatsers kunnen niet zeggen dat ze zich hebben verveeld.

Kees' vriendin Sally blijkt in 1973 zwanger te zijn. De zwangerschap is de aanleiding voor een bruiloft. Enerzijds omdat dat 'zo hoort' als er een kindje aan komt, anderzijds omdat Kees zijn verantwoordelijkheid wil nemen. Kees Verkerk verhuist in 1973 naar Noorwegen en stopt in 1974 met schaatsen. Zijn plotselinge vertrek komt voor sommige fans als een verrassing en voor anderen als een teleurstelling. Tijdens een afscheidsreceptie in Puttershoek bijt iemand uit ongecontroleerde teleurstelling zelfs in Kees' hand. Maar er moet brood op de plank komen en de ouders van Sally hebben een camping in Hamresanden, waar Kees aan de slag kan. Dus valt de keuze op een nieuw leven in Noorwegen. Een leven zonder schaatsen, denkt Kees wanneer hij afscheid neemt van het schaatsen na de roerige profperiode. Maar het loopt anders.

Al vrij snel hangt er iemand van de Zweedse schaatsbond aan de lijn. De huidige bondscoach stopt ermee, zegt de man. Hij heeft ook een heel verhaal over hoeveel bewondering de Zweedse schaatsers hebben voor Kees. Bovendien spreekt Kees Noors en daarmee kom je een heel eind in Zweden. Na overleg met Sally besluit Kees toe te happen. Op zijn nieuwe werkplek, de camping in Hamresanden, is het in de wintermaanden rustig. Dan kan Kees mooi op pad met de kernploeg van de 'buren'.

En zo houdt Kees een Zweedse traditie in ere. Zijn voorganger als bondscoach was namelijk Kees' landgenoot Kees Broekman. De man ervóór was de door Kees altijd zo bewierookte Anton Huiskes, die na zijn vertrek bij de Nederlandse bond voor grote olympische successen zorgde bij de Zweden. Het Zweedse schaatsboegbeeld Örjan Sandler (actief op maar liefst vijf Olympische Winterspelen) is enthousiast als hij de naam van de nieuwe bondscoach hoort. 'Ik kende hem nog van de wedstrijd in de hel van Lahti, waaraan ik ook meedeed. Hij won daar het EK bij een temperatuur van -27, door van de kleedkamer direct naar de startstreep te gaan. En de tegenstander daar even te laten wachten. Die verhalen kende iedereen natuurlijk. Dus we wisten wel wat voor iemand we als coach kregen. Een slimme man met een eigen wil. En met ontzettend veel humor. Wij zagen het wel zitten.'

Kees heeft al snel door dat de Zweedse rijders niet over dezelfde over-mijn-lijk-mentaliteit beschikken als Kees zelf. Dat ziet hij vooral tijdens de wedstrijden. Kees is zoekende naar de juiste manier om die mentaliteit erin te krijgen. Kees heeft zelf ook niet de bagage als trainer om daar direct verandering in te brengen. Misschien is hij minder geschikt als bondscoach dan als schaatser, erkent hij zelf. 'Eigenlijk was ik veel te gek om trainer te zijn. Ik stond te brullen man, langs de baan. 's Avonds kon ik niet meer praten. Maar die Zweden hadden ook niemand in de ploeg die er even tegenaan ging. Die de boel écht op scherp zette. Ze geloofden het wel en wilden gewoon lekker schaatsen. Dus dat gedrag compenseerde ik met mijn fanatisme.'

Van 1975 tot en met 1980 coacht Kees Verkerk de Zweden. Twee Olympische Spelen staat hij te brullen langs de baan. Met de schaatsers heeft hij een goede band, maar ook hier is de bond – net als in Nederland - niet z'n grootste medestander. Hoewel het bij de Zweedse schaatsbond niet zozeer een kwestie is van onwil, maar van onmacht. 'Het moeilijkste was om geld te krijgen om op trainingskamp te kunnen. De Zweedse schaatsbond had he-le-maal niks. Iedereen die daar op kantoor kwam werken, maakten ze ook meteen lid van hun eigen bond. Meer leden betekende meer subsidie vanuit de sportkoepel. Waanzin natuurlijk. De voorzitter van de schaatsbond betaalde contributie als lid van zijn eigen bond... Dat was het probleem in een notendop. Daarom gingen we ook vaak met mijn auto op pad. Zelden vliegen. Want als we een paar keer vlogen met de hele ploeg, was het hele budget op. Dus reden we met mijn auto vanuit Stockholm, Karlstad of Gotenburg met vijf man naar verre wedstrijden. Naar Deventer, Inzell, Davos, noem maar op.'

Om al die uren in de auto vol te kunnen houden, moet er sprake zijn van een goede sfeer. Dat kun je aan de bevlogen bondscoach wel overlaten. De honderden moppen die hij ooit in het café hoorde en inmiddels ook honderd keer heeft verteld aan andere schaatsers, komen mooi van pas. Je moet ook wat, als je van Stockholm naar Davos rijdt. Zonder te stoppen is dat al 20 uur rijden. De Zweedse kernploeg zat dus een etmaal in de auto voordat er kon worden geschaatst. 'Twee man voorin, drie achterin. We deden vooral aan moppen tappen. En we hadden een spel bedacht waarbij je aan iemand moest denken. 'Is het een man?' 'Is het een politicus?' 'Is het een Europeaan?' dat werk. Zo ben je gauw een paar uur bezig. Zeker als je iemand hebt bedacht van wie de anderen in de auto nog nooit hebben gehoord.' Tot grote frictie leidt het uren op elkaars lip zitten niet. 'De pleuris brak nooit uit. Ik heb altijd kerstkaarten ontvangen van een paar van die jongens. Dan zal het wel goed zijn geweest.'

Kees is in die tijd méér dan de man die de rondetijden in de gaten houdt. Door het beperkte budget vervult hij meerdere functies, zoals chauffeur. 'Verder was ik de trainer, dokter en masseur. Wanneer iemand stijve spieren had, dan gooide ik de boel los. En wanneer iemand zich niet lekker voelde, moest ik beoordelen hoe ernstig het was.'

Kees verdient weinig salaris met de klus, maar krijgt aardig wat reisgeld. Dat is ook wel nodig, want de ritjes van het zuidpuntje van Noorwegen naar de Zweedse hoofdstad Stockholm nemen een halve dag in beslag. De Zweedse ploeg rijdt naar de grote toernooien in een Mercedes 220. Die auto heeft Kees ooit van de fanclub gekregen. De oude wagen heeft het zwaar in de wintermaanden. Kees heeft een vaste kamer in het Zweedse hotel op de derde verdieping. Hij zorgt ervoor dat er een kabel loopt tussen zijn Mercedes, die onder het raam staat, en de hotelkamer. De kabel is een meter of 25. Zo slingert hij de motor van de auto 's ochtends, vanuit de kamer, vast aan om 'm op te warmen. 'Want anders kunnen we voor elk toernooi een nieuwe startmotor kopen.' Het zijn dit soort tafereeltjes die de Zweedse schaatsers met verbazing gadeslaan.

Na een rit van in totaal 22 of 26 uur arriveert de Zweedse ploeg zelden in glorieuze conditie op een eindtoernooi. De schaatsers kunnen amper rechtop staan, laten zich nog net niet uit de auto vallen wanneer ze zijn gearriveerd. Kees ziet echter geen andere oplossing. 'We hadden natuurlijk wel eetpauzes onderweg. Ik nam koffie en broodjes mee en zij hadden warm eten. Konden ze daarna lekker slapen in de auto. Als ik warm eet en daarna ga rijden, dan ben ik weg. Dan slaap ik ook heel lekker, maar wel met het stuur in m'n handen. Hoewel ze wel een beetje konden uitrusten, kwamen die gasten vaak met stijve poten aan.'

Zijn tijd als bondscoach is ook de periode waarin Kees actief gaat roken. Hij heeft natuurlijk al jaren meegerookt in het café. Menig dokter had hem aan het begin van zijn loopbaan voorspeld dat hij het nooit ver zou schoppen als schaatser, doordat hij de hele dag in de rooklucht stond. Maar zélf roken, dat komt pas na 1975. 'Meer uit verveling. Ik moest van Hamresanden naar Stockholm rijden voor een training. Als het erg glad was, zat je 14 uur in de auto. En wat ga je dan doen? Eerst snoepen, later roken. Tussendoor probeerde ik ook nog van die pruimtabak, waar die Zweden zo dol op zijn. Dat stop je tussen je lippen. Ik spuugde dat spul niet uit, want dan moest je het autoraam opendoen en het was natuurlijk stervenskoud. Dus ik slikte de tabak door. Maar dat is niet zo goed voor je lichaam, kwam ik al snel achter. Toen ben ik dus gaan roken.'

Kees probeert nieuwe trainingsmethoden te introduceren binnen de Zweedse ploeg. 'Er moest een omslag komen: de trainingen moesten meer worden gericht op techniek in plaats van alleen maar rennen en vliegen. Dus ik had tegen alle Zweedse trainers binnen de bond gezegd: "Dit is mijn oude trainingsschema, ga dat maar doen met alle jongens die jullie trainen."'

Örjan Sandler vertelt dat de Zweedse schaatsers in het begin erg moeten wennen aan de werkwijze van de nieuwe bondscoach. 'We trainden bij hem totáál anders dan dat we gewend waren. Ik denk dat hij de trainingen die hij vroeger zelf had gevolgd, losliet op ons. We moesten allemaal 'relaxter' gaan schaatsen. Veel soepeler. Er kwam veel techniek bij kijken. Met hardlopen en dat soort zaken had Kees niet zoveel.'

Als schaatser dwingt Kees Verkerk zichzelf om – vaak zelfverzonnen – oefeningen tot in de perfectie uit te voeren. Eindeloos schaven aan de ideale slag, aan de perfecte bocht. Weer of geen weer, kerst of geen kerst: Kees doet zijn oefeningen. Elke schaatssprong in het bos die hij wel doet en zijn concurrenten niet, kan het verschil maken in de grote wedstrijden. De Zweden zijn bekend met de reputatie van de grote Kees. En ook met zijn nimmer aflatende drang om keihard te trainen. Toch valt het de Zweedse schaatsers wel mee wat betreft het 'Spartaanse regime' van hun nieuwe trainer. Kees weet dan ook dat hij het 'harde werken' niet hoeft te introduceren in Zweden: 'De Zweden waren wel gewend aan hard trainen, maar niet aan goed trainen.' De focus op de techniek – ook tijdens de buitentrainingen – voert in al die jaren de boventoon. Het komt slechts een enkele keer voor dat de brute kracht van de schaatsers op de proef wordt gesteld. En als dat dan een keer gebeurt, heeft Kees daar zelf belang bij.

Wanneer campinghouder Kees Verkerk, ergens op een gure winteravond in 1979, wordt gebeld voor een noodsituatie, is er geen reden voor paniek. Het gebeurt wel vaker dat er iets mis is op de camping. Leiding stuk, problemen met de elektra, een auto die niet wegkomt door de kou: Kees maakt het mee en lost het op. Nu blijkt er een auto klem te staan. Het is half twaalf, de camping is uitgestorven, en Kees gaat naar de plek waar de problemen zijn. Aangekomen blijkt de situatie toch een stuk ernstiger dan gedacht. De auto is half in een kleine afgrond gereden. Twee wielen wijzen al naar de beneden, de achterwielen staan nog op de weg. Degene die Kees heeft ingelicht over de hachelijke situatie, staat er nog. De chauffeur heeft de benen genomen, krijgt Kees te horen van de man. 'Ik zei tegen hem: "Blijf hier even staan, ik ga thuis een krik halen en ik kom snel terug." Toen ik terugkwam met die krik, bedacht ik dat ik heel weinig met zo'n krik kon beginnen, want die helpt niet als een wagen half in de afgrond staat. Ik kon niks. Maar ineens schoot het me te binnen. Er zijn hier twaalf Zweden aan het trainen, die verblijven allemaal in huisjes op de camping. Allemaal goeie, sterke schaatsers die zich voorbereiden op de Spelen van 1980 in Lake Placid.'

Kees loopt naar de kamers waar zijn schaatsers verblijven. Ze liggen al te slapen wanneer Kees de deur openzwaait. 'Heren, dit is een oefening in verband met het tijdsverschil in Amerika. Daar moeten we aan wennen, dus trek dat trainingspak aan en dan gaan we op pad.' De beduusde Zweden doen wat hun wordt gevraagd en lopen het pad van de camping af. Daar komen ze langs de auto. 'Er staat daar een auto naast de weg,' roept een van de Zweden verschrikt. Precies volgens het plan van Kees. 'Nou, aan de slag,' roept Kees. Met vereende krachten krijgen de Zweden de auto weer recht. Kees ziet het tevreden aan. 'Jongens, bedankt. Dit was een goede training. Handen wassen en weer naar bed.' Kees geeft de sleutels van de auto aan teamnestor Örjan Sandler. 'Blijf er maar in rijden tot de eigenaar van de auto zich meldt en dankjewel zegt voor je hulp.' De Zweedse ploeg rijdt de rest van de week rond in een fraaie Mercedes.

De Zweedse mannen winnen tussen 1975 en 1980 dan geen grote triomfen: de bondscoach zelf wél. Sterker nog: Kees boekt een van zijn mooiste overwinningen nadat hij al jaren officieel is gestopt met schaatsen en al jaren trainer is. Het is misschien geen toernooizege die overal de kranten haalt, maar wel eentje die voor Kees van grote waarde is.

In 1979 belt zwager Joop. 'Morgen is het dé dag. Het gaat gebeuren. En jij moet erbij zijn Kees, jij móét erbij zijn!' Kees weet direct dat zwager Joop gelijk heeft. Morgen wordt er gestreden om de beker van Puttershoek. Een toernooi over 160 meter. Eén stuk rechtdoor. Kees heeft de beker gewonnen in 1961 en 1962, net voor zijn grote successen. En wie de beker drie aaneengesloten edities wint, mag 'm houden. Er zijn al twee schaatsers die de grote bokaal twee keer veroverden. Drie keer op rij lukte nog niemand. En Kees is nog altijd regerend kampioen van Puttershoek; de afgelopen zeventien jaar is die wedstrijd niet verreden. Over zijn fitheid maakt Kees zich geen zorgen: hij rijdt nog weleens een rondje en bovendien is het niet bepaald de wereldtop die verschijnt aan de start. Er is alleen één probleem: Kees is in training met de Zweedse ploeg. In Deventer, nota bene. Zwager Joop wil er niks van weten. 'Verzin maar een list. Als je nu wint, dan heb je die beker voor altijd!'

Een list verzinnen kun je aan Kees wel overlaten. Hij tikt een Hollandse dokter in Deventer op de schouder. 'Kun je mijn Zweedse jongens nakijken?' De dokter wil weten waarom. 'Ik wil zeker weten dat ze fysiek in orde zijn. Het liefst morgen al.' Er is helemaal geen noodzaak tot een onderzoek, maar Kees wil naar Puttershoek. Dus hij moet een manier verzinnen om zijn schaatsers af te leiden. Kees betaalt het doktersonderzoek uit eigen zak. Hij maakt een tijdsafspraak voor de volgende dag. De schaatsers zijn de volgende dag vier uur lang onder de pannen bij de bevriende dokter.

Dat geeft Kees vier uur de tijd om van Deventer naar Puttershoek te reizen, te winnen, de beker op te tillen en met de glimmende bokaal in de achterbak weer terug te rijden. 'Het toernooi was zo opgezet dat je twee keer tegen dezelfde tegenstander moest rijden. Er volgde een derde rit als beiden een keer wonnen. Het was gewoon een kwestie van rechtdoor rijden, zo hard mogelijk. Sprintersbenen had ik niet, maar veel tegenstand evenmin. De een was slager, de ander had een vishandel en een derde reed rond in een wagen om melk te verkopen. In 1979 deed de rechtsback van het plaatselijke voetbalteam mee. Dat waren mijn concurrenten.' Kees geeft in een interview na afloop van de gewonnen wedstrijd aan dat hij doodnerveus was. Hij wilde deze beker zó graag winnen.

'Het is misschien wel de mooiste cup die ik heb. Komt ook door de opzet. 160 meter rechtuit. Eerlijker krijg je het niet. En natuurlijk is de geschiedenis bijzonder. De beker is gemaakt in 1945, toen begonnen ze ermee. Alle namen van de vorige winnaars staan erin. Het is een echt zilveren beker en het duurde twintig jaar voordat ik 'm eindelijk definitief won. In m'n eigen dorp. Iedereen wilde die beker hebben, iedereen die een beetje kon schaatsen deed aan het toernooi mee. De beker is gewonnen door timmermannen en door mannen met bijnamen als Spekkie. Je was dan de beste schaatser van het dorp en dat betekende heel veel. Dat ererondje op 17 januari 1979, op de Boezemvliet heen en weer, tussen de vastgevroren woonboten, is een van mijn mooiste ererondjes ooit.'

De Zweedse jongens zijn prima in orde, krijgt Kees aan het eind van de middag te horen van de dokter.

Het Zweedse avontuur eindigt in 1980, zonder dat Kees noemenswaardige successen heeft gevierd als bondscoach. Toch krijgt hij alle waardering vanuit de Zweedse bond. Ze vinden het bewonderenswaardig hoe Kees met minimale middelen jarenlang met die ploeg de hort op is gegaan. Geen geld en toch een goede sfeer: dat vinden de Zweden best bijzonder.

Kees blijft actief als amateurtrainer van de lokale talenten in de Noorse stad Stavanger. Daar traint hij op dinsdagen de leeftijdscategorie 9 tot 12 jaar. Want, vindt Kees, 'kinderen leren schaatsen is het mooiste wat er is'. Op maandagavond rijdt Kees van Hamresanden naar Stavanger, waar hij bij de voorzitter van de schaatsclub op een sofa overnacht. Dinsdag de hele dag op het ijs voor de schaatsschool en dinsdagavond weer naar huis. Hij houdt het een paar jaar vol en dan is het écht over en uit voor de trainer Kees Verkerk. De brullende bondscoach houdt zich voortaan stil.

Kees Verkerk: sporthal, paprika en renpaard

De foto's zijn vandaag de dag nog altijd zichtbaar achter de bar. Ze hangen hoog, nog boven de flessen Bacardi en ander sterk spul. Allemaal met een fraaie houten lijst eromheen. Kees Verkerk in een omarming met Fred Anton Maier. Kees Verkerk in ditzelfde café. Fans van Kees Verkerk die met een groot spandoek richting het stadion lopen. Waarschijnlijk Puttershoekers, maar dat weet de vrouw die deze middag achter de bar van 't Veerhuys staat niet zo goed. Ze heeft niet zoveel op met schaatsen.

Het was druk, gisteravond. Een feest-dj doet het altijd goed bij de jeugd van Puttershoek. De schoonmaakploeg is net klaar. Het is zaterdagmiddag, vanavond staat het hier weer vol. Althans, dat valt te hopen, zegt de vrouw. Ze steekt een sigaret op. Ze is al decennia werkzaam in 't Veerhuys, zegt ze. Ja, er komen nog steeds mensen binnen die vragen 'of dit de kroeg van Kees Verkerk was'. Nee, niet meer zo vaak als vroeger, toen dit een soort bedevaartsoord was voor schaatsliefhebbers.

Aan de muren hangt nog meer Kees. Een zwart-witfoto, genomen na het imponerende wereldrecord van 15.03,6 op de 10 kilometer tijdens het EK van 1969. Kees heeft de bekende bontmuts op. Hij houdt zijn rechterarm triomfantelijk in de lucht. Aan zijn rechterhand een handschoen van extreem formaat. Een ovenwant, lijkt het wel. Op de linkerborst van zijn jasje prijkt de Hollandse leeuw. 'Nederland' staat eronder. Tegen dit muurtje staan de tieners van Puttershoek vandaag de dag te tongzoenen. Af en toe zullen ze per ongeluk tegen de triomfantelijke Kees leunen.

Datzelfde semi-romantische lot wacht een ingelijst krantenartikel, een paar meter verderop in het café. Het is een interview dat ooit in het *Algemeen Dagblad* heeft gestaan. Het gaat over de jeugd van Kees. Hij vertelt dat hij uit Maasdam komt, maar dat iedereen hem altijd linkt aan Puttershoek, waar hij pas op zijn vijftiende naartoe verhuisde. Iedereen noemt hem de 'jongen uit Puttershoek'. En dat is, zo zegt Kees in het interview, 'eigenlijk best wel sneu voor Maasdam'. Ironisch genoeg hangt het interview aan de muur van de kroeg in Puttershoek, waar schaatsfans op zoek gaan naar de 'roots' van Kees Verkerk.

Aan de andere kant van de bar hangt de meest in het oog springende herinnering aan 'toen'. Negen tegeltjes vormen gezamenlijk een mozaïek, waarop twee schaatsers zij aan zij door een bocht zwieren. 'Ard en Ceessie,' staat er in sierlijke letters onder.

Toch is het niet meer het café uit de tijd dat Kees, toen vader Pleun en de andere familieleden er nog bier stonden te tappen. Het is inmiddels een stuk groter. De ruimte waar het gezin Verkerk woonde, is bij de kroeg getrokken. De bar is naar achteren verplaatst. De indeling is veranderd. Aan de buienkant is er echter weinig veranderd. Wie op een lentedag zijn fantasie de vrije loop laat, kan de huldigingen van de dorpsheld zó voor zich zien. De dijk, waarover nu mensen met fluorescerende hardloopkleding zich in het zweet werken, vol met feestvierende mensen. Zingend, lallend, klappend. Vader Pleun die vanuit de deuropening van het café tevreden toeziet hoe zijn zaak op deze dag het centrum van de wereld lijkt te zijn. Kees die in een speedboot op een aanhanger over de dijk wordt vervoerd. Kleine jongetjes die hem roepend achternarennen.

Vanaf de dijk is het een paar minuten rijden naar de Kees Verkerkhal. Het staat er met koeienletters op. Het is geen fraai gebouw. Voor de ingang rookt een jongen in Barcelona-shirt een sigaretje. Zijn vrienden zijn binnen bezig aan een zaalvoetbalwedstrijd. Hij staat wissel. De jongen denkt dat niet alle jongeren in zijn dorp weten wie de naamgever van deze sporthal precies is. Ja, hij weet het zelf wel. Zijn ouders hebben het nog weleens over Ard en Keessie als er schaatsen op tv is.

Het is nog geen twee minuten doorrijden naar de schaatsvereniging. 'Kees Verkerkbaan', staat er met grote geblokte letters op het clubhuis. Daarboven een uit hout gesneden afbeelding van een schaatser met oranje trui en blauwe schaatsmuts. Onmiskenbaar.

Pal voor de ijsbaan staat een standbeeldje. 'Cees Verkerk', is er ter verduidelijking onder gezet. 'Wereldkampioen 1966-1967. Aangeboden door ontwerper Verschoor en Suikerfabriek Puttershoek'. Dan de datum: 1 mei 1967. Het standbeeld is al meer dan vijftig jaar oud. Kees staat in de starthouding. De lichaamsverhoudingen lijken niet helemaal te kloppen. Het hoofd van Kees is nogal groot vergeleken met de rest van het lijf. Maar wat duidelijk is na een rondje door het dorp: Puttershoek is nog altijd het dorp van Kees Verkerk.

Des te opvallender dat er zelfs in Puttershoek geen eenduidige manier is om de voornaam van Kees Verkerk te schrijven. Op de sporthal staat Kees, onder zijn standbeeld Cees. De ijsbaan naast het standbeeld is dan weer de Kees Verkerkbaan, terwijl het mozaïek in 't Veerhuys spreekt van Ceessie. Tot zijn grote doorbraak houden de meeste journalisten het bij Cees Verkerk in hun verslagen. Maar na 'Deventer' is daar ineens het duo

Ard en Keessie. Kees zelf haalt er zijn schouders over op. 'Met een K is misschien het meest logisch. Ik heb ooit een kaart gestuurd vanuit Nederland naar de familie van Sally, waarin ik per ongeluk Cees schreef. Ik had Cornelis Arie moeten schrijven, maar schreef Cees. Zo staat het dus ook op het bord voor de camping. Maar er kwam een keer een Nederlandse vrouw op de camping en die zei dat 'Cees' 'Kees' hoort te zijn. Misschien had die vrouw wel gelijk. Maar waarom zou iemand moeilijk doen over een K of een C? Dat vraag ik me vooral af. Toen die naam op de kerstkaart naar de familie van Sally stond, dacht ik: *ja, het staat er nu toch*. Cees is prima. Pas toen die klagende vrouw de camping op kwam, ging ik erover nadenken. Hoe schrijf je mijn voornaam? Ik denk dat het er vooral aan ligt wie hem schrijft.'

Binnen, in het clubgebouw van de ijsvereniging in Puttershoek, hangt een lijst met foto's. Kees die schaatst, maar ook Kees die – al met grijs haar – allerlei plichtplegingen verricht. Binnenkort krijgen de verzamelde foto's van Kees Verkerk een officieel karakter, wanneer hier een Kees Verkerk Museum wordt geopend. Het plan is om de wedstrijdschaatsen van Kees hier te stallen. Het zijn de schaatsen die hij tijdens elk groot toernooi heeft gedragen en waarop hij al zijn titels wist te veroveren.

Een sporthal en een ijsbaan vernoemen naar een olympisch kampioen, is misschien niet heel erg verrassend. Maar er worden in de loop der jaren ook wat minder voor de hand liggende voorwerpen naar Kees Verkerk vernoemd. Een tulp en volgens Kees 'nog wat bloemen'.

En een paprika.

Het verbaast hem nogal wanneer hij er op een gegeven moment lucht van krijgt dat er een paprika is ontwikkeld die zijn naam draagt. 'Die mensen ontwikkelden nieuwe soorten paprika. Hein Vergeer was de groene, ik de rode. Dat paprikabedrijf kwam uit het Westland. Ik kreeg via de Noorse pers te horen dat ik een paprika was in Nederland. Die journalist wilde me daar wat over vragen, want hij vond het nogal speciaal. Ik wist alleen van niks. Ik belde dat paprikabedrijf op. De vrouw die de telefoon opnam, schrok zich wild. Ze dacht dat ik boos zou zijn. Ik zei: "Ik vind het fantastisch dat ik een paprika ben." Ze was opgelucht: "Meent u dat? Ik verbind u direct door met de baas." Ik heb die baas van het veredelingsbedrijf uit De Lier gevraagd om mij even wat informatie te sturen over wat er met die paprika aan de hand was. De kenmerken van de Kees Verkerk-paprika, zeg maar. Die informatie heb ik aan de Noorse journalist gegeven die me er in eerste instantie over belde. En zo stond er hier een heel artikel over in de krant. Ik heb echt geen idee hoe die Noorse journalist ervan wist. Die man was blijkbaar goed op de hoogte van paprika's.'

Ook krijgt Kees Verkerk een eigen renpaard. In het begin besteedt Kees niet veel aandacht aan dat toch redelijk bijzondere gegeven. 'Ze hadden een handtekening van me nodig om dat paard zo te mogen noemen. Maar ik zat in Noorwegen voor een wedstrijd. *Ga maar naar m'n vader in het café, die zet wel een krabbel* – zo werd dat geregeld.'

Tien jaar lang is het paard Kees Verkerk niet te stuiten. De Schrik van het Westland, wordt de veelzeggende bijnaam van het succesvolle renpaard. Het wint bijna honderd koersen en sleept acht ton binnen aan prijzengeld. Het gebeurt in de jaren zeventig, wanneer de paardensport behoorlijk populair is in Nederland. 'Mensen vroegen me altijd: hoeveel geld heb je daar nu mee verdiend? Niks! Maar ik heb er wel een hoop lol aan beleefd. Ik kwam in die stal, was bij races. In Gotenburg zat ik op de tribune, maar toen was Kees Verkerk ziek geworden tijdens de vlucht vanuit Amsterdam. Kees Verkerk hield niet van vliegen, net als de echte Kees Verkerk. En ze hadden last van onweer onderweg, dus het paard was totaal de weg kwijt. Hij rende nog net niet achteruit. Maar normaal gesproken won Kees altijd.' Iets als 'Heya Keessie' roepen naar het paard vanaf de tribune doet Kees niet. Hij kijkt wel uit. 'Het is serieus volk, bij de paardensport. Met een hoed op. Dat soort fratsen vinden die mensen niet leuk.'

De afscheidswedstrijd van het paard op 16 januari 1982 is bijzonder: een race tegen zijn naamgever. Duizenden mensen kijken toe hoe de twee 1000 meter afleggen. Ook voor Kees Verkerk is het een nieuwigheidje: schaatsen tegen een bloedsnel paard, dat voor de gelegenheid spikes onder zijn hoeven krijgt geschroefd. Het wordt een race op het ijs van de Rottemeren. IJzers tegen ijzers. Hoeven tegen schaatsen. De hoeven winnen.

Maar de mooiste vernoemingen vindt Kees de vele Ards en Keessen die er in de jaren zestig ter wereld komen. 'Ik was in Anna Paulowna op een verjaardag bij Ard. Een feest in een schuur. We waren allemaal verkleed als militair. Ik had een pak geleend van iemand die ooit kapitein was geweest in het leger. Ik wilde een pakje sigaretten halen, maar de winkels waren dicht. Ik kwam uit bij de balie van een camping. Daar zat een vrouw en die herkende me. "Hé Kees, ben je aan het feesten bij Ard?" Ik zei: "Ja, en ik moet sigaretten hebben." Ze zegt: "Dat is ook toevallig: wij hebben hier in het dorp een bruiloft met mensen die hun kinderen Ard en Keessie hebben genoemd." Dat kon ik niet geloven. Toen heb ik tegen die vrouw achter de balie gezegd: *bel even op dat ik eraan kom*. Ik ben richting die bruiloft gegaan om een hand en een zoen te geven. Die mensen begrepen niet zo goed waarom ik in militaire outfit door het dorp liep, maar dat gaf niks. Ik had Ard ook wel willen halen, maar die krijg je voor zoiets echt niet uit z'n hok, zeker niet op z'n eigen verjaardag.'

Ants Antson – een concurrent van Kees uit Estland, toen nog onderdeel van de Sovjet-Unie – besluit zijn zoontje ook naar Kees Verkerk te noemen. Een Kees in Rusland is als een Vladimir in Holland, denkt Kees. Hij ziet het evengoed als een prachtig gebaar van de enige man die over 1500 meter op de Spelen van 1964 sneller was dan Kees. Ants Antson heeft het leuke nieuws de schaatser alleen iets eerder verteld dan zijn eigen vrouw; die ontsteekt in woede en zegt haar echtgenoot dat hij dat plan wel op z'n buik kan schrijven. Van een Russische Keessie komt het dus toch niet.

De barvrouw van 't Veerhuys zegt het allemaal niet zoveel. Paprika's en renpaarden? Vernoemd naar een schaatser? Apart. En toch peinst ze er niet over om de oude foto's van de muren te halen. 't Veerhuys hoort nu eenmaal bij Kees Verkerk, of je nou van schaatsen houdt of niet. Net als dat Puttershoek voor altijd verbonden blijft met de kampioen. Hoe sneu dat ook is voor Maasdam.

Geen geintjes met de bontmuts

Kees Verkerk is een dienstbaar man. Richting de klanten in het café, richting de schaatsfans en richting de campinggasten in Hamresanden. Ook voor zijn eigen kinderen doet hij alles. Behalve praten over dat ene onderwerp.

Kees verhuist in 1973 naar Noorwegen en trouwt met Sally. Samen krijgen ze twee kinderen. In 1974 wordt Cornelis geboren, in 1977 zijn zusje Camilla.

Cornelis Verkerk wordt al op jonge leeftijd geconfronteerd met de naam en faam van zijn vader in Noorwegen. Cornelis gaat mee naar Stavanger, waar zijn vader trainingen geeft. 'Ik was 5 jaar oud toen ik voor het eerst rondjes schaatste op een kunstijsbaan. Er waren mensen bij die vereniging die dachten: *hé, de zoon van Kees Verkerk van 5 jaar oud, die komt hier vast een wereldrecord schaatsen*. Niemand zei dat echt, maar ik vóélde gewoon dat iedereen zoiets had van: *dat is de zoon van*. En toen heb ik al snel gezegd: schaatsen is niks voor mij. Ik voelde me onder druk gezet. Ik ben gaan skiën, zoals eigenlijk iedereen dat doet in Noorwegen. Het skiën heb ik ook geleerd van pa. Die leerde alle kinderen in de familie skiën. Een Nederlander die Noren uitlegt hoe je moet skiën, dat is best apart.'

Camilla Verkerk heeft als klein meisje algauw door dat haar vader een bijzondere status heeft in Nederland. 'Als we die kant op gingen, kwam hij op televisie en in de krant. Dus ik wist dat er iets bijzonders aan de hand was. Maar wat precies, dat wist ik niet. Met het schaatsen was ik niet zo bezig. Hij was tegenover mij en m'n broer ook nooit van: *kijk eens wat ik allemaal heb gedaan*. Ik heb later heel vaak gedacht: had ons nou iets meer verteld, vroeger. Er hingen wel spullen in de prijzenkast, maar hij ging tegen ons niet zomaar verhalen vertellen. Terwijl hij dat heel goed kan. Hij kan met zoveel details al die wedstrijden en tegenstanders terughalen. Ik denk dat hij in het geval van mijn broer en mij dacht: *daar moeten ze zelf maar naar vragen*.'

De Nederlandse media typeren Kees in zijn hoogtijdagen in artikelen als een snelle prater en grappenmaker. Dat beeld herkennen zijn kinderen direct. Ook thuis is hij zo. 'Hij vertelde soms moppen voor volwassenen in het bijzijn van kinderen. Vriendjes en vriendinnetjes moesten altijd hard lachen. Niet omdat ze iets van de grap begrepen, maar om de manier waarop hij moppen kan vertellen.' Cornelis – commercieel ingesteld – lijkt het een goed idee als zijn vader een moppenboek op de markt brengt. 'Ik heb weleens gezegd: er moet echt een moppenboek komen. Hij kent drieduizend moppen. Als hij eenmaal begint, houdt hij niet meer op. Maar een moppenboek vindt hij een heel slecht idee. "Moppen moeten live," zegt hij altijd.'

Het vertellen van moppen is zo'n gewoonte die Kees vanuit het café heeft meegenomen naar de kernploeg en die hij ook in Noorwegen aanhoudt. Een andere 'schaatsgewoonte' die Kees nooit meer heeft losgelaten, is het verzinnen van trainingsoefeningen. Dat doet Kees als schaatser om zeker te weten dat hij trainingen doet die niemand anders afwerkt. Wanneer hij eenmaal vader is en niet meer schaatst, worden die oefeningen een stuk minder fanatiek dan in de hoogtijdagen. Er hoeven geen potjes meer volgedruppeld te worden met zweet dat van zijn voorhoofd gutst. Maar Camilla ziet soms dat de kussens raar op de bank liggen. Dan weet ze: papa heeft weer een nieuwe buikspieroefening bedacht. Hoewel de trainingen minder rigide zijn dan vroeger. Het 'wasbordje' is verdwenen. Maar opmerkingen over een buikje wuift Kees met een knipoog weg. 'Ligt aan het model van de trui.'

De jonge Camilla en Cornelis zien hun vader niet vaak aan de keukentafel. Kees is altijd onderweg. Hij gaat op pad met de Zweedse schaatsers in de wintermaanden en zit 's zomers dagelijks achter het orgel om de vele Nederlandse en Noorse campinggasten te vermaken. Camilla mist haar vader, maar als hij er is, dan is hij er ook écht. 'Hij kon zomaar de show stelen op de kindercrèche. Als hij een egeltje had gevonden bij de camping, kwam hij met dat beestje op een schep bij de crèche aan. Dan konden ik en de andere kinderen de egel melk geven. Die dingen maken natuurlijk indruk.'

Het vermaken van mensen is een diepgewortelde eigenschap. Kees haalt voldoening uit het feit dat andere mensen tevreden zijn. Daarom kan hij niet kortaf zijn richting zijn fans. Als er zestig fans op een rij staan te wachten op een krabbeltje, deelt hij zestig handtekeningen uit. Zo dienstbaar als Kees zich altijd heeft opgesteld ten opzichte van zijn fans, zijn vader Pleun, de caféklanten en de restaurantgasten, zo dienstbaar is hij op een bepaalde manier ook richting zijn eigen kinderen. Camilla heeft in haar jonge jaren eigen paarden. 'De hobby van mama werd ook die van mij. Papa had daar verder niks mee, met die paarden. Maar hij haalde wél altijd het zaagsel. Lood- en loodzwaar, van die linnen zakken. Heel fijn zaagsel wilde hij hebben; het beste van het beste. Hij ging dat met een aanhanger halen. En vervolgens maar scheppen en scheppen. Later vroeg ik me af waarom hij toen niet gewoon zei: *doe het lekker zelf*? *Het is jouw hobby*. Maar dat deed hij nooit. Hij deed altijd stilzwijgend z'n werk.'

Cornelis heeft in zijn tienerjaren een hobby waar Kees nu niet direct gelukkig van wordt: housemuziek. Maar ook hier schikt de olympisch kampioen zich in zijn lot, aldus Cornelis. 'Ik pikte in Nederland de nieuwste trends op wat betreft housemuziek. Was er helemaal gek van. Ik had thuis de kamer direct onder die van m'n ouders. Mijn vader is altijd een nachtdier geweest en slaapt uit. Ik had twee enorme boxen, met 15 inch subwoovers. Het moet voor hem een hel zijn geweest. Hij gaf ook wel commentaar. 'Teringherrie' vond-ie de housemuziek. Maar hij zei nooit: weg ermee. Hij liet me altijd m'n gang gaan. Daar heb ik me eigenlijk best over verbaasd. Ik draaide vroeger in lokale clubs, als dj Corni. En dan ging mijn vader rijden. Een auto met aanhanger, met de boxen achterin. Hij hielp ook met het uitladen. Ik ging met een paar vrienden de hele boel installeren in een club en de hele nacht draaien. Twee dagen later haalde mijn vader alles weer op met diezelfde aanhanger. Hij had de hele week ontzettend veel last van die muziek, maar regelde in het weekend wel dat ik mijn hobby kon uitoefenen.'

Ook laat Kees toe dat zijn huis in Hamresanden langzaam maar zeker verandert in een dierentuin, terwijl hij niet de grootste dierenliefhebber is. Cornelis: 'Mijn zus had een paard staan. Ik had vissen. We hadden een kat en een hond, en het paard van m'n zus stond niet langer in de stal, maar op de parkeerplaats, met een touw ergens aan vast. Toen zei m'n vader op een gegeven moment: "Dan verhuis ik wel naar de stal." Maar dat zei hij met een glimlach. Dus zelfs als hij er echt genoeg van had, deed hij het af met een grap. Deze grap was voor ons alleen wel een teken dat we het hier, wat betreft het aantal dieren, misschien maar bij moesten laten.'

Kees is inmiddels opa van drie kleinkinderen. Een vrolijke opa: geintjes, spelletjes, kijken bij hun sportwedstrijden. Oude gewoontes zitten ingebakken: de clown uithangen is hij niet verleerd. Waar hij als schaatser in Marker kledingdracht rondrijdt in een vol Bislett, daar loopt hij tegenwoordig een halve dag rond in een Spiderman-pak op de verjaardag van kleinzoon Daviël.

Zijn kinderen weten dat er achter die grappenmakerij een zekere angst schuilt. Kees is een piekeraar. In de tijd dat hij nog schaatser is, ligt hij nachten wakker in aanloop naar een groot toernooi. Elk scenario schiet door zijn hoofd. Dat er nu geen tegenstanders meer zijn om zich druk om te maken, betekent niet dat er rust heerst in het hoofd van Kees. Over alles denkt hij na. Dag en nacht.

Met name de dood is een onderwerp dat Kees schrikt aanjaagt en bezighoudt, al zal hij dat niet tegen iedereen uitspreken. Als hij verhalen vertelt met oude schaatsfoto's in zijn hand, gaat hij het rijtje langs met zijn vinger: die is er niet meer, die niet, die niet... Hoofdschuddend kan hij kijken naar een foto van zichzelf in het vliegtuig, druk in gesprek met de Ajacieden Cruijff en Keizer. 'Zijn er ook niet meer.' Het gaat de laatste jaren hard met de mensen die hem vroeger zo hebben geholpen. Ome Jaap Havekotte is er niet meer. Zijn goede vriend Joop van den Berg ook niet. Joop was een goede schaatser, maar bovenal een man in wie Kees veel van zichzelf terugzag. Joop moest hard werken in de slijterij aan de zijde van zijn moeder, toen zijn vader kwam te overlijden. De vriendschap met Joop was er een voor het leven. Zijn dood in 2014 komt hard aan.

In 2015 overlijdt Fred Anton Maier. Op foto's, genomen rondom de baan tijdens een wedstrijd, spat de vriendschap tussen Kees en Fred ervan af. Kees kan blij worden van de foto's, of juist mistroostig. De band met Fred werd door de jaren heen alleen maar hechter. 'Hij kwam vroeger, toen we nog schaatsen, al vaak in Puttershoek en ik zocht hem op in Noorwegen. Ook na onze schaatscarrière hielden we contact. Hij kwam geregeld langs op de camping, de laatste jaren voor z'n dood. Zijn zoon werkte in de olie in Stavanger. Dan bezocht hij zijn zoon en onderweg lunchte hij hier. Zo sprak je elkaar nog eens, want direct na onze carrière kon dat nog niet. We hadden allebei veel gewonnen, maar weinig verdiend, dus je moest als de sodemieter aan het werk.' Het respect voor Fred Anton Maier is groot. Kees leest de grootsheid van een sporter af langs de meetlat van de menselijkheid. 'Hij was een goed mens. Fred was een rustige gast, ging voor iedereen even zitten. De man was nooit chagrijnig. Ik was wat driftiger. Als je samen zoveel meemaakt, is het ongelofelijk dat iemand er niet meer is.'

Zijn familieleden weten dat Kees graag geintjes maakt over de dood, maar dat is om de serieuze ondertoon te verhullen. Camilla: 'Ik zie hem veranderen. Hij deelt íets meer dan vroeger. Mijn vader beseft heel erg dat hij ouder wordt. Ik vind het moeilijk om met hem over de dood te praten. Ik wil wel weten waar hij begraven wil worden. Maar dat vraag ik gewoon niet. Over dat soort dingen valt met hem niet te praten. Ik kan me wel voorstellen dat hij een mening over zijn begraafplek heeft. Ik ben alleen bang dat ik hem kwets door over de dood te beginnen. Ik wil hem zoveel vragen, ook over oma, maar durf het niet. Dan kijkt hij even weg en zegt: "Nou, wat wil je drinken?" als ik het lef heb om iets daarover te vragen. Dan komt er geen antwoord, maar een heel ander onderwerp.' Het is een natuurlijke reactie van Kees. Een beschermingsmechanisme om de pijn weg te houden. De anekdotes schudt hij uit z'n mouw, maar begin over de dramatische gebeurtenissen na de huldiging in 1964 en de verhalen worden korter. Of er komt een overpeinzing als: 'Het is een raar leven waarin van alles gebeurt. Ik vind het een vrij vlak leven. Hard werken in het café en hard trainen. Ik moest normaal blijven, dat moet in een café. Daar kun je niet gek gaan doen. De mensen komen voor een biertje.' En dan in één adem door naar het begin van een ander verhaal. En voordat iemand er erg in heeft, is Kees een mop aan het vertellen.

Kees heeft het tot op de dag van vandaag moeilijk met de gebeurtenissen van ruim een halve eeuw geleden. 'Oma' is een onderwerp waar Kees, nog altijd een slimme prater, van wegblijft. Oude vrienden die hem jaarlijks bezoeken, zoals Cor Groeneveld, hebben het nooit over zijn moeder. Ook met broers en zussen blijft het onderwerp onbesproken. En als het wel lukt om het onderwerp ter sprake te brengen, klinkt de pijn nog door, merkt Camilla. Alsof het vorig jaar is geweest dat hij zijn moeder verloor op de dag na zijn huldiging. Ook de verwijten aan zichzelf zullen nooit verdwijnen, weet zijn dochter. 'Was hij niet naar de Olympische Spelen gegaan... Had hij die medaille niet gewonnen... Hadden ze dat feest niet gehad in het café... Dan was het goed gegaan met oma. Zo denkt hij, nog altijd. Hij wil ook niet met ons, de kinderen, het café in. Voor een uitzending van *Andere Tijden Sport*, speciaal over die bontmuts, 'moest het dan maar'. Maar dat ging niet van harte. Hij wilde die muts van oma ook niet meenemen naar Nederland. Want hij wil 'm niet kwijtraken, hij kan kapot gaan in het vliegtuig, enzovoort. Dat zegt hij dan. Maar hij wil het er gewoon niet over hebben. Voor diezelfde aflevering confronteerde presentator Tom Egbers papa met een grote close-up-foto van oma, die hij zelf nog nooit had gezien.

Toen brak hij helemaal. Maar tijdens de opnames in het café hield hij zich sterk, hoewel hij na afloop gesloopt was.'

Volgens Adri, het jongste zusje van Kees, heeft haar broer de dood van hun moeder nooit goed kunnen verwerken. 'Hij stond net enorm in de aandacht toen onze moeder overleed en hij ging al snel door met schaatsen. Kees en m'n moeder hadden zo'n heftige band. Dat is bijna niet uit te leggen. Ik zie hem nóg een knuffel geven aan haar wanneer hij weer terug was na een lange periode in het buitenland. Die bontmuts heeft hem wat dat betreft ook écht geholpen om toch door te kunnen gaan met schaatsen.'

Camilla mag in haar jeugd 'alles, echt alles van papa'. 'Maar ik deed een keer voor de grap de muts van oma op. Dat vond hij niet leuk. Normaal lacht hij om mijn geintjes, ook al zijn ze eigenlijk helemaal niet leuk. Maar die muts, nee, dat was geen leuk grapje. Daar zit te veel gevoel bij. Die blijft in de kast. Daar hoort de muts.'

Toch lijkt het of Kees behoorlijk open is in de vele interviews door de jaren heen waarin journalisten hem vragen naar de avond waarop zijn moeder overleed. Hij heeft een vaste riedel ingestudeerd die hij moeiteloos oplepelt. Er zitten vaste elementen in. Voelen aan voorhoofd van moeder, lijkbleek, koud voorhoofd, café in lopen, iedereen café uit sturen en dan eindigen met iets als 'zo is het leven'. Door het verhaal op die wijze te vertellen, is Kees zijn eigen emoties de baas.

Kees Verkerk, de man die al op jonge leeftijd door de Nederlandse pers werd bestempeld als de 'rappe prater uit Puttershoek', is zich bewust van zijn manier van communiceren. 'Ik kon nooit echt praten met mijn vader. Ik heb hetzelfde met mijn zoon. We praten niet. Niet écht. Ik heb altijd náást mijn vader gewerkt: vijftien jaar lang. We spraken altijd met klanten, maar nooit met elkaar. Ik snap dat mensen dat raar vinden. Ik denk dat ik misschien wel een beetje apart ben.'

Cornelis heeft zijn vader slechts één keer echt totaal overdonderd gezien. 'Ik had mijn vader nog nooit zo meegemaakt. We gingen naar de skihut van de familie in de bergen. Ik was nog hartstikke jong en zat samen met een vriendje op de achterbank. De radio stond aan. Toen werd er plots een liedje onderbroken voor een nieuwsbericht: Elvis Presley is dood. Mijn vader barstte in huilen uit achter het stuur. Mijn vriendje en ik moesten vervolgens ook huilen. Niet dat wij dat nieuws van Elvis zo erg vonden, want ik wist niet wie het was en wat er aan de hand was, maar we zagen wat er gebeurde met m'n vader. Dat moment maakte heel veel indruk. De rest van de autorit draaide het radiostation alleen maar muziek van Elvis. Mijn vader zong mee.' De tranen van Kees bij het overlijden van Elvis zijn terug te voeren naar 't Veerhuys. Daar zongen mannen als Elvis en Fats Domino elke dag wel een liedje vanuit de jukebox. Er was namelijk elke dag wel een klant die een nummer van Elvis aanzette, aldus Kees. 'Elvis was er altijd. Het was wat dat betreft net een familielid. Een broer. Hij hoorde bij het gezin door zijn muziek. Ik was gefascineerd door die man. Hij kon zóveel verschillende soorten muziek maken... Het was voor mij niet te bevatten dat zo'n getalenteerd persoon er ineens niet meer is.'

Camilla Verkerk is, nu ze zelf moeder is, zeer begaan met het erfgoed van haar vader. Ze verzamelt foto's en probeert zich te verdiepen in de glorieuze periode van de Nederlandse sport, waarin haar vader zo'n cruciale rol heeft gespeeld. Een schril contrast met haar belangstelling in haar tienerjaren. Wanneer Camilla een jaar of 12 is, stelt de Noorse leraar haar een vraag over schaatsen. 'Wie schaatste het beroemde wereldrecord van 15.03,6 op de 10 kilometer?' Camilla denkt meteen dat het een strikvraag is van de leraar en noemt de naam van een Noorse schaatser. Ze kan zich nog levendig de grote ogen en opengevallen monden van de andere kinderen in de klas herinneren. Hallo, het antwoord is Kees Verkerk! Zo'n beetje de hele klas weet wie die legendarische tijd heeft gereden op de 10 kilometer. Behalve de dochter van de schaatser zelf. Ze kan op dat moment wel door de grond zakken.

Camilla heeft een hechte band met haar vader. Als ze praat over Kees, kan ze makkelijk emotioneel worden. Ze is trots op hem. Zowel op zijn prestaties als schaatser, als op de manier waarop hij er als vader is voor haar. Daarom schaamt Camilla zich zo voor het gebrek aan interesse in haar jeugdjaren. 'Ik voel me daar best schuldig over. Nu ben ik veel fanatieker. Maar ik weet nog steeds niet al zijn tijden. Hij ziet een foto en noemt dan meteen wie er op de foto staat en wanneer dit was, welke baan en welke jaar. En hoe het ijs was en in welke rit ome Ard moest schaatsen en wie het toen beter of slechter had getroffen qua weersomstandigheden. Ik wil dat ook weten. Ook voor later. Ik wil zijn verhalen kennen. Ik raak de laatste jaren een beetje in paniek. Ik krijg soms het gevoel dat ik te laat ben om mijn waardering te laten blijken.'

In Nederland wordt Kees nog altijd met open armen ontvangen, zien zijn kinderen. Toch zal haar vader nooit terug naar Nederland verhuizen, weet Camilla. 'Hij bloeit wel op als hij in Nederland is. Ik vraag hem ook vaak waarom hij 'daar' dan niet vaker is. Hij zegt altijd: "Ik heb hier de zaak, ik kan niet langer wegblijven." Maar wat het ook is: hij geniet als hij in Nederland is, maar heeft veel moeite om weer weg te gaan. Hij is erg slecht in afscheid nemen.'

Dat ziet Jan Bols ook als hij en andere schaatsmakkers voor de vijftigste verjaardag van Kees afreizen naar Noorwegen. Jan heeft er in eerste instantie niet zoveel trek in. Helemaal met een bus naar Noorwegen om een verjaardag te vieren. Maar eenmaal in Hamresanden aangekomen, merkt Jan direct dat zijn oude collega en concurrent geen spat is veranderd. Hij zorgt ervoor dat iedereen het naar z'n zin heeft, maakt de sfeer en zorgt voor een warm bad voor zijn gasten. Jan baalt dat hij weer naar huis moet. Als hij in de bus zit, vlak voor de terugrit, ziet hij Kees in tranen naast de bus staan. Het is een beeld dat Jan raakt. Het afscheid nemen van zijn oude vrienden komt hard aan bij Kees.

Wat dat betreft heeft Kees het zwaar als campinghouder. Klanten uit Nederland die soms wekenlang in Hamresanden verblijven, gaan vroeg of laat toch een keer naar huis. Dat hoort erbij, maar Kees krijgt snel een band met mensen. Het is in zekere zin ook een band met Nederland, de vluchtige vriendschap die hij opbouwt met sommige gasten uit zijn vaderland. Kees leert hoe hij moet omgaan met het vertrek van die gasten. Hand geven, gedag zeggen, omdraaien en vlug aan iets anders denken. Anders komen de emoties.

De man die alles repareert

Kees Verkerk en Ard Schenk zetten in hun glorietijd de Noorse schaatsers in de schaduw. Dat doet pijn in Noorwegen. In diezelfde periode krijgen de Noren nóg een klap te verwerken. 'Ome' Jaap Havekotte zet met zijn Vikings de Noorse schaatsenmakers in de schaduw. Nederland grijpt de macht in de sport op alle fronten.

Jaap Havekotte is een degelijke schaatser en een fantastische zakenman. Hij ziet kansen die niemand anders ziet. Wanneer hij in 1948 een eigen schaatsfabriek begint, klinken er vooral sceptische geluiden. Waarom zou iemand in hemelsnaam de concurrentie aangaan met het almachtige merk Ballangrud, de makers van de beroemde 'noren'? Alle toppers rijden immers op de schaatsen van dat merk. Waarmee denkt Havekotte het grote verschil te kunnen maken met zijn nieuwe Viking-schaatsen?

Het antwoord: service. Jaap Havekotte reist hoogstpersoonlijk af naar de grote toernooien om 'zijn' schaatsers te helpen met het materiaal. Als er iets aan mankeert, heeft Havekotte zijn koffertje bij de hand. In het hotel, in de kleedkamer of langs de baan: de schaatsers weten dat hun materiaalman altijd beschikbaar is. Dit is een verschil met Ballangrud, dat geen mannetje meestuurt naar de kampioenschappen. Al snel wordt Jaap Havekotte een belangrijke man voor veel schaatsers. Aangezien hij altijd voor hen klaarstaat, ook als het probleem niks met schaatsen te maken heeft, krijgt hij de liefkozende bijnaam Ome Jaap.

Met alleen service kom je er natuurlijk niet. Het product zelf moet goed zijn én er moeten successen op worden geboekt. Dit is essentieel om andere schaatsers te verleiden om over te stappen naar Viking. Dat zou er namelijk op duiden dat de Vikings sneller zijn dan de Ballangruds. Het succeselement in de winnende formule van Havekotte wordt in de jaren zestig geleverd door Ard en Keessie. Zij winnen grote toernooien op de schaatsen van Ome Jaap. Betere reclame is ondenkbaar. Met hun prestaties openen ze voor Viking de deur naar alleenheerschappij. Kees Verkerk, de man die het Nederlandse schaatsen naar de wereldtop leidt, maakt er geen geheim van dat zijn schaatsen deel uitmaken van zijn succes. Hij prijst Havekotte en diens product in interviews en wordt op die manier een soort pr-medewerker voor het merk. Dat Kees Viking zo graag helpt, heeft voor een groot deel te maken met de bijzondere, persoonlijke band die hij heeft met Havekotte.

Havekotte en Kees leren elkaar kennen in Amsterdam. Het is dan vlak na de jeugdkampioenschappen van 1961 op de net geopende Jaap Edenbaan. Kees wordt tweede achter Joop van den Berg. Havekotte kijkt toe. Hij tikt een man op de schouder die aandachtig staat te kijken bij de wedstrijden. 'Wie is die jongen,' vraagt Havekotte aan de man. 'Die jongen daar,' zegt Pleun Verkerk, 'is mijn zoon.' Havekotte knikt bewonderend. 'Dat wordt een goeie,' zegt Havekotte stellig. Daarover zijn de mannen het eens. Ook Pleun kent geen twijfel over de capaciteiten van Kees. Havekotte zegt dat Kees maar eens moet langskomen bij de fabriek in de Oosterparkstraat, een kort tramritje verwijderd van de schaatsbaan. Dat doet Kees. Hij krijgt een paar goeie schaatsen aangemeten van Havekotte. Dit is het betere werk, beseft Kees direct. Zijn oude schaatsen met veel te brede neus belanden op een plank in de kelder. Hij herkent de servicegerichtheid van Ome Jaap direct. Kees voelt aan dat Havekotte wat dat betreft eenzelfde houding heeft als hijzelf. Je moet je dienend opstellen, dan blijven de mensen komen. Kees weet dat hij Havekotte nog vaak gaat treffen. Hij krijgt gelijk.

Aan de rand van de Jaap Edenbaan kunnen Kees en Havekotte uren praten over het schaatsen en het materiaal. Kees voelt zich op zijn gemak bij Havekotte. Hij begint de Vikingeigenaar als een vriend te beschouwen. Bovendien is het erg prettig dat Kees geen zorgen heeft om zijn materiaal. Is er iets stuk, dan kan Kees direct aankloppen. En zelfs tijdens grote wedstrijden is elk euvel snel verholpen. Havekotte neemt alle zorgen op dat vlak weg. Kees bouwt, als het op zijn materiaal aankomt, volledig op Havekotte. Langzaam maar zeker worden de gesprekken tussen de vriendelijke zakenman en de eigenzinnige schaatser rond de ijsbaan in Amsterdam langer en diepzinniger. Het gaat steeds minder vaak over buisdikte of voetplaatjes, maar vaker over het leven in het café. Over de stamgasten in Puttershoek en de band van Kees met zijn vader. Ze delen bovendien hetzelfde gevoel voor humor. Kees leert van Havekotte een hoop schuine moppen. Die komen mooi van pas achter de tapkast in Puttershoek.

Die moppen komt Havekotte zelf ook maar wat graag vertellen in het café van Kees. Bijvoorbeeld tijdens de huldiging in 1964. Tot in de kleine uurtjes vieren Havekotte en zijn vrouw Sjaan het feest mee in 't Veerhuys. Een dag later heeft hij een huilende Kees aan de telefoon: moeder is dood. Wanneer het noodlot Kees Verkerk treft in 1964 en zijn moeder een dag na zijn grote huldiging overlijdt, zit de kersverse olympische medaillewinnaar diep in de put. Havekotte kan zich dankzij de vele gesprekken wel indenken hoe het leven in de kroeg er voor Kees uitziet in de eerste dagen na de begrafenis. Fans en vrienden stappen om de haverklap binnen om Kees te condoleren. En uiteraard wil elke journalist wel een quote van Kees. Hoe voelt hij zich? En hoe moet het nu verder met het schaatsen? Dat laatste laat Kees aan vrienden en familie alvast weten: hij stopt met schaatsen, want 'alle ellende komt door die medaille'.

Havekotte doet de dolende Kees en het gezin een voorstel: kom een paar dagen bij mij logeren. Weg van de spotlights, weg van alle vragen. Gewoon rustig met het gezin bij elkaar. Praten over van alles. Ook over het schaatsen. Bij Ome Jaap en zijn vrouw Tante Sjaan krijgt het diep getroffen gezin de kans om weer een beetje normaal te leven. Om een bordspelletje te spelen aan de keukentafel. Er wordt zelfs weer een beetje gelachen in de woning in Naarden. Het zijn de dagen waarin Kees beseft: ik moet door met m'n leven. Ook voor zijn jongste zusje Adri, die ook bij Havekotte logeert. Zij is nog maar een kind en heeft een sterke broer nodig. Kees besluit dat hij zich moet herpakken.

Door de hulp aan het gezin Verkerk is het vertrouwen van Kees in de persoon Jaap Havekotte eindeloos groot. Het vertrouwen in het product van Havekotte, de Viking-schaats, is al langer rotsvast. Sinds Kees op de kenmerkende lange ijzers van Ome Jaap rijdt, voelt hij zich een échte schaatser.

In sportzaken, wanneer hij voor een schnabbel een middagje spullen verkoopt, prijst hij de schaatsen aan. 'Ze zijn wat duurder dan die andere, maar ook veel beter,' zegt Kees dan tegen de klanten die op de openingsdag van de zaak naar de winkel zijn gekomen. Kees baalt als de klant er dan toch voor kiest om een goedkoper merk ('schaatsen van papier') te kopen. Dat heeft te maken met de liefde voor Viking en Havekotte, maar ook met het feit dat Kees heilig gelooft in goed materiaal. Hij probeert klanten vaak over te halen vooral niet die goedkope schaatsen te kopen, want dat gaat hen bezuren, is de subtiele tip van verkoper Kees. Met pijn in het hart moet hij soms toch de 'nep-Vikings' inpakken en meegeven. 'Het ergste van alles is dat de klanten die rotzooi van míj kochten. Dat die mensen op het ijs zouden stappen en dat die nieuwe schaatsen meteen uit elkaar zouden vallen. En dat ze dan zouden zeggen: "En ik heb ze nog wel gekocht van Kees Verkerk." Die gedachte kon ik niet uitstaan. Daarom verkocht ik liever Vikings. Dan wist je dat je geen troep meegaf.'

Hoe betrouwbaar de Viking-schaats volgens Kees ook is: vroeg of laat gaat er iets stuk. Dat weet Kees ook wel. Daarom traint hij op andere schaatsen dan waar hij zijn wedstrijden op rijdt. De wedstrijdschaatsen mogen absoluut niet kapot gaat. Want daar zijn titels op gewonnen en wereldrecords op gereden. En een bijgelovig man als Kees moet er niet aan denken om ineens op andere ijzers aan de start te verschijnen. Dus werkt hij de trainingen af op 'reserveschaatsen'. Daar hecht hij een stuk minder waarde aan. Hij is er ook wat minder zuinig op. Op een gegeven moment heeft hij een paar trainingsschaatsen iets te vaak in de regen gedragen. De schoen is een beetje uitgerekt en daardoor eigenlijk nét te groot. Kees gaat dan twee paar sokken dragen tijdens de training, maar dat voelt niet goed. In de kelder onder het café besluit hij om stukjes van een loden plaat af te knippen en daarmee zijn schoenen op te vullen. De training met het lood in de schoenen bevalt hem prima. De schaatsen zitten prima. Wel is het goed voelbaar dat er driekwart kilo lood in elke schaats ligt. Kees komt er tijdens een toernooi achter dat zijn wedstrijdschaatsen nu extra licht aanvoelen als hij een tijdje op de verzwaarde schaatsen heeft gereden. Hij ziet er een mentaal voordeel in. Hij besluit om in de aanloop naar grote toernooien op de verzwaarde Vikings te trainen.

Kees kan het zich permitteren om eens wat te knoeien en te testen met een paar Vikings. Havekotte geeft alle kernploegrijders elk jaar namelijk een nieuw paar schaatsen. Die gebruikt Kees enkel om op te trainen. Hij heeft na een paar gewonnen titels geen enkele ambitie om ooit nog andere schaatsen aan te trekken tijdens een groot toernooi dan het 'winnende paar'. Havekotte zet er nieuwe buizen in als dat nodig is, maar verder mag er van Kees helemaal niks veranderen. Het gevoel van die schaatsen is namelijk perfect. De kleinste aanpassing kan dat perfecte evenwicht verstoren. Althans, dat denkt Kees. Dus wanneer er een voorpotje – dat vastzit aan de voetplaat – stuk is, wil Kees dat Havekotte alleen dat ene onderdeel vervangt. Havekotte schudt het hoofd. 'Dat gaat niet Kees. Je hebt een nieuwe voetplaat nodig.' Kees raakt in paniek. De mensenkennis van Havekotte redt de situatie. Hij kent de krachten en zwakten van de Viking-schaatsers, want hij maakt hen van dichtbij mee op de meest zenuwslopende momenten. Hij weet dondersgoed hoe bijgelovig Kees is. Kees verprutst gerust een heel toernooi als hij gaat denken dat zijn schaatsen hun magie hebben verloren. 'Ach, ik probeer het wel,' krijgt Kees te horen van Havekotte. Dat is een leugen, want de hele voetplaat moet hoe dan ook worden vervangen. De volgende leugen, een paar uur later, is de mededeling van Havekotte dat het allemaal prima gelukt is met dat voorpotje. Kees is dolblij en vervolgt dat seizoen zijn recordjacht.

Tot grote vreugde van Havekotte prijst Kees de Hollandse schoenen ook aan bij zijn Noorse collega's. De Noren horen natuurlijk op 'hun' merk Ballangrud te rijden. Maar Per Willy Guttormsen is halverwege de jaren zestig de eerste Noorse topschaatser die, op aanraden van Kees, overstapt op de noren van Viking. In zijn biografie vertelt Havekotte dat de kleine Noor op een gegeven moment problemen krijgt met zijn schaatsen tijdens een wereldkampioenschap. Havekotte, uiteraard aanwezig op het WK met zijn koffertje, helpt de stayer in de kleedkamer aan nieuwe buizen. De rest van de Noorse rijders kijkt toe. Volgens Havekotte heeft Per Willy hem toen enorm geholpen door vol vreugde richting zijn Noorse teamgenoten uit te roepen: 'Ja jongens, dat is nu de service van

Viking.' Het duurt niet lang voordat ook de andere Noorse rijders overstag gaan. Nu zelfs de schaatsers uit het land van Ballangrud niet meer op hun beroemde lange ijzers willen rijden, is er geen houden meer aan. Het is het begin van het einde voor Ballangrud. En Havekotte wordt voor altijd de Nederlander die de Noren hun noor ontfutselde.

En zo is Kees Verkerk medeverantwoordelijk voor het succes van Viking. Net als dat Viking medeverantwoordelijk is voor het succes van Kees Verkerk. Het tijdperk van Ard en Keessie heeft niet alleen de Nederlandse schaatsers, maar ook de Nederlandse schaatsen naar de wereldtop gebracht. Een mooie wisselwerking.

Overigens hoeft Havekotte op een gegeven moment niet meer bij elk groot toernooi stand-by te staan. Hij krijgt binnen de kernploeg een afgevaardigde. Het Drentse talent Jan Bols blijkt een handige jongen te zijn. Hij is technisch onderlegd en heeft al snel door wat Ome Jaap precies doet met die Viking-schaatsen. Dat kan ik ook wel, denkt Jan. Havekotte ziet dat Jan inderdaad goed is in het plaatsen van nieuwe buizen. Havekotte vertrouwt Jan zijn spullen toe. Ard, Kees en de rest van de schaatsploeg gaan er verder maar vanuit dat Jan geen rare streken uithaalt met hun materiaal. En dus worden de nieuwe buizen onder de Vikings van Kees vastgezet door zijn concurrent Jan.

Dat Havekotte op een gegeven moment niet meer bij elk toernooi aanwezig is, kunnen de Nederlandse schaatsers ook wel begrijpen. Het bedrijf Viking groeit snel, Havekotte heeft het ongelooflijk druk. Maar hij vergeet de Nederlandse kernploegrijders niet. In het buitenland regelt Havekotte vaak leuke uitjes – die ook weleens behoorlijk uit de klauwen lopen als er iets te veel kleine glaasjes over tafel gaan. Maar de mooiste vorm van waardering zijn de 'extraatjes' wanneer er op Vikings een toernooi wordt gewonnen of een wereldrecord wordt aangescherpt. De waardering komt dan in een vorm van een ketting met een gouden schaatsje eraan. Of een gouden speldje. Een van die speldjes hangt aan een kettinkje om de nek van Kees' vrouw Sally. Op een gegeven moment geeft Kees aan bij Havekotte dat hij inmiddels wel genoeg gouden speldjes en schaatsjes heeft. 'Dat klinkt verwaand, maar zo was het niet bedoeld. Maar ik zei wel: "Ome Jaap, wat moet ik in vredesnaam met al die speldjes?" Dat vond hij ook een goede vraag. Uiteindelijk heeft hij voor mij, in plaats van een speldje te geven, steeds wat geld opzijgezet als ik een toernooi won. Van dat geld kreeg ik op m'n bruiloft een staande klok ter grootte van de Big Ben.'

De band tussen Kees en Havekotte wordt nog hechter wanneer de vader van Kees overlijdt. Na de begrafenis van Pleun raakt Kees' vrouw Sally in gesprek met Havekotte. Cornelis, de zoon van Kees en Sally, is dan nog maar een ventje. Sally vindt het verdrietig dat Cornelis nu geen opa en oma meer heeft in Nederland. Ze vraagt Ome Jaap en Tante Sjaan of zij die rol voor de kleine Cornelis willen vervullen. De twee hoeven niet lang na te denken: vanaf nu zijn zij de opa en oma van Cornelis Verkerk. En ook voor Camilla, de dochter van Kees, zijn zij peetgrootouders. Ome Jaap en Kees Verkerk zijn nu meer dan vrienden. Ze zijn familie.

'Opa' en 'oma' komen trouw op bezoek in Hamresanden. Ook als Kees allang niet meer schaatst en Jaap jr., de zoon van Ome Jaap, de Viking-fabriek leidt. Een bezoek van de Nederlandse opa en oma is een feest voor Cornelis en Camilla. De bezoekjes helpen bovendien bij het onderhouden van de Nederlandse taal; Ome Jaap en Tante Sjaan spreken geen Noors. Naast Nederlands spreken, geldt er een andere regel wanneer Ome Jaap op bezoek is: géén ijshockeyschaatsen dragen. Ook al gaan alle Noorse vriendjes van Cornelis met blitse, hoge schaatsen het ijs op: Cornelis draagt Vikings. Die regel geldt in principe ook wanneer Ome Jaap er niet is. Het wordt niet met zoveel woorden gezegd, maar Cornelis heeft altijd het gevoel gehad dat vader Kees hem direct van het ijs af trekt als hij geen Viking-schaatsen onder bindt. Dat is opvallend, omdat Kees zeker geen strenge vader is. Maar hij kan het Ome Jaap simpelweg niet aandoen om zijn kinderen op andere schaatsen dan Vikings naar buiten te sturen. Cornelis maakt er geen punt van. Sterker nog, wanneer zijn Nederlandse opa op bezoek komt, legt hij de schaatsen op een opvallende plek neer. Zodat opa ziet dat de schaatsen ook echt worden gebruikt.

Havekotte wordt voor Kees een tweede vader. Ome Jaap en Tante Sjaan steunen Kees, Sally en de kinderen in moeilijke tijden. Wanneer er in de jaren negentig een zware periode aanbreekt op de camping en de zaken er financieel niet goed voorstaan, schiet Havekotte te hulp. Elk jaar verblijft de Vikingoprichter op de camping en gaat Kees met hem vissen. Kees kent hem na al die jaren beter dan zijn eigen vader Pleun. Met Pleun heeft Kees altijd zij aan zij gewerkt. Dicht bij elkaar, maar altijd met de blik gericht op de klanten. Met Havekotte is er juist vaak sprake van oogcontact. Hij zit tegenover Kees in het vissersbootje op het fjord. En dan komen de gesprekken. Ze praten over het schaatsen, over de Jaap Edenbaan, over de fabriek, over het leven. En ze vertellen moppen die niet voor kinderoren zijn bestemd.

Havekotte is 101 jaar oud wanneer hij voor de laatste keer naar Hamresanden afreist. Tijdens zijn laatste bezoek maakt hij nog kennis met Daviël, het net geboren zoontje van Camilla. Daarna takelt zijn gezondheid af. Het is een groot verlies voor Kees Verkerk en zijn familie als Jaap Havekotte in 2014 op 102-jarige leeftijd overlijdt. 'Hij was een van mijn beste vrienden,' zegt Kees.

Op de begrafenis van Havekotte is alles en iedereen uit de schaatswereld aanwezig. Door zijn persoonlijke service heeft Ome Jaap zo'n beetje iedere schaatser leren kennen die op Vikings reed. En dat werden er door de jaren heen alleen maar meer, zeker na de teloorgang van de Noorse concurrent. Kees Verkerk rijdt mee in de begrafenisstoet. Hij zit in de eerste volgwagen, naast de kinderen van Havekotte. 'Een vanzelfsprekendheid,' noemt Jaap Havekotte jr. de aanwezigheid van Kees in de auto met de directe familie van zijn vader.

In zware tijden kom je erachter wie je echte vrienden zijn, weet Kees. Havekotte is er altijd geweest voor Kees in de cruciale periodes van zijn leven. Toen zijn moeder overleed. Toen hij het zwaar had met de gang van zaken in het café, of op de camping.

Ome Jaap repareerde niet alleen de schaatsen van Kees. Hij repareerde alles.

In de kelder komen de tranen

Er is veel gezegd en geschreven over de band tussen Ard en Keessie. Over concurrentie en vriendschap. Over de prater en de zwijger. Over de grote en de kleine. Maar hier, in de kelder onder het restaurant van Kees' camping in Hamresanden, valt te zien hoe het echt zit tussen de twee. Op deze avond van 28 oktober 2012, de avond waarop Kees Verkerk zijn zeventigste verjaardag viert met zijn vrienden en familie, kan iedereen het zien. Dat de verhalen niet volledig hun eigen leven zijn gaan leiden, zoals dat kan gaan met verhalen over sporthelden. Dat er niet enkel een waarheid bestaat in de hoofden van sportfans en journalisten, omdat het nu eenmaal de mooiste versie van het verhaal is.

Als Ard het woord neemt op deze speciale dag voor Kees, voelen de aanwezigen dat ze een bijzonder moment meemaken.

De kinderen van Kees luisteren mee. Ze kennen Ard goed. Ome Ard, noemt Kees' dochter Camilla hem. Ome Ard is al zo vaak op bezoek geweest. Camilla kent de verhalen van vroeger. Papa heeft het vaak over Fred Anton Maier en over ome Ard. Over de avonturen, de reisjes, de nederlagen en de zeges. Over meedoen aan *Sterrenslag* en babbelen met prinses Beatrix. En papa moppert soms nog over het kleine verschil in gewonnen medailles tussen hem en ome Ard. Dan weet ze dat die strijd 'er ook nog ergens zit'. Maar ze weet ook dat de twee kameraden zijn. Toen Ard langskwam in 't Veerhuys tijdens de opnames van een aflevering van *Andere Tijden Sport*, zag Camilla het. En ze hoort het, wanneer de twee elkaar aan de lijn hebben en er maar weinig serieuze zaken worden besproken. Veel grappen, beetje dollen. Maar wat er qua gevoel écht speelt tussen papa en ome Ard, dat wordt nooit uitgesproken.

Ard schraapt zijn keel en vertelt. Hij bedankt Kees voor het fantastische feest. In het Engels. Hij spreekt vlot. Maakt grapjes. Spreken voor grote groepen heeft hij duidelijk vaker gedaan. Hij is natuurlijk chef de mission van de olympische ploeg geweest. Er klinkt gelach en geklap. 'Gefeliciteerd met je mooie Spaanse vrouw,' zegt Ard, verwijzend naar de Spaanse jurk die Sally aanheeft op deze avond. Ook zij viert vanavond haar verjaardag. Hij vervolgt: 'De beste speeches zijn korte speeches. Maar waar vind je de juiste woorden? Dat is niet makkelijk. Want niet veel van jullie weten dat wij...'

Ard wijst naar Kees. De woordenstroom stokt.

Waar wil hij naar verwijzen, vragen de afwezigen zich af? Er kan van alles volgen. Naar de tijd dat ze samen schaatsten? Of naar de periode erna, als de factor 'concurrenten' wegvalt en Ard en Keessie gewoon maten zijn, die elkaar onder een goed glas wijn bestoken met goede verhalen?

Kees verdwijnt halverwege de jaren zeventig, wanneer hij zijn loopbaan afsluit, in de relatieve anonimiteit. Ard Schenk bewandelt een heel ander pad. Ineens is de ooit zo schuchtere Noord-Hollander een man die functies met aanzien bekleedt. Hij wordt in de jaren negentig zelfs chef de mission van de olympische ploeg. Een functie die past bij Ard, vindt Kees. Ard denkt immers goed na over zaken. De periode waarin Ard de olympische ploeg onder zijn vleugels neemt, levert een korte revival van het Ard en Keessie-tijdperk op. Dat gebeurt in 1994, wanneer de Winterspelen naar het Noorse Lillehammer komen. De schaatswedstrijden worden gehouden in Hamar.

De Nederlandse schaatsers kennen geen al te florissant begin van de Winterspelen. De Hollandse fans zijn zoals altijd in groten getale aanwezig. Voor zulke volksverhuizingen rond grote toernooien heeft Ard, samen met Kees, jaren geleden eigenhandig de basis gelegd. Er is nu veel volk, maar weinig sfeer. Ard ziet dat er van taferelen à la 'Gotenborg 1966' geen sprake is: 'Kleintje Pils was er, maar ook dat mocht niet baten. Het was een beetje het begin van het Holland Heineken

House. In 1992, tijdens de Zomerspelen in Barcelona, was het Heineken-experiment een succes. Maar in Hamar zaten we in een soort voetbalkantine; het was allemaal niet zoveel. Er werd lekker bier getapt, maar we misten entertainment. En financieel was er weinig mogelijk.' Ard komt op het idee om zijn oude makker te bellen. Die weet wel hoe je leven in de brouwerij brengt. Deed-ie bij ons in de kernploeg, doet-ie nu op z'n camping in Noorwegen. Daar speelt hij nog dagelijks op het orgel om de campinggasten in beweging te krijgen. Dat heeft Ard met eigen ogen gezien. Het is een telefoontje waard.

'Kees, het is hier een beetje een dooie boel, kun jij het niet komen opfleuren? We zitten in het gebouw van de voetbalvereniging en we hebben bier van Heineken, maar we hebben muziek nodig.'

Kees zegt – en dit komt niet als een verrassing voor Ard – dat-ie eraan komt. Na een matige schaatsdag voor Nederland, druppelt het in oranje gestoken publiek binnen. Er wordt wat gebabbeld, de biertjes gaan rond, maar een feest mag je het niet noemen. Kees Verkerk kruipt achter zijn vertrouwde orgel. Verbaasde blikken naar de muzikant. Is dat niet... 'Ik zat in die kantine met een orgel en een box. Al snel had ik de aandacht van de mensen. Ik begon heel zachtjes te zingen toen er steeds meer fans binnenkwamen. 'De herdertjes lagen bij na-ah-ach-te... Ze lagen bij nacht in het veld.' En toen klapten die mensen allemaal twee keer. Dan weet je dat het wel goed komt. Dan kan het feest beginnen. Polonaise. Vlaggen erbij. *Eerste dag gered door het orgel van Kees Verkerk*, zoiets stond er in de kranten. Ik denk het eigenlijk ook: anders was het een begrafenisstemming geweest. Ard had het slim aangepakt door mij even te bellen. Als de Nederlanders medailles winnen, hoef ik niet eens te spelen. Dan had iedereen daar al lallend in de rondte gelopen. Nu moest ik een tandje bijschakelen op het orgel.'

Kees blijft zes dagen in Hamar en heeft het prima naar z'n zin met die Hollanders om hem heen. 'Elke dag na de wedstrijd achter het orgel. Een eer om daar te staan, dat meen ik echt. Ik kreeg alle olympische postzegels als bedankje voor die optredens. Ik verzamelde postzegels, dat wist Ard ook. Ik stond tijdens de Spelen in Sapporo uren in de rij om de eerste dagstempeling te krijgen, terwijl ik een dag later moest schaatsen. Dan ben je natuurlijk niet lekker bezig, maar ik moest en zou die dingen hebben. Die postzegels in 1994 waren het bedankje, maar ik had de dank allang gekregen. Ik mocht daar staan, dat is toch al een bedankje op zich? Ik deed het voor die Nederlanders en voor Ard. In elk geval niet voor de bond, want die waren dertig jaar eerder nota bene fel tégen zo'n Holland House. Dat hele hok was ingericht door Heineken, dat beviel me ook wel. De band met Heineken heb ik altijd gevoeld, door het café en die stiekeme sponsoring van vroeger. Vrachtwagens vol met containerladingen bier, daar kwamen ze bij dat Heineken House gerust mee aanzetten. Het ging nog op ook. Indrukwekkend.'

Ard is dolblij met de komst van zijn vriend naar Hamar. Hij weet dat hij op Kees kan bouwen. Vol bewondering kijkt hij in Hamar toe hoe Kees de sfeer kan laten omslaan. Het is dezelfde bewondering die hij voelt tijdens zijn schaatscarrière, wanneer Kees met een paar grappen en liedjes iedereen in de kernploeg weer aan het lachen krijgt als de stemming minder was. Andersom is er ook bewondering. Ard is de man die een studie heeft volbracht, die zich in de bestuurskamer staande houdt. Kees krijgen ze 'met geen geweld in een bestuur'. Hij heeft naar eigen zeggen dan ook 'nul komma nul aan diploma's' en moet het hebben van, zoals zijn oude makker Eddy Verheijen het noemt, boerenslimheid. Maar Kees vindt het knap hoe Ard zich heeft ontwikkeld tot een man die een olympische ploeg op sleeptouw neemt.

Zowel Ard als Kees heeft nooit de illusie gehad dat er ooit een einde komt aan de vragen en opmerkingen over 'Ard en Keessie'. Overal waar Kees Nederlanders tegenkomt na zijn loopbaan, vragen ze eerst hoe het met hem gaat. De tweede vraag kan hij al invullen: 'En hoe is het met Ard?' Alsof ze samen in één huis wonen. Ard herkent het beeld. 'Hoe is het met je, Ard? En met Kees, zit-ie nog in Noorwegen?' Ard geeft bijna altijd netjes antwoord. Want je moet service verlenen. Dat heeft hij geleerd van een schaatsvriend.

In de kelder van het restaurant in Hamresanden balt Ard een vuist. Hij klopt op z'n borst. De woorden blijven weg.

Er klinkt een respectvol applaus voor de geëmotioneerde spreker. Ard probeert zich te herpakken, maar is eventjes van slag. Dan komen er tranen. Hij probeert nog iets te zeggen over een kampioenschap van lang geleden, maar loopt midden in het verhaal al naar Kees toe. Een omhelzing. Terwijl de Noorse gasten applaudisseren, zetten de Nederlanders zachtjes een liedje in. 'Ard en Keessie, geef ze van katoen...'

Het is een bijzonder moment. Een bevestiging van wat voorheen een sterk vermoeden was. Dochter Camilla ziet aan haar vader dat de woorden van Ard hem raken. Wat ze al die tijd ergens wel wist, maar waar het levensechte bewijs voor ontbrak, is nu ineens kraakhelder. De vriendschap tussen papa en ome Ard zit diep.

Verhalen over de albino eland

De prijzen staan allemaal keurig in een kast. Eén keer per jaar worden ze gepoetst, door drie vrouwen die in het restaurant van de camping werken. Het appartement, met uitzicht op de landingsbaan van het vliegveld van Kristiansand, heeft een hoek waar het zilver je tegemoet schijnt. De medailles hangen keurig op een plaat gespeld. Het zilver van de Olympische Spelen 1964 in Innsbruck, zonder lint. Dat lint heeft Kees in het graf van zijn moeder gegooid. Ook de medaille ernaast, de gouden plak van 1968, heeft geen lint. Afgebroken. Te vaak laten zien aan mensen. 'Ik heb dat ding hier in het restaurant eindeloos vaak meegenomen. Op feestjes van Noorse klanten kwam-ie vaak goed van pas. Vooral met heel gelovige mensen, want die gaan niet aan de borrel. Dronken mensen zitten niet te wachten op verhalen, die willen polonaise lopen. Maar nuchtere mensen willen nog weleens een goed verhaal horen. Dan neem ik een medaille mee en kan ik daarover praten met de gasten in het restaurant. Even vasthouden, even op de foto en dan zijn ze blij. Want zo'n ervaring krijg je niet bij elk café.'

Kees gaat het rijtje af met zijn wijsvinger. Routinematig vertelt hij welke medaille bij welk toernooi hoort. Hetzelfde geldt voor de trofeeën. Hij plukt iets van een plank. 'Dit is een biljartprijs. Heeft helemaal niks met schaatsen te maken. Hier, dit is een mooie. European Championship Speed Skating 1967, Lahti. De beker die ik kreeg na de Europese titel in Lahti, in de vrieskou. Weegt een ton. Ik stortte bijna door het podium toen ik dit ding in m'n bevroren handen kreeg gedrukt. De beker is gemaakt van echt kristal.' De WK-prijs uit hetzelfde jaar staat ernaast. Kees haalt het merkwaardig gevormde eremetaal van de plank. 'Hier staat het gegraveerd. Eerste prijs, wereldkampioenschap in Oslo. Je kunt er koffie uit serveren. Ik weet niet of dat ook de bedoeling is. En dit, dit is de allermooiste prijs die ik heb.' Uit een hoek komt een grote, glimmende beker tevoorschijn. Het is de beker van Puttershoek, de amateurtrofee die hij in 1979 voor de derde keer won. Met alle namen van roemruchte schaatsende Puttershoekers erin geslepen. Het zijn niet enkel de herinneringen die deze beker zo mooi maken. Kees geeft een goedkeurende tik met de knokkels op de zijkant van de cup. 'Echt zilver.' Over de kwaliteit van zijn olympische medailles is Kees minder te spreken. 'Daar zit een laagje goud of zilver op. Meer niet. Dan train je je vier jaar uit de naad en dan hangen ze rommel om je nek. Het is maar goed dat ik zoiets niet wist toen ik op het podium stond.' Kees is zich enigszins aan het verdiepen in het materiaal waarvan zijn prijzen zijn gemaakt. De waardebepaling is van belang voor zijn erfenis. 'Dan weet ik wat ik nalaat.' Kees houdt graag de regie in handen.

In het appartement waar hij samen met Sally woont, is nog sprake van enige orde. Dat is anders in restaurant Lanternen van zijn Camping Hamresanden, een paar honderd meter verderop. Daar is elke lade van een grote kast, vlak voor de keuken, volgestouwd met herinneringen. Elke vorm van structuur ontbreekt. Als Kees een willekeurige lade opentrekt, heeft hij een verhaal te pakken. Bij de meeste foto's kan hij de plaats direct noemen. En als hij de plaats heeft, volgt het jaartal. En na het jaartal, weet Kees ook welk toernooi het betreft. En wie er op het podium stonden. En hoe zijn vorm was. En hoe de 500 meter ging. En die van Ard. En hoeveel publiek er was. En of ze herrie maakten of te stil waren.

Ook op een plank, verstopt achter een muurtje, staan boeken en tijdschriften in een volledig willekeurige volgorde gestapeld. Kees Verkerk bewaart graag. Je zou kunnen zeggen dat hij is omringd door zijn eigen historie. Hij leeft letterlijk ín het verleden. Zijn fans van vroeger helpen om dat verleden levend te houden. Kees krijgt nog altijd spullen en foto's toegestuurd van supporters die weten dat hij graag bewaart. Ook daarin is hij een tegenpool van Ard, die nagenoeg niks meer heeft dat hem aan z'n rijke carrière herinnert. Zo bestaat het dat Kees meer foto's van Ard heeft dan Ard zelf. Want van welke plank of uit welke lade Kees ook een fotoboek trekt; Ard duikt tijdens het bladeren al snel op. Er ontbreekt echter één foto – en daar baalt Kees nog van. Een foto die hij had kúnnen maken, maar niet durfde te maken. Dat was toen hij een nieuw fototoestel had aangeschaft tijdens de Spelen van 1972 in Sapporo. 'Ik wilde het fototoestel uitproberen tijdens het toernooi. De start van Ard op de 500 meter leek me een mooi moment. Ik stond echter te twijfelen, want ik stond maar vier meter van Ard vandaan. Dan zou hij van de klik misschien schrikken en onderuitgaan bij de start – en dan had ik het allemaal gedaan. Dus ik nam geen foto. Maar hij ging meteen na die start alsnog onderuit. Hoe hij het voor elkaar kreeg, weet ik niet. Er was nog geen meter geschaatst of hij lag al. Had ik dát goed vastgelegd, dan had ik nooit meer hoeven werken. Iedere krant had die foto wel willen hebben. De foto van een over de startstreep struikelende Ard Schenk op de Olympische Spelen, gemaakt door Kees Verkerk. Daar had ik wel wat mee gekund.'

Kees moet nog ergens een officiële vlag van de Olympische Spelen hebben liggen. Die 'leende' hij in 1972 van de organisatie in Sapporo. Buitgemaakt tijdens een generale repetitie van de openingsceremonie. Kees zag zijn kans schoon om een vlag in zijn schaatstas te stoppen, met wat hulp van teamgenoten. Paste precies. Ergens op zo'n verstopte plank moet ook nog historisch filmmateriaal liggen. Een band vol met beelden van Anton Geessink in Japan. Gefilmd door Kees Verkerk, die in

1966 wekenlang achter de reusachtige judoka aanhobbelt met een camera in de aanslag. Het zou ook best zo kunnen zijn dat ze verloren zijn gegaan bij een verhuizing. Kees is naar eigen zeggen weleens verhuisd 'zonder dat ik echt aan de verhuizing deelnam'. Het is misschien ook niet onlogisch dat het gezin Kees bij verhuizingen even buitenspel zet: als het aan Kees ligt, blijft namelijk alles bewaard.

De gasten van het restaurant zitten comfortabel in oude, houten stoelen die Kees op de een of andere manier ooit vanuit een chique loge van het 'oude' Olympisch Stadion in Amsterdam naar Noorwegen heeft zien te verplaatsen. Met dank aan een bevriende vrachtwagenchauffeur. Er staat een enorm stuur van een schip. Even verderop een orgel. Het restaurant roept het gevoel op van een klassieke bruine kroeg, of van een traditionele voetbalkantine.

Maar niet alles is 'vroeger'. Kees tovert net zo gemakkelijk artikelen uit recente Noorse kranten uit een kast. Zoals over een albino eland. Uniek, volgens Kees. Of over een haai die ze hebben gevangen in het fjord waar zijn camping aan ligt. Over de Russische miljardair Roman Abramovitsj die met zijn boot aanmeert in Kristiansand om te tanken. Over een vent die is aangevallen door een beer, maar werd gered door z'n hond. Het nut van het bewaren van dit soort artikelen is vermaak. De stukken zijn bedoeld om gesprekken te kunnen voeren met gasten van de camping. Het zijn kant-en-klare gespreksonderwerpen. Het is ook de reden dat hij het voetbal in Nederland goed volgt. En het schaatsen. Want daar beginnen de Nederlandse gasten toch al snel over. Kees wil kunnen meepraten. Hij ziet lang niet alle toernooien meer; dat zijn er te veel. Wel geniet hij nog, zoals van Sven Kramer. Alleen de steeds vaker doorklinkende plannen om de 10 kilometer te schrappen tijdens allroundtoernooien, daar kan Kees niet bij. Dat is hetzelfde als besluiten om de Tour de France voortaan zonder bergetappes te rijden, vindt de man die de schaatswereld in 1969 op z'n kop zet door een wereldrecord van 15.03,6 op de 10 kilometer te rijden.

De artikelen over de eland en de beer zijn vooral bedoeld als gespreksopener voor mensen die niks van schaatsen weten. Want elke schaatsfan die de camping op rijdt, wil heel andere verhalen horen van Kees. Die zijn totaal niet geïnteresseerd in een albino eland. Sommige gasten zijn vaker geweest, dus die moet je nieuwe verhalen vertellen. Maar er komen ook mensen – al dan niet bij toeval – voor het eerst langs bij 'die schaatser van vroeger'. En zo is Kees er door de jaren achter gekomen welke herinneringen er in het collectieve geheugen van de Noorse en Nederlandse sportfan zitten opgeslagen. 'De Noren beginnen over de 10 kilometer in Inzell. Het wereldrecord van 15.03,6. En Nederlanders die hier voor het eerst zijn, roepen vaak direct: *weet je nog, toen je viel in Deventer en alsnog won?* En bijna nooit: *Weet je nog dat je twee keer op rij wereldkampioen werd?* Dat vat het wel een beetje samen, denk ik. Die ene val blijft iets waar mensen het graag over hebben.' De klanten beginnen dan vaak over de val, Kees zelf pakt er het liefst een foto bij van het EK in Lahti. De anekdotes schudt hij zo uit z'n mouw. Laatje open, soms een medaille erbij halen, en iedereen hangt aan z'n lippen. Dan vertelt hij, de koukleum, hoe hij het bij -30 °C moest opnemen tegen een stel Russen. Het toernooi in de vrieskou is wat betreft anekdotes een onuitputtelijke bron. Bovendien won Kees – en dat maakt de verhalen een stuk prettiger om te vertellen.

Het vertellen wordt nog leuker als hij topsporters op bezoek heeft. Wanneer er een Franse wielerploeg op trainingskamp is en verblijft op Camping Hamresanden, dan leeft Kees op. De renners van de procontinentale ploeg krijgen 's avonds bij het avondeten te horen dat Kees weleens in Grenoble is geweest. 'Wat deed je daar dan,' hoeft er maar eentje te vragen. 'Goud winnen op de Olympische Spelen,' zegt Kees dan zo nonchalant mogelijk. En als die Franse twintigers hem dan met een ongelovige blik aankijken, steekt Kees een vinger omhoog. 'Wacht even.' Een lade open, even rommelen en daar is de foto.

Ard Schenk is vaak op bezoek geweest bij Kees in Hamresanden. Zoals hij zich in het begin van zijn carrière heeft verbaasd over de dienstbaarheid van Kees richting zijn fans, zo kan hij zich nu nog steeds verwonderen over het enthousiasme waarmee Kees Hollanders behandelt. 'Er is eigenlijk niks veranderd in al die jaren. Ik probeer het schaatsen soms af te sluiten, maar dat lukt niet. Soms krijg ik nog een berichtje door via mijn fysiopraktijk. Een vrouw uit Vianen, die ik nog nooit heb ontmoet, wilde een ontmoeting met mij regelen als een cadeau voor iemand. Daar kan ik toch echt niet aan gaan beginnen, denk ik dan. Kees kijkt totaal anders tegen dat soort zaken aan. Er hoeft maar een caravan met een Nederlands kenteken zijn campingterrein op te rijden, of Kees komt zwaaiend aanlopen, regelt de boel en zit 's avonds achter het orgel Nederlandse liedjes te zingen. En praat weer over het schaatsen. Dat zit ingeweekt. Heel bijzonder vind ik dat.'

Ze mogen allemaal met Kees op de foto, de Nederlanders die op zijn camping verblijven. En dat doen ze. Kees kiest dan wel graag zelf de plek uit waar de foto wordt genomen. Buiten, vlak voor de ingang. Daar ligt een stoepje. Dan kan Keessie mooi even 10 centimeter hoger staan, anders lijkt-ie zo klein op al die foto's.

Ook wat betreft het beantwoorden van post blijft Kees trouw zijn werk doen. Er komen nog steeds aanvragen voor een handtekening binnen vanuit Nederland, Duitsland en Rusland – hoewel de postbezorger niet, zoals halverwege de jaren zestig, een juten zak hoeft leeg te schudden. In 2017 krijgt Kees bijzondere post van een fan. De afzender komt uit Poortugaal, een plaatsje dat redelijk dicht in de buurt ligt van Puttershoek. In de envelop zit een briefje. Er valt ook een klein voorwerp uit de envelop.

'Aan Cees Verkerk,

Van een alleenstaande man uit Zutphen kregen we bijgevoegd speldje met de vraag of we dat aan jou willen geven. Natuurlijk hebben we 'ja' gezegd. De man is inmiddels 76 of 77 jaar. Hij is begin november jarig.
In de zeventiger jaren ging hij geregeld naar het schaatsen. Er is een speciale trein met Nederlandse supporters naar Noorwegen en Zweden geweest. Hij werkte bij de Nederlandse Spoorwegen en kon ook jaren samen met drie metgezellen goedkoop met de trein naar schaatswedstrijden.
Het bijgesloten speldje is speciaal voor hem en zijn drie vrienden gemaakt. Er zijn er dus maar vier in omloop (geweest). Hij heeft het altijd bewaard en omdat hij wist dat wij schaatssupporters zijn, heeft hij ons gevraagd dit voor hem te willen regelen. Hij was een groot fan je. Hopelijk vind je het een aardig gebaar.'

Het speldje is van een ongekende schoonheid, vindt Kees Verkerk. Hij schrijft een dankwoord terug. Hij is verbaasd dat dit soort post nog steeds bij hem belandt. Kees is inmiddels een slordige 46 jaar weg uit Nederland. Maar nog steeds vallen er brieven op de mat. En komen er mensen langs die vertellen dat ze hun reis speciaal willen plannen op een moment dat Kees zeker weten aanwezig is op de camping. Laatst had Kees een man uit Heerenveen op bezoek. Hij kreeg van Kees een handtekening toen hij 11 jaar oud was. Dat was toen Thialf net was geopend. Kees Verkerk reed dat jaar niet goed door een valpartij in de voorbereiding. Daar verontschuldigt Kees zich dan maar een beetje voor. De man vergeeft het hem direct. Hij vertelt Kees dat hij allemaal plakboeken heeft met artikelen over Kees. Hij heeft nu inmiddels twee keer zijn reis naar de Noordpool uitgesteld om door Noorwegen te kunnen rijden als Kees thuis is. Hij blijft twee nachtjes op de camping en hoort 's avonds zijn idool vertellen over het schaatsen.

Dat vertellen doet Kees al zijn hele leven in zijn eigen stijl. Hij vertelt nooit één verhaal in chronologische volgorde. Hij vertelt meerdere verhalen tegelijk. Het liefst door elkaar heen en niet per se gebonden aan chronologie. Kees vertelt snel en gaat van de hak op de tak. Zijn vrienden van vroeger horen nog steeds dezelfde Kees. Bram Kruithof – de man die bij -27 °C zonder muts langs de ijsbaan stond in Lahti – beweert dat Kees de rust in zijn verhalen nooit heeft gehad. 'Hij lijkt altijd druk en gaat alle kanten op met zijn verhaal.' Cor Groeneveld, die op z'n dertiende al bij Kees' vader Pleun mocht helpen in het café: 'Hij roept eigenlijk alles wat 'm te binnen schiet.'

Vroeger bracht Kees zijn zomermaanden door met keihard trainen. Met oefeningen verzinnen en zichzelf elke dag pijnigen. Ook op de camping is het in de zomer hard werken voor Kees. Hij en Sally overzien en beheren de vakantiehuisjes, de camping en het hotel. Dat hotel werd in 1979 geopend door de Amerikaanse schaatslegende Eric Heiden. Sindsdien is er eigenlijk niet zo gek veel veranderd op de camping aan het fjord. De receptie en het restaurant houden het midden tussen traditioneel en oubollig. De reviews op internet zijn niet allemaal even denderend. 'Verouderd' is inderdaad van toepassing op bijvoorbeeld het restaurant. 'Sfeervol' ook. Zeker voor Nederlandse gasten met gevoel voor nostalgie. Er zijn veel vaste klanten in het restaurant en vaste campingbezoekers. In de echt drukke periode – de relatief korte zomervakantie in Noorwegen – moeten Kees en Sally het geld verdienen voor de rest van het jaar. De hele dag vliegt Kees van hot naar her. Sally doet de organisatie, Kees is klusjesman en entertainer. Overdag verhelpt hij verstopte wc's, problemen met het warm water en vult hij de drankvoorraad aan. Zwaar werk voor iemand van 75. Oude schaatsvrienden maken zich er weleens zorgen over. Hij doet te veel, vinden ze. In de avonduren kruipt Kees achter het orgel om muziek te spelen, als de situatie daarom vraagt. Kees kan buigen op jarenlange ervaring en schat aardig in of het gezellig genoeg is – dan speelt hij zachte achtergrondmuziek – of dat de sfeer er nog een beetje in moet komen. Kees heeft een speciaal repertoire voor kinderen, ouderen, Nederlanders en Noren. Het is alleen geen heel uitgebreid repertoire. Het wil dus weleens voorkomen dat een stel Noren in juli luistert naar de vrolijke tonen van 'De zak van Sinterklaas'.

Kees krijgt al jarenlang, elke week, een geestelijk gehandicapt meisje op bezoek met haar ouders. Ze wil maar één ding: dat Kees liedjes speelt op het orgel. Kees speelt door zolang het meisje wil. Ook stelt Kees een zangkoortje samen van gehandicapte jongens en meisjes. De groep mag optreden op verschillende plaatsen in Noorwegen. Kees heeft volgens zijn vrouw en kinderen een gave om met gehandicapte mensen om te gaan. Kees denkt dat dit komt door zijn manier van benaderen. 'Veel mensen kijken schuin voorbij gehandicapte mensen. Die kijken hen niet recht aan. Ze vermijden een praatje. Ik ga juist altijd een praatje maken. En vaak vinden ze dat hartstikke leuk. Want niemand doet dat.' Volgens oud-schaatsvriend Rudie Liebrechts heeft Kees altijd opengestaan voor een babbeltje met mensen die het minder hebben getroffen. Ook in zijn periode als kampioen. 'In Davos had je vroeger een Nederlands Sanatorium. Daar kwamen bijvoorbeeld tuberculosepatiënten naartoe. Niet iedereen uit de kernploeg had zin om even langs te gaan bij die mensen om een bosje bloemen te brengen. Maar voor Kees was zoiets vanzelfsprekend.'

Ondanks zijn pensioengerechtigde leeftijd kan Kees amper afstand nemen van zijn werk op de camping. Hij kan rekenen op genoeg hulp van personeel en familieleden. Maar het lukt hem niet om te gaan vissen en te denken: de jeugd regelt het wel. Wanneer zijn vriend Ard Schenk hem vanuit Nederland opbelt aan het einde van de zomerperiode, dan kan Kees zomaar beginnen met: 'Het was een slechte zomer'. En dan weet Ard dat Kees niet bedoelt dat het slecht weer was of dat hij amper heeft gegolfd. Dan bedoelt hij dat er te weinig klanten zijn geweest naar de wens van Kees. De klanten bepalen of Kees een goede zomer heeft of niet.

De klanten op de camping en de vele gesprekken over schaatsen houden de herinnering aan Nederland levend. In gedachten reist Kees vaak af naar Nederland, maar hij stapt niet elke maand in het vliegtuig. Kees is meerdere malen benaderd door reisbureaus, die brood zien in de vlotte babbel van Kees en zijn status in Nederland. Ze proberen Kees ervan te overtuigen dat het leuk is om met een groep Noorse schaatsfans naar Nederland af te reizen. Dan kunnen ze samen met Kees naar een groot toernooi in Heerenveen en daarna laat Kees ze Amsterdam zien. Kees heeft, ondanks de warme herinneringen aan de hoofdstad van Nederland, altijd vriendelijk bedankt. 'Ik ben geen reisleider. Dan gaan de mensen drinken en dan ben je iedereen binnen de kortste keren kwijt. Je hoeft mij niet te vertellen hoe dronken mensen zich gedragen, ik heb er veel gezien. De een wandelt naar links, de ander vindt rechtsaf leuker. En ik erachteraan. Daar kun je niet aan beginnen. Maar als we zo'n Noor kwijt zijn, ben ik wel verantwoordelijk.' Volgens Sally is Kees zich echter altijd Nederlander blijven voelen. Hij heeft al zijn prijzen gewonnen voor Nederland en hij is daar trots op. Een Noors paspoort heeft Kees altijd geweigerd.

Het jaar 2018 is het laatste campingseizoen voor Kees en Sally. De grond is eindelijk verkocht. Het restaurant en de receptie zullen uiteindelijk ook tegen de vlakte gaan. De kans is groot dat er luxeappartementen uit de grond worden gestampt. Een nieuwe tijd breekt aan.

Regen en wind in Amsterdam

Het regent in Amsterdam. De ijsbaan ligt er niet perfect bij. De schaatsers hebben het zwaar met de elementen. In de kleedkamer kijken ze op hun telefoon naar de weersvoorspelling. Hoe hard regent het tijdens mijn rit, willen ze weten. Het publiek drinkt koffie of chocolademelk, al dan niet met een scheutje van het een of ander erin. De mensen dragen poncho's en warme mutsen tegen de kou en regen. Het is ouderwets afzien tijdens het wereldkampioenschap allround van 2018.

Op de tribune van het Olympisch Stadion zitten Ard en Keessie. Die namen staan ook gekalkt op een spandoek. Voor het eerst sinds jaren wordt er weer een groot internationaal schaatstoernooi georganiseerd in de buitenlucht. Deze geïmproviseerde ijsbaan in het legendarische sportstadion ligt op enkele kilometers afstand van de Jaap Edenbaan. Kees ziet de regen schuin over de baan waaien. Automatisch gaan de gedachten terug naar zijn eigen ellendige ritten in de regen. Naar de eerste dag van het EK van 1969 in Inzell, waar de regendruppels zich als ijsklontjes vastzetten aan de baan. Waar hij jankend van woede het stadion verlaat na de 5 kilometer, na zoveel tegenslag. Om een dag later, getergd door het noodlot van een dag eerder, het wereldrecord op de 10 kilometer te verpulveren.

Kees heeft een grote muts op. Geen bontmuts, want daar gaan de mensen aan zitten met hun handen. Maar de haardos is er door de jaren heen niet dikker op geworden, en Kees is nog steeds een koukleum, dus er moet wel iets op het hoofd. Een wollen puntmuts voldoet. Rond het stadion wordt Kees aangeklampt. Zéker wanneer hij naast Ard loopt. Even op de foto, even een praatje. Kees Verkerk is een wandelend museumstuk. Dit is de man die een heel land voor de buis kreeg voor zijn 10 kilometer. Die duizenden Nederlanders met oranje petjes naar toernooien in het buitenland bewoog. Dit is de held van Lahti. De man die bij een slordige -30 °C een paar Russen de vernieling in reed in Finland. De mensen zijn het niet vergeten, beseft Kees.

Ook de Noren spelen in Amsterdam eindelijk weer een rol van betekenis. Kees moet denken aan de machtige slagen van Hjalmar Andersen, Fred Anton Maier, Per Ivar Moe, Dag Fornaess of Knut Johanessen wanneer hij Sverre Lunde Pedersen in Amsterdam ziet strijden in de regen. Die is op weg naar zijn eerste wereldtitel. Maar het noodlot slaat toe. Hij gaat onderuit op de 10 kilometer. Het gebeurt op een recht stuk. Niks aan de hand. Zijn familie en vrienden slaan de handen voor de mond.

Kees Verkerk ziet het gebeuren. Hij ziet zichzelf vallen. Een recht stuk. Alvast nadenken over die grote beker. Even afgeleid zijn. En hoppa, daar ga je dan. Weg titel. Het is weer 1966 in het hoofd van Kees Verkerk. Amsterdam is even Deventer. Patrick Roest pakt tot vreugde van het Nederlandse publiek de wereldtitel. Hij vervult de rol van Ard Schenk in 1966. Hij durft uitbundiger te juichen dan Ard, ziet Kees. Kees is in gedachten bij de arme Noor. Met een beetje pech wordt die jongen over vijftig jaar nog aangesproken op deze glijpartij.

Kees kijkt naar het vele publiek in Amsterdam. Hij ziet het IJsselstadion in Deventer voor zich. Hoe zijn fans daar zaten. In de hoek een spandoek van zijn vrienden uit Puttershoek. Waar hij onderuitging. Zouden er vandaag mensen op de tribune zitten die erbij waren toen hij in Deventer weggleed? Het zou goed kunnen.

De organisatie wil met dit toernooi de heroïek weer terugbrengen in het schaatsen. De strijd tegen de elementen weer toevoegen aan een sport die maar moeilijk nieuw publiek trekt. Ja, de professionalisering waar Ard en Kees zo voor hebben gestreden, is ten volste ingetreden. Er bestaan commerciële schaatsploegen. Er mag naar hartenlust worden geschnabbeld door de sporters. Alleen de belangstelling voor de sport neemt af. De kijkcijfers dalen al jaren. Om met de schaatssport een stap vooruit te maken, kiest het progressieve Amsterdam voor een stap terug in de tijd. Terug naar de tijd van Ard en Keessie. Laat de wind en regen maar weer vat hebben op de mannen op de ijsbaan. Het is misschien minder 'eerlijk'. Maar aan de andere kant: de weergoden hebben nooit een favoriete schaatser gehad.

Voor de totstandkoming van dit boek is dankbaar gebruikgemaakt van de volgende bronnen:

Personen: Kees Verkerk, Jan Bols, Ard Schenk, Peter Nottet, Eddy Verheijen, Leen Pfrommer, Henk Gemser, Rudie Liebrechts, Kees Lap, Harry Hartman, Jaap Havekotte jr., Bram Kruithof, Cor Groeneveld, Marnix Koolhaas, Sjaak Swart, Svein-Erik Stiansen, Örjan Sandler, Arie Verkerk, Camilla Verkerk, Adri Verkerk, Cornelis Verkerk, Sally Verkerk.

Kranten en tijdschriften: *Algemeen Dagblad, Noordhollands Dagblad, De Telegraaf, de Volkskrant, Het Parool, Trouw, NRC Handelsblad, Nieuwe Leidsche Courant, Haarlems Dagblad, Revu, De Stentor, Sports Illustrated, Provinciale Zeeuwse Courant, De Dordtenaar, Nieuwsblad voor de Hoeksche Waard, IJsselmonde en Putten, Neue Zürcher Zeitung, Rotterdams Dagblad, Het Vrije Volk, Het Kompas.*

Websites: Schaatsen.nl, Viking.nl, Anderetijden.nl, Vpro.nl, Natuurijswijzer.nl, Piershil.com, Schaatsforum.nl, Mayoclinic.org, Krantenbankzeeland.nl, NRK.no, Japanairlines.com.

Boeken: *Ard Apart* door Ard Schenk, *Leen Pfrommer, Schaatscoach* door Eelco Hiltermann en Gijs Hiltermann; *Topsporters Ard Schenk & Kees Verkerk* door F.R. Froger; *Jaap Havekotte* door Huub Stoep; *Ard Schenk, De Biografie* door Bert Wagendorp, Wybren de Boer en Frans Oosterwijk; *Ik, Piet Korteweg* door Piet Korteweg; *Heya Keessie* door Ger Bestebreurtje; *Schaatsenrijden, Een Cultuurgeschiedenis* door Marnix Koolhaas.

Speciale dank voor de hulp van Jos Busker, Niels van der Ham, Deirdre Das en Cor Groeneveld.

Erelijst

Cornelis Arie Verkerk
Maasdam, 28 oktober 1942

Olympische Winterspelen

Goud	1500 meter	Grenoble 1968
Zilver	1500 meter	Innsbruck 1964
	5000 meter	Grenoble 1968
	10000 meter	Sapporo 1972

WK Allround

1966	Gotenburg	Wereldkampioen
1967	Oslo	Wereldkampioen
1969	Deventer	Brons
1970	Oslo	Brons
1971	Gotenburg	Brons

EK Allround

1966	Deventer	Zilver
1967	Lathi	Europees kampioen
1969	Inzell	Zilver
1971	Heerenveen	Brons

NK Allround

1965	Amsterdam	Brons
1966	Deventer	Kampioen
1967	Amsterdam	Kampioen
1969	Heerenveen	Kampioen
1972	Deventer	Kampioen

Wereldrecords

26 februari 1967	Inzell	1500 m	2.03,9
26 februari 1967	Inzell	5000 m	7.26,6
6 februari 1968	Grenoble	1500 m	2.03,4 (officieus)
15 februari 1968	Grenoble	5000 m	7.23,2
9 maart 1968	Inzell	5000 m	7.19,9
26 januari 1969	Inzell	10000 m	15.03,6
9 februari 1969	Davos	1500 m	2.02,0
25 februari 1969	Inzell	3000 m	4.21,9
1 maart 1969	Inzell	5000 m	7.13,2
8 maart 1970	Inzell	1500 m	2.01,9

Beker van Puttershoek

1961, 1962 en 1979